Tante Semras Sippe ist nun im Herzen Deutschlands angekommen: Nichte Lale Akgün wird in den deutschen Bundestag gewählt. Und die ganze Familie nimmt regen Anteil an ihrem neuen Leben. Im Reichstag ist die gebürtige Türkin natürlich erst einmal eine Exotin. Und die Fraktionskollegen wundern sich: dass ihr Mann sie so ganz alleine und ohne Kopftuch in die Hauptstadt gehen lässt! Doch die Genossen erkennen schnell, was »gelungene Integration« bedeutet, und so reist Lale mit langen Wunschlisten in den Türkeiurlaub, um ihnen preisgünstiges Viagra zu besorgen. Blaue Pillen für rote Genossen - schon die Vorstellung ist für Tante Semra so köstlich wie ihre geliebten Leberkäsebrötchen.

Lale Akgün, geboren 1953 in Istanbul, kam mit neun Jahren nach Deutschland. Sie studierte Medizin und Psychologie, arbeitete lange in Jugendhilfe und Familienberatung, leitete dann das Landeszentrum für Zuwanderung. Von 2002 bis 2009 war sie Bundestagsabgeordnete und migrationspolitische Sprecherin sowie Islambeauftragte der SPD. Seit Mai 2010 leitet sie das Referat internationale Zusammenarbeit im Ministerium für Generationen, Familie, Frauen und Integration des Landes Nordrhein-Westfalen. Die Mutter einer Tochter hat seit 1980 die deutsche Staatsangehörigkeit und lebt mit ihrem Mann in Köln.

Lale Akgün

Der getürkte Reichstag

Tante Semras Sippe macht Politik

Fischer Taschenbuch Verlag

für Klaus und Renate

MIX
Papier aus verantwortungsvollen Quellen
FSC® C014496
www.fsc.org

Veröffentlicht im Fischer Taschenbuch Verlag,
einem Unternehmen der S. Fischer Verlag GmbH,
Frankfurt am Main, Juli 2012

Lizenzausgabe mit freundlicher Genehmigung des
Krüger Verlags, Frankfurt am Main

Satz: Pinkuin Satz und Datentechnik, Berlin
Druck und Bindung: GGP Media GmbH, Pößneck
Printed in Germany
ISBN 978-3-596-18667-9

Inhalt

Es hat mir so wollen behagen,
mit Lachen die Wahrheit zu sagen.
Hans Jakob Christoffel von Grimmelshausen

Die Dramatis personae und ihre Überzeugungen

Ahmet, mein Liebster, überzeugter Idealist und nicht so überzeugender Putzteufel

Aziza, meine Tochter, überzeugte New York-Liebhaberin

Latife, meine Mama, überzeugte Kemalistin und Witwe eines überzeugten Sozialisten

Semra, meine Tante, überzeugende Muslima

Gül, meine Tante, überzeugt von der Liebe

Alfred, Tante Güls Lebensgefährte, überzeugter Christdemokrat, trotz aller Nackenschläge

Hilal, meine Cousine, überzeugte Fashionista

Friedrich, ihr Mann, überzeugter, aber nicht immer überzeugender Jurist

Ali, mein Schwager, überzeugter Kapitalist, nicht so überzeugender Ehrenmann

Nihal, seine Frau, überzeugte Anhängerin ihres Ehren-(Ehe)mannes

Elmas, Alis Mutter, bereit, ihre Überzeugungen aufzugeben

Lukas Lütfü, der Sohn von Hilal und Friedrich, angehender Intellektueller, der die überzeugenden Fragen stellt

Dilara, die Tochter von Nihal und Ali, Rebellin, die alle Überzeugungen in Frage stellt

Jürgen, mein treuer Genosse, überzeugter Sozialdemokrat

Ceylan, unsere Nachbarin, überzeugte Türkin

Memo, ihr Mann, überzeugter Schweiger

Prolog

Meine Familie und meine Partei haben viele Gemeinsamkeiten. Vielleicht ist es ja das, was die Parteien attraktiv macht für die Menschen: dass ihr Treiben an das der eigenen Familie erinnert. Vielleicht sucht sich auch jeder Mensch die Partei aus, die so tickt wie seine Familie. Das nehme ich mal an, aus eigener Anschauung weiß ich das natürlich nicht, da ich nie Mitglied einer anderen Familie war, und nie Mitglied einer anderen Partei.

Meine Familie besteht aus allen möglichen Leuten: klugen und dummen, eitlen und uneitlen, arroganten und bescheidenen, selbstlosen und gierigen. Meine Partei auch.

In meiner Familie lieben sich alle Familienmitglieder sehr, was die Tatsache nicht verhindert, dass jeder mit einem Messer im Rücken herumläuft. Mit einem klitzekleinen natürlich. In meiner Partei auch.

In meiner Familie wird furchtbar viel geredet, jeder fällt jedem ins Wort. In meiner Partei auch.

In meiner Familie blühen Klatsch und Tratsch. In meiner Partei auch.

In meiner Familie ist jeder ein Fachmann und jede eine Fachfrau. Und zwar auf jedem Wissensgebiet. Alle glauben zu wissen, wie man es besser macht. Leider lassen in praxi die Ergebnisse oft zu wünschen übrig. In meiner Partei auch.

In meiner Familie versucht jeder jeden davon zu überzeugen, dass er im Besitz der ultimativen Wahrheit ist. In meiner Partei auch.

In meiner Familie stöhnt jede und jeder darüber, wie furchtbar im Grunde genommen diese Familie ist, aber niemand käme auf den Gedanken, sie zu verlassen. In meiner Partei auch.

Allen Vermutungen zum Trotz: Dieses Buch ist eine Liebeserklärung an meine Familie. Und an meine Partei auch.

Die Familie bekommt eine Politikerin

»Das war wieder einmal eine deiner Schnapsideen«, sagte ich zu meinem Mann, »in Brandenburg Urlaub machen!«

Es war der 1. August 2001, wir saßen im ICE aus Potsdam nach Köln.

»Wer schwärmt denn dauernd von der Brandenburgischen Seenplatte? Außerdem wolltest du doch mal ohne die Familie Urlaub machen, und ich wusste, nach Brandenburg kommt keiner von denen mit!«

Beides stimmte. Ich hatte ihm in den Ohren gelegen, einmal als Kernfamilie Urlaub zu machen. Von wegen »mehr Zeit für uns«. Obwohl ich in meinem tiefsten Herzen wusste, dass das nichts für mich war. So einsam Urlaub zu machen. Aber erstens wollte ich wissen, wie sich das anfühlt, und zweitens wollte ich auch mal erzählen können, dass wir woanders gewesen waren. Wir sind »Türkeistämmige«, wie es im Neudeutschen heißt, und wenn man »türkeistämmig« ist, dann macht man jedes Jahr in der Türkei Urlaub. Punkt. Warum? Warum auch immer.

Der Türkeistämmige hört die anderen von Mallorca schwärmen oder von den Malediven, von Frankreich oder von Florida; er wird ein wenig neidisch, wie gerne würde auch er mal in diesen Gefilden Urlaub machen, sich die Welt anschauen, bei Partys mitreden können, wenn die anderen sich austauschen. Aber er kann nicht, weil er immer in die Türkei fährt. Nach jeder Party, auf der er sich blamiert (»Wo wart ihr denn diesen Sommer?« »Ach ja, ihr fahrt ja immer in die Türkei!«), nimmt er sich vor, auch mal in der Welt herumzukommen, genau wie seine Freunde. »Dieses Jahr«, sagt er sich, »dieses Jahr wird mal woanders Urlaub gemacht!« Und dann landet er aus unerfindlichen Gründen wieder in der Türkei. Das heißt dann aber auch, dass die Verwandtschaft immer dabei ist. Ich weiß, wovon ich rede, denn bei uns läuft das haargenau so.

Auch bei uns versammeln sich alle in unserem kleinen Ferienhaus, was Ahmet, meinen Ehemann, der der deutscheste von uns allen ist, immer zum Erstaunen bringt. Er braucht nämlich seine Ruhe und viel Platz. Das brauchen die eher türkischen Seelen in der Familie nicht. So wundert sich Ahmet Jahr um Jahr, wie – je nach Zusammensetzung – zehn bis zwölf Personen in einem Häuschen von 90 Quadratmetern Urlaub machen können.

Da die Familie auch immer weiter wächst, durch Eheschließungen und Kinder – die paar Männer, die wegsterben, können das bei weitem nicht wettmachen –, wird die Hütte von Jahr zu Jahr enger. Alle klagen darüber, was sie aber nicht daran hindert, im nächsten Sommer brav wieder dahin zu kommen.

»Dein Brandenburg war echt ein Geheimtipp«, sagte jetzt Ahmet, »diese Seen, diese Fischerdörfer, keine Menschenseele und eine Ferienwohnung von 140 Quadratmetern nur für uns drei – Vater, Mutter, Tochter!«

»Und: wir sind mal woanders gewesen als in der Türkei!«

»Vor allem haben wir mal ganz anders Urlaub gemacht als sonst!«

Dieser Urlaub war wirklich anders gewesen: Ausflüge, Museumsbesuche und Spielabende, alles zu dritt. Nur zu dritt.

»Doch, doch, es war schon schön«, erwiderte ich, »aber wenn ich ehrlich sein soll, habe ich ein wenig gefremdelt mit dieser neuen Urlaubssituation. Es fehlte so an –«, ich suchte nach Worten, um meine kleine Familie nicht zu kränken, aber auch gleichzeitig meinen Gefühlen Luft machen, »– an Action!«

Ahmet lachte. »Das stimmt, im Vergleich zu den Urlauben mit deiner Sippe war es ausnehmend ruhig.«

»Was willst du damit andeuten?«, fragte ich pikiert. »Wir sind eine stinknormale Sippe! Und im Übrigen gehörst du inzwischen selbst dazu.«

Ahmet lächelte süffisant. »Gut, dann seid ihr eine stinknormale türkische Sippe, meine Liebe!«

»Etwas korrekter bitte: Da wir eine türkische Sippe sind, die schon ziemlich lange in Deutschland lebt, solltest du uns wenigstens als eine stinknormale Sippe mit türkischem Migrationshintergrund bezeichnen!«

»Was ist mit dem türkischen Vordergrund?«, fragte Ahmet.

»Papa! Das ist grenzwertig.«

Das war unsere Tochter Aziza, die jetzt in der Pubertät ein Faible für Doppeldeutigkeiten hatte und gleichzeitig großen Wert auf Political Correctness legte.

»Jedenfalls hattest du Zeit zum Nachdenken«, fuhr Ahmet fort, »und du hast eine Entscheidung fällen können. Bist du dir sicher, dass du das machen willst?«

Mit »das« war die Kandidatur für den Bundestag gemeint.

»Ja, ich bin mir sicher. Ich werde für den Bundestag kandidieren, wenn ihr beide hinter mir steht!«

»Klar, Mama«, sagte Aziza.

»Wann habe ich nicht hinter dir gestanden?«, fragte Ahmet. »Dieses Projekt werden wir auch gemeinsam angehen!«

»Euch ist klar, dass ich ab jetzt sehr wenig Zeit für unser Familienleben haben werde?«

»Dafür hatten wir diesen bemerkenswerten Urlaub in Brandenburg«, grinste Ahmet, »von dem können wir noch mehrere Jahre zehren!«

»Ich bin ja sowieso bald weg«, meinte Aziza, die als Austauschschülerin in die USA wollte. »Ich hätte mir bloß Sorgen um dich gemacht, wenn du so einsam zurückgeblieben wärst, aber jetzt bin ich beruhigt. Du hast eine Ablenkung und musst nicht Tag und Nacht an mich denken.«

»Und was ist mit mir?«, fragte Ahmet.

»Du bist das Bodenpersonal, du koordinierst dann vom Hauptstandort aus das Familienleben!«

»Apropos Familie, vielleicht ist es jetzt an der Zeit, die restliche Familie einzuweihen!«

»Ich bin gespannt, wie Oma das finden wird, dass du in die Politik gehen willst«, meinte Aziza.

Ein Virus namens »zweiter Frühling«

Bei den Türken ist es auch nicht anders als bei den Deutschen. Die Frauen sind einfach zäher und überleben die Männer. Und von diesen zähen Frauen gab es zwei, denen ich jetzt meine Entscheidung, für den Bundestag zu kandidieren, beichten musste: meiner Mama und meiner Tante Semra.

Meine Mama ist die schrecklichste aller Mütter; glaube ich jedenfalls. Sie verfolgt mich auf Schritt und Tritt, will immer wissen, wo ich bin, was ich tue, mit wem ich spreche und mit wem ich nicht spreche (»Ja, warum sprichst du denn nicht mit diesen Leuten?«). Sie mischt sich dauernd in mein Leben ein. Wie ich mich anziehe (»Der Rock ist zu eng, er spannt hinten.«), wie meine Frisur aussieht (»Deine Haare sind zu kurz, du solltest sie wachsen lassen.«), wie viel ich wiege (»Du solltest drei Kilo zunehmen.«), wie ich mich benehme (»Du solltest netter zu deinem Mann sein, weniger arbeiten, deiner Familie keine Tiefkühlprodukte vorsetzen.«) und und und.

Gibt es eigentlich eine Richter-Skala für Mütter? Für die schrecklichsten? Oder nennt man sie höflicherweise die mütterlichsten? Mama würde ganz bestimmt den ersten Platz belegen! Dann stellte ich mir in meiner Phantasie vor, wie meine Mutter, die alle Rekorde gebrochen hatte, noch während der Ehrung vom Siegertreppchen Direktiven auf mich prasseln ließ.

Und da alle Mütter in meiner Umgebung ähnliche Qualitäten aufwiesen, wenn auch nicht in der Intensität wie meine Mama, hielt ich das für eine sehr türkische Sache, und war auch deswegen der festen Überzeugung, dass im Mama-Wettbewerb die vorderen Plätze fest in türkischer Hand sein würden.

Für Außenstehende war Mama das Gegenteil einer überbesorgten Mutter. Sie hatte Mathematik studiert und hielt mathematische Formeln für die einzig mögliche Form der Lebensbewältigung. Für jedes Problem gab es eine Lösung, das Geheimnis des Lebens bestand darin, die Unbekannten in die richtigen Formeln zu setzen.

Sie ging keinem Streit aus dem Weg, gab er ihr doch die Möglichkeit, ihre grauen Zellen funkeln zu lassen. »Wenn ich mich streite, dann spüre ich, dass ich lebe«, sagte Mama. »Ich streite, also bin ich.«

Das diametrale Gegenstück zu meiner Mama war meine Tante Semra, genannt Tantchen, eine Cousine meines Vaters. Eine höchst charmante alte Dame, das türkische Gegenstück zu Johannes Rau, dem ehemaligen Bundespräsidenten. Nicht dass Tantchen irgendwann Politik gemacht hätte, geschweige denn dass sie irgendwelche politischen Ämter bekleidet hatte, aber auch sie war eine Menschenfischerin, und auch ihr Lebensmotto war »Versöhnen statt spalten«.

Meine Mutter und Semra hatten sich lange Jahre bekriegt, bis sie irgendwann, ein paar Jahre nach Papas Tod, gemerkt hatten, dass sie sich wunderbar ergänzten. Mama analysierte, Tantchen folgerte; Mama überlegte, Tantchen führte aus; Mama führte den Degen, natürlich verbal, Tantchen sekundierte lächelnd. Zusammen waren sie ein unschlagbares Team, auch politisch: Mama war überzeugte Kemalistin, Tante Semra Hadschi und auf ihre unorthodoxe Art praktizierende Muslima.

Zum Beispiel beim Einkaufen: Wenn sie gemeinsam einen Laden betraten, sorgten sie schon allein auf Grund ihres

Aussehens für Aufmerksamkeit: Mama, groß, schlank, mit kurzen grauen Haaren und ihrem sportlich-ökologischen Outfit und Gesundheitsschuhen (»Oma sieht aus wie eine Kampflesbe«, sagte Aziza immer), daneben Tantchen, klein, zierlich mit ihren extra für sie angefertigten Ensembles mit passendem Seidenkopftuch.

Mama war die Wortführerin. In den letzten Jahren hatte sie es zu ihrem Hobby erklärt, bei allem, was sie kaufte, zäh um den Preis zu feilschen, und wenn es sich um Klopapier handelte. Man hätte natürlich auch von Altersgeiz reden können, aber dafür shoppten die beiden Damen zu viel.

Nachdem sie etwas ausgesucht hatten, winkte Mama eine Verkäuferin heran.

»Was kostet das?«

»Nun, der Preis steht dran.«

»Ich habe nicht gefragt, ob der Preis dran steht, sondern, was es kostet.«

Die Verkäuferin, die jetzt davon ausging, dass die Dame vielleicht nicht mehr so gut sah, las den Preis ab.

»Sie scherzen«, sagte Mama mit strenger Stimme, »das ist viel zu teuer.«

Die Verkäuferin zuckte mit den Achseln. Mama übersah das Achselzucken. »Sind Sie so freundlich und holen mir den Geschäftsführer, … oder die Geschäftsführerin.«, fügte sie politisch korrekt hinzu.

Nach mehreren Minuten Diskussion wurde der Geschäftsführer herbeizitiert.

»Die Damen wünschen?« Er lächelte souverän. Noch.

»Ich möchte, dass Sie mir 20 Prozent Rabatt gewähren!«

»Aber gnädige Frau, dazu besteht nicht der geringste Anlass, die Ware ist neu, unbeschädigt …«

»Habe ich das behauptet?«, entgegnete Mama. »Habe ich versucht, irgendeinen Makel an Ihrer Ware zu finden? Ich will nur Rabatt, 20 Prozent, und ich weiß, dass Sie mir die gewähren können.«

»Nun, wir haben die Saison für den Preisnachlass noch nicht eröffnet!«

»Ich weiß, welchen Monat wir haben, junger Mann, ich bin nicht verkalkt, wenn Sie das meinen sollten!« Mamas Stimme wurde lauter, das war jetzt das Signal für Tantchens Auftritt.

»Aber, er meint das doch nicht so«, sagte sie jetzt mit der ihr eigenen sanften, leicht erotischen Stimme. »Ich glaube, hier liegt ein Missverständnis vor!« Dabei lächelte sie charmant den Geschäftsführer an. »Meine Schwägerin echauffiert sich so schnell.« Dann erzählte sie dem Typen, was für ein wunderbarer Mensch ihre Schwägerin sei, mit einem großen Bekanntenkreis, alle wohlhabend und große Konsumenten, also müsste doch ein Kompromiss gefunden werden können, der beiden Seiten gerecht würde usw. usw. Tantchen erzählte und erzählte, derweil Mama wie ein wilder Stier zwischen zwei Angriffsphasen um sich blickte.

Dem Geschäftsführer war klar, dass er die beiden möglichst schnell aus dem Laden haben wollte.

Man wurde bei 10 Prozent Rabatt handelseinig. Draußen vor der Tür, mit der Beute unterm Arm, schauten sich die beiden an und schüttelten sich kurz die Hände. Das war ihr Ritual nach erfolgreichen Raubzügen. Ihre bad-guy-good-guy-Strategie wirkte ganz natürlich und führte fast immer zum Erfolg. Es war eine Vergeudung von Ressourcen, dass die beiden ihr Talent auf Einkaufstouren verschwendeten; sie hätten jeder internationalen Verhandlungsdelegation zur Zierde gereicht.

Irgendwann, nach einer sehr erfolgreichen Spartour, beschlossen die beiden, dass sie viel mehr sparen könnten, würden sie zusammenziehen. Es gab einige wenige Diskussionen, in wessen Wohnung die Damen ihr gemeinsames Zuhause finden würden. Mama kam mit dem Granatenargument, sie sei die Ältere, und ihr sei eine Veränderung weniger zuzumuten als Tantchen. Tantchen schlug ein, da sie sich sowieso die meiste Zeit in Mamas Wohlfühlwohnung aufhielt, um dort für weniger Wohlgefühl und mehr Ordnung zu sorgen. So änderte sich im Grunde genommen gar nichts.

Jetzt musste ich diesen reizenden alten Damen, und nicht nur ihnen, beichten, dass ich in die aktive politische Arbeit einsteigen würde.

Die meisten Leute verbinden mit dem Thema »Politik« nur das, was sie sehen. Es ist wie beim Computer: Der gewöhnliche Endverbraucher, der User, kennt nur die Oberfläche, und das reicht ihm. Er kann schreiben, Tabellen erstellen oder hübsche Graphiken zeichnen, wenn er ein Programm kauft, das andere für ihn geschrieben haben. Er weiß nicht, wie der Computer funktioniert, und wenn er ehrlich ist, will er es auch gar nicht wissen. Hauptsache, der Computer erfüllt seine Bedürfnisse.

Und in der Politik ist es ganz ähnlich. Die meisten Menschen sind gewöhnliche Endverbraucher, d. h. sie sehen sich im Fernsehen die Nachrichten an, lesen Zeitung und wenn es soweit ist, gehen sie wählen. Da sie die Jahre zwischen den Wahlen nicht mitzählen, wie die Aktiven in der Politik, sprich: die Programmschreiber, wissen sie auch nicht, wann die nächsten Wahlen sind. Erst wenn darüber gesprochen wird und die Parteien anfangen, den sogenannten Wahlkampf zu machen, merken sie es.

Mein Einstieg in das aktive politische Leben erwischte die Familie wie ein Gewitter im Sommer: Man sieht zwar die dunklen Wolken aufziehen, und es donnert auch, aber man hofft doch, es werde woanders regnen. Es regnete aber nicht woanders! Es traf genau uns! Ich hatte mich entschlossen, für den Bundestag zu kandidieren.

Nicht dass sich die Familienmitglieder nicht für Politik interessierten, einige taten es sogar sehr. Das Wort »Berufspolitiker« löste jedoch ein gewisses Unbehagen aus, weil sich mit diesem Wort Assoziationen einstellten, die sich mit den moralischen Ansprüchen der Familienmitglieder nicht vereinbaren ließen. Es waren natürlich nur Klischees, aber sie schienen doch fest in den Köpfen verankert zu sein.

»Also, ich weiß nicht, was ich sagen soll!«, sagte Mama, ausgerechnet Mama, die eigentlich immer wusste, was sie sagen sollte. »Einerseits hat sich ja dein seliger Vater immer für Politik interessiert, aber er ist ja nie über das Amateurhafte hinausgegangen, der Gute, er hat doch immer so von der sozialen Gerechtigkeit geschwärmt!«

Tantchen kicherte: »Weißt du noch, wie er uns alle mit seinen ellenlangen Vorträgen zu Tode gelangweilt hat?«

Mama kicherte mit: »Nicht nur uns, wie ich mich erinnern kann! Andererseits«, fuhr Mama fort, »ist es bei ihm nie richtig ernst geworden; er hat immer nur theoretisch herumgeredet und wollte die Welt verbessern, was ja auch in Ordnung war.«

»Er war halt ein Idealist«, warf Tantchen ein.

»Wenn das jetzt bei dir ernst wird«, fuhr Mama fort, »welche Folgen könnte das haben? Ich meine, es gibt sehr viele böse Beispiele aus der Türkei. Ich denke da an Ministerpräsident Menderes. Ich habe nie seine politischen Ansichten geteilt, er war ein grässlicher Mensch, aber dass sie ihn dann aufgehängt haben, das fand ich auch grässlich!«

Tante Semra wurde blass. »Schätzchen, solche Gefahren drohen Politikern in Deutschland nicht, oder?«

»Aber nein, Tantchen, was denkst du denn? Solche Gefahren drohen nicht mal mehr in der Türkei!«

»Und dann 1980«, fuhr Mama fort, »als so viele Freunde von deinem Papa im Gefängnis landeten, und einige auf ihre alten Tage nach Deutschland flüchten mussten und dann monatelang bei uns gewohnt haben!«

»Und bei mir«, fügte Tantchen hinzu, »weil bei dir kein Platz mehr war, und ich jedes Mal, wenn ich in die Türkei gefahren bin, mir an der Grenze fast in die Hose gemacht habe, weil ich nicht wusste, ob die türkische Geheimpolizei mich nicht ausgespäht hat, mit den politischen Flüchtlingen in meiner Wohnung!«

Tantchen schüttelte es bei der Erinnerung an die alten Geschichten.

»Jetzt willst du in die Politik«, sagte Mama. »Ich meine: so richtig. Wir haben alle unsere politische Meinung, das ist ja völlig in Ordnung, schließlich sind wir denkende Menschen, nicht wahr – aber so richtig in die Politik … Du musst schon verstehen, dass wir uns ein wenig Gedanken machen …«

»Sorgen«, sagte Tantchen, »wenn wir ehrlich sind, machen wir uns Sorgen!«

Eine Zeitlang herrschte Stille im Raum. Die alten Damen saßen da, sehr nachdenklich. Mama zog an ihrer Zigarette, Tantchen begutachtete ihre Maniküre.

»Man wird vielleicht nicht mehr aufgehängt«, warf Mama in die Stille des Raumes ein, »aber der Ruf der Familie, der steht ja auch noch auf dem Spiel.«

»Wie meinst du das?«

»Wie schon? All diese Korruptionsskandale von Politikern; sie gehen als arme Kirchenmäuse in die Politik und hast du nicht gesehen, sind sie stinkreich, und ihre ganze Sippe mit dazu. Oder ist das in Deutschland anders? Kann ich mir ehrlich gesagt nicht vorstellen. Wie sagt man bei uns: *Bal tutan, parmağını yalar.* ›Wer Honig anfasst, kann sich danach die Finger ablecken‹, und in der Politik stehen viele Honigtöpfe herum!«

»Mama, du willst doch nicht ernsthaft behaupten, dass ich korrumpierbar bin? Deine eigene Tochter?«

»Weiß ich, was die Politik aus dir macht? Vielleicht verdirbt sie auch deinen Charakter! Wer einmal am Schräubchen gedreht hat, kommt doch auf den Geschmack, dann macht man alles, um an der Macht zu bleiben!«

»Mama«, rief ich, »ich bin entsetzt, was du mir alles zutraust, deinem eigenen Fleisch und Blut!«

»Diese ganzen grässlichen Menschen in der Politik haben auch Mütter und waren wahrscheinlich auch nette Kinder, dann sind sie in der Politik gelandet und die gesamte gute Erziehung – futsch war sie! Warum machst du das überhaupt? Warum willst du für den Bundestag kandidieren? Ist dir der Alltag zu langweilig geworden? Brauchst du Abwechslung? Mach doch mehr Sport, das ist gesünder! Geh' doch in so einen Fitnessclub!«

Ich musste etwas skeptisch geschaut haben, denn Tantchen mischte sich ein. »Das mit dem Fitnessclub ist nichts für Lale«, meinte sie, dann wandte sie sich an mich: »Melde dich doch mit Ahmet zusammen in einem Golfclub an«, schlug sie vor, »das ist doch eine schöne Abwechslung!«

Wahrscheinlich schaute ich immer noch sehr skeptisch, denn sie fügte etwas leiser hinzu: »Ich übernehme auch die Jahresbeiträge!«

»Ich fasse es nicht«, rief ich aus, »ich will in die Politik, weil ich auf dieser Welt – sagen wir wenigstens in diesem Land – für die Menschen die Lebensbedingungen ein wenig verbessern und mehr soziale Gerechtigkeit und Chancengleichheit schaffen will, und ihr beide wollt mich als Alternative in eine Muckibude oder in einen Golfclub schicken! Ich mache das nicht, weil ich Abwechslung brauche, ich mache das, weil ich die gesellschaftlichen Verhältnisse mitgestalten will!«

Mama schaute Tante Semra vielsagend an: »Wir werden sie nicht abhalten können, da ist sie wie ihr Vater, sie muss von ihm diese Weltverbesserer-Gene geerbt haben!«

Tante Semra schaute vielsagend zurück: »Irgendwie ist in dieser Familie der Zweite-Frühling-Virus ausgebrochen; erst Gül mit dem neuen Mann, jetzt Lale mit dem neuen Job!«

Das trojanische Pferd aus Wiesbaden, oder wie der schwarze Alfred in unsere rote Familie trat

Tante Gül, deren neuer Lebensabschnitt gerade mit meinem anvisierten neuen Lebensabschnitt verglichen worden war, ist nach Tante Semra meine zweite Tante in Deutschland. Sie ist die Witwe meines verstorbenen Onkels Enver. Onkel Enver war einem Herzinfarkt erlegen, was bei seinem Lebenswandel kein Wunder war. Vollzeit als Arzt tätig, dazu die dauernden Frauengeschichten, die noch zusätzlich vor der armen Tante Gül geheim gehalten werden mussten, aber nie geheim blieben. Alles sehr stressig und nervenaufreibend. Ja, da hatte die Pumpe irgendwann nicht mehr mitgemacht.

Tante Gül hielt eine kurze Anstandsfrist als trauernde Witwe ein, wobei sie sich diesen Job mit mehreren anderen Damen teilte (die uns zum Teil bekannt waren, zum Teil auch nicht. Zu unser aller Überraschung gab es beim Begräbnis auch eine uns völlig unbekannte Dame, die von »meinem verstorbenen Mann« sprach). Diese Tatsache verkürzte die Trauerzeit enorm, was Mama, die bekennende Mathematikerin, mit einem einfachen Dreisatz erklären konnte.

»Es gibt so etwas wie eine natürliche Trauerzeit«, erklärte sie uns, »im Schnitt ein Monat für jedes gemeinsam verbrachte Jahr. Sagen wir mal ein Ehepaar ist 30 Jahre verheiratet, dann beträgt die Trauerzeit 30 Monate. Du kannst als Witwe auch länger trauern, niemand hindert dich daran, aber diese 30 Monate sollte Trauerarbeit geleistet werden. Wenn es nur eine Witwe gibt, muss sie diese Zeit alleine abarbeiten, wenn es aber parallel sechs Witwen gibt, und so viele Damen habe ich auf dem Friedhof gezählt, dann kann man die 30 Monate durch sechs teilen und es bleiben dann pro Witwe fünf Monate übrig. Logisch, oder?«

»Mathematisch gesehen ja«, antwortete ich, »aber psychologisch gesehen müsste sich die Trauerzeit noch weiter verkürzen angesichts von fünf weiteren Witwen.«

Mama dachte scharf nach. »Ja, so muss es wohl sein«, bestätigte sie, »wie sonst hätte Alfred so kurz nach Onkel Envers Tod in unser aller Leben treten können?«

Alfred war der »Lebensgefährte« von Tante Gül und es schien bei den beiden alles eitel Sonnenschein. Deswegen war ich einigermaßen verwundert, als Tante Gül mich einige Tage nach meiner »Politik-Beichte« bei Mama ganz aufgeregt anrief.

»Ich habe von deiner Mutter erfahren, dass du möglicherweise für den Deutschen Bundestag kandidieren willst«, sagte sie. »Wir müssen uns sofort treffen, ich muss dir was sagen, was ganz wichtig sein könnte!«

»Worum geht es denn?«

»Um Alfred!«

»Um Alfred? Was hat denn Alfred mit meiner Kandidatur zu tun?«

»Das kann ich dir am Telefon nicht sagen. Ich komme morgen zu dir!«

Jetzt war ich wirklich neugierig, ich rief Mama an, aber auch die wusste nicht, welche Rolle Alfred spielen sollte.

Als wir uns am nächsten Abend trafen, war Tante Gül vor Aufregung ganz rot im Gesicht, so kannte ich sie gar nicht.

»Alfred«, sagte sie leicht zögernd, »ist ein Gentleman und er hat keine Vorurteile gegen dich! Und schaden will er dir auch ganz bestimmt nicht! Und ich will nicht, dass du Vorurteile gegen ihn hast.«

»Sag mal, wovon sprichst du? Warum sollen Alfred und ich Vorurteile gegeneinander haben? Und wieso denkst du, dass er mir schaden könnte?«

Tante Gül holte tief Luft. Dann sah sie mir mitten ins Gesicht. »Ich muss dir etwas sagen, was Alfred betrifft!«

»Was denn, du machst mich noch wahnsinnig!«

»Es ist auch ziemlich pikant, was ich dir erzählen muss!«

»Tante Gül! Sag es endlich!!«

»Alfred ist Mitglied der CDU!«

»Ach? Alfred ist bei der CDU? Und wie lange weißt du das schon, wenn ich mal fragen darf?« Tante Gül machte ein harmloses Gesicht. Jedenfalls versuchte sie es.

»Das weiß ich nicht mehr, er hatte es mir irgendwann mal erzählt.«

»Und du hast es uns verheimlicht«, ergänzte ich ihren Satz. »Du bist schon ein ganzes Jahr mit ihm zusammen und hast uns ein ganzes Jahr verheimlicht, dass Alfred bei der CDU ist! Gib doch zu, es war dir peinlich, und du wolltest nicht, dass wir unseren guten Eindruck von ihm revidieren. Ich habe ja schon von Leuten gehört, die die fünf Ehen ihres neuen Partners vor der Familie geheim hielten, oder dass er schon zweimal den Offenbarungseid geleistet hat, um ihn salonfähig zu machen; dass aber die Parteimitgliedschaft eines Lovers geheim gehalten wird, das ist eine ganz neue Variante!«

»Ich gebe zu, dass ich euch dieses Detail aus Alfreds Leben nicht erzählt habe«, stotterte Tante Gül, »weil ich nicht wusste, wie ihr reagieren würdet!«

»Ach, jetzt ist es nur ein Detail? Wenn es ein Detail wäre, hättest du es längst erzählt! Noch nie ist etwas in dieser Familie ein ganzes Jahr geheim geblieben!«

Tante Gül hatte sich so sehr in Alfred verliebt, dass ihr seine CDU-Zugehörigkeit völlig schnuppe gewesen war, wobei sie ganz genau gewusst hatte, dass er politisch nicht in die Familie passte – deswegen hatte sie seine Parteizugehörigkeit vor uns verschwiegen, irgendwie süß ... Aber wenigstens ein bisschen sollte sich Tante Gül dafür schämen.

»Weißt du eigentlich, dass du mit dieser Haltung uns als Demokraten beleidigst? Ich für meinen Teil freue mich, dass du mit jemandem zusammen bist, der sich so sehr für Politik interessiert, dass er Mitglied einer Partei ist, und die anderen werden auch nicht anders denken!«

»Das hat Alfred auch gesagt, aber ich dachte, vielleicht ist es nicht gut für dein Weiterkommen bei der Partei.«

Ich fing an zu lachen. »Tante Gül, du kannst alle Bedenken fahren lassen. Weder hängt meine politische Karriere von der Parteizugehörigkeit deines Lebensgefährten ab, noch unsere Zuneigung zu dir.«

Tante Gül war Alfred ein Jahr zuvor bei einer Studienreise in die Türkei begegnet. Sie hatte sich mit der Reise was Gutes gönnen wollen – und Alfred anscheinend auch. Er war Oberstudienrat und wollte eine ordentliche Kulturreise machen, bei der man »Land und Leute« kennenlernen konnte. Und praktischerweise hatte er Tante Gül getroffen, die jetzt stellvertretend für Land und Leute seinen Wissensdurst stillte. »Nicht nur seinen Wissensdurst«, wie einige geschmacklose Familienmitglieder feststellten. Als sie sich kennenlernten, war Tante Gül 60 Jahre alt gewesen, für gewisse konservative Kreise eine ältere Frau, und erschwerend kam hinzu, dass sie Witwe war.

»Die armen Frauen, die aus finanziellen Gründen ein zweites Mal heiraten müssen, tun mir leid«, sagte Mama immer, »als ob einmal nicht schon genug wäre!«

»Mama, vielleicht wollen die Frauen ja wieder heiraten, und es ist gar nicht aus finanziellen Gründen«, meinte ich.

Sie schaute mich ungläubig an. »Ach komm, du willst mich auf den Arm nehmen«, sagte sie, »wer tut sich das in unserem Alter schon an, nicht wahr, Semra?«

Tante Semra nickte zustimmend. »Das sollte man jungen Leuten überlassen!«

Tante Semra nickte zwar, mir war jedoch nicht klar, ob aus

Überzeugung oder zur Umgehung einer überflüssigen Diskussion, denn Semra war – im Gegensatz zu Mama – kein Kind von Traurigkeit. Aber sie wusste, wenn sie jetzt Partei ergreifen sollte für diejenigen, die ihr Glück ein zweites Mal versuchen, gäbe es eine heiße Diskussion. Nicht dass sie selbst aktiv auf der Pirsch war, aber erstens hatte sie nichts gegen die Liebe an sich und zweitens hatte sie nichts gegen die Liebe im Alter. Im Gegensatz zu Mama, die Liebe für eine Fata Morgana hielt, erzeugt durch eine Hormonspiegelung in der Wüste des Lebens.

Nach ihrer Rückkehr hatte Tante Gül uns beiläufig erzählt, sie habe während der Reise sehr nette Bekanntschaften gemacht, und man habe beschlossen, sich auch in Deutschland zu treffen.

»Wie schön für dich«, sagte Semra, »dann kommst du mehr raus!«

»Urlaubsbekanntschaften sind doch nur leere Versprechungen!«, sagte Mama, »im Alltag entpuppen sich die Leute alle als Nieten!«

Tante Gül sagte nichts, aber in den nächsten Wochen tauchte sie spürbar seltener bei den Familientreffen auf, ja sie war geradezu absent. »Wo ist denn Gül?«, wurde immerzu gefragt. Und die Antwort »Sie trifft sich mit ihren Urlaubsbekanntschaften«, wurde zum geflügelten Wort.

»Meine Oma scheint ja auf dieser Studienreise mächtig viele Leute kennengelernt zu haben«, sagte Dilara, die naseweise Enkeltochter von Tante Gül zu Mama und Tante Semra, als sie wieder einmal bei den beiden war, um nicht zu Hause sein zu müssen, »sie ist andauernd unterwegs in Deutschland. Ihr solltet auch solche Reisen machen«, fügte sie altklug hinzu, »es erweitert anscheinend den Bekanntenkreis!«

»Wer sagt denn, dass ich meinen Bekanntenkreis erweitern will«, entgegnete Mama. »Ich finde diese gegenseitigen Besuche richtig lästig, diese Damenkränzchen, wo nur belangloses Zeug ausgetauscht wird. Was dort in vier Stunden geredet wird, kann die Katze auf dem Schwanz wegtragen!«

Dabei schaute sie aus den Augenwinkeln Tante Semra an. Die traf sich nämlich regelmäßig mit ihren Freundinnen, und wenn die Damen Semra besuchten, ging Mama demonstrativ auf ihr Zimmer, »um ein gutes Buch zu lesen«, wie sie sagte. Sie tauchte erst dann auf, wenn die Gäste weg waren, um den restlichen Kuchen wegzuputzen.

»Du hast doch gar keinen Bekanntenkreis mehr, Oma Latife!«, ätzte Dilara, »du hast sie alle erfolgreich weggebissen!«

Mama schaute Dilara an. Ich erwartete so etwas wie ein Donnerwetter aus Gründen der Respektlosigkeit. Doch Mama widersprach nicht.

»Mir reichen die Probleme der Familienmitglieder, mein liebes Kind«, antwortete sie nur.

Tante Semra wollte das Thema wechseln. »Wann sehen wir denn deine Oma?«, fragte sie Dilara.

»Ich glaube, sie kommt Sonntagabend zurück.«

So geschah es dann auch. Tante Gül meldete sich Sonntagabend bei Mama und Tante Semra mit den Worten, sie habe mit den beiden etwas Wichtiges zu besprechen und würde gleich vorbeikommen. Niemand konnte ahnen, dass mit diesem Anruf die Zeitbombe auf 20 Uhr 15 eingestellt war. Tante Gül betrat gegen 20 Uhr die Wohnung von Mama und Tante Semra und erklärte den beiden klipp und klar, dass es sich bei den sogenannten Urlaubsbekanntschaften um nur eine einzige Person handeln würde: nämlich um Alfred!

»Alfred ist ebenfalls 60 Jahre alt«, fuhr sie fort, »er ist Witwer so wie ich und seine Ehe war kinderlos. Er ist Oberstudienrat für Französisch und Geschichte, sehr kultiviert, und wir werden den Rest unseres Lebens zusammen verbringen. Ich wollte euch beide zuerst informieren, bevor ich morgen früh dann die Kinder unterrichte!« (Als ehemalige Lehrerin unterrichtete Tante Gül immer weiter.)

Erst war Stille im Raum. Ungefähr eine Minute lang, was für unsere Familie eine nicht zu unterschätzende Zeitspanne ist.

Dann räusperte sich Mama: »Warum denn so feierlich, liebe Schwägerin?«

»Weil ich zu ihm nach Wiesbaden ziehen werde«, antwortete Tante Gül sehr sachlich.

»Du machst doch nur Spaß, oder?«, sagte Mama, die ihren Ohren nicht traute.

»Nein«, antwortete Tante Gül, »es ist mir sehr ernst! Er ist noch berufstätig, also macht das Sinn, oder?«

»Gül«, sagte Mama, möglichst ruhig und nun ihrerseits um Sachlichkeit bemüht, »du kennst den Mann doch erst ein paar Wochen, was weißt du, wie er ist? Du hast – Gott weiß – genug schwere Erfahrungen gemacht.«

»Alfred ist ganz anders als Enver«, beharrte Tante Gül, »ich spüre das.«

Mama und Tante Semra schauten sich mit fragenden Augen an. Warum machte Gül das? Die beiden Damen waren älter als Tante Gül und durchaus länger verwitwet und hatten es gut sein lassen, was eine neue Beziehung anging. Aber ihre Ehemänner waren eher brave Mannsbilder gewesen, treu und ihren Frauen aufs Wort gehorchend – was den Wunsch dieser Damen nach neuen Beziehungen in Grenzen hielt. Ehrlich gesagt, sah ich auch weit und breit keinen Mann, der es mit diesen beiden ausgehalten hätte. Außerdem herrschte in ihrer Altersklasse akuter Männermangel. Manchmal scherzten sie, ob sie sich nicht zusammen einen Ehemann halten sollten. Dann aber verwarfen sie diesen Gedanken wieder ganz schnell, weil der Typ entweder schmutzen und ganz bald pflegebedürftig werden würde (Tante

Semras Argument gegen einen neuen Mann) oder zu viel reden und ganz bald pflegebedürftig werden würde (Mamas Argument gegen einen neuen Mann).

»Warum tust du dir das an? Ich meine, du hast genug Geld, ein Haus, du hast es doch gar nicht nötig, für einen alten Mann die Haushälterin abzugeben!«

»Und eines Tages die Krankenschwester!«, fügte Tante Semra hinzu.

»Er ist kein alter Mann«, sagte Tante Gül, »ich habe doch bereits erwähnt, dass er genauso alt ist wie ich, und eine Haushälterin braucht er sowieso nicht, denn er ist sehr geschickt im Haushalt, und er macht alles selber. Er hat mich bekocht und bedient, ich weiß das alles, denn die letzten Wochen habe ich bei ihm zu Hause verbracht!«

»Ach, die Treffen mit den vielen Urlaubsbekanntschaften!«, sagte Mama und lächelte süffisant.

»Ja, die Treffen mit den Urlaubsbekanntschaften«, antwortete Tante Gül tapfer, »es stimmt, ich habe euch angelogen, aber ich wollte meiner Sache sicher sein, bevor ich euch was über Alfred erzähle.«

»Und jetzt bist du dir sicher?«

»Ja«, sagte Tante Gül schlicht.

»Gül«, sagte Mama, »*kırkından sonra azanı teneşir paklar,* ›wenn jemand jenseits der 40 noch einmal wild wird, droht ihm der baldige Tod‹«, und es hörte sich ziemlich bedrohlich an.

»*Atın ölümü arpadan olsun,* ›Möge das Pferd an zu viel Hafer sterben‹«, entgegnete Tante Gül, und es hörte sich ziemlich hedonistisch an.

Dann sagten sie alle nichts mehr, und Tante Gül fuhr nach Hause.

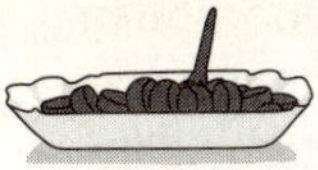

Nachdem diese Beichte geschafft war, musste Tante Gül nun ihre beiden Töchter »unterrichten«, meine Cousinen Hilal und Nihal. Ich habe bestimmt 20 Cousinen, aber die beiden stehen mir besonders nahe. Hilal und Nihal sind Zwillinge, deswegen heißen sie auch so ähnlich wie Hanni und Nanni. Aber sie hätten nicht unterschiedlicher sein können, in keiner Hinsicht und auch in ihrer Meinung über die neue Lebenssituation ihrer Mutter.

Hilal war frech, spontan und radikal, hatte ein loses Mundwerk, und ihre Radikalität lebte sie in einem politisch-korrekten, aber unorthodoxen, ökologisch-alternativen, aber trendigen Lebensstil aus. Ihr Mann hieß Friedrich, genannt Prösterchen. Ich hatte ihn so getauft, weil er bei der ersten Vorstellung in der Familie permanent mit dem Wort »Prösterchen« sein Glas erhoben hatte. Ich hatte mir zwar nach der Eheschließung der beiden geschworen, ihn nie wieder so zu nennen, aber dieser Spitzname hatte sich in der Familie etabliert. Prösterchen war bieder und langweilig, im Grunde seines Herzens ein Spießer, das genaue Gegenteil von Hilal, und sein größtes Husarenstück war die Eheschließung mit ihr gewesen. Er hatte es allen (am meisten sich selber) gezeigt, zu welchen kühnen Taten er in der Lage war.

Der Spross dieser Ehe hatte einen politisch-korrekten deutsch-türkischen Doppelnamen. Er hieß Lütfü-Lukas und wurde von Hilal, meiner ach so politisch korrekten, multikulti-kosmopolitischen Cousine, mit Muttermilch, Hirse, Rapunzelaufstrich und permanenter Selbsterfahrung großgezogen. Für so viel Erziehung geriet der Junge ausgesprochen normal und wurde ein eher ruhiger Zeitgenosse mit analytischem Verstand und scharfer Zunge.

Für Nihal dagegen war die Ehe mit Ali, einem ehemals blassen Jungen, der inzwischen zum neu-reichen Macho mutiert war, der ganze Lebensinhalt. Sie hing reaktiv-ergeben an seinen Lippen und betrachtete das Leben nur noch aus Alis Perspektive. Andere, zum Beispiel ihre Freundinnen aus dem Tennisclub oder die Menschen aus ihrem weiteren Bekanntenkreis, hätten Nihal als eine »total moderne Türkin« beschrieben; Akademikerin, Mitglied im Tennisclub, mit eigenem Sportwagen und sozial engagiert, besser ging es doch gar nicht, oder? Bei uns in der Familie hatten wir allerdings eine andere Definition von einer »total modernen Türkin«; und waren einhellig der Meinung, dass Nihals Leben durchaus besser verlaufen könnte.

Nihal und Ali hatten eine Tochter, Dilara. Sie hatte vom Vater die Intelligenz geerbt, denn dass Ali intelligent war, ließ sich beim besten Willen nicht leugnen. (Bei Nihal dagegen hatte ich, was ihre mentale Ausstattung anging, so meine Bedenken.) Dilara zeigte ihrem Vater, wo der moralische Hammer hing, indem sie fröhlich ihr Leben lebte und aus ihrem Herzen keine Mördergrube machte. Ali regte sich über Dilara und ihren Lebenswandel fürchterlich auf und beschimpfte Nihal in der festen Überzeugung, dass Dilaras Verhalten auf deren liberalen Erziehungsstil zurückzuführen sei.

Tante Gül musste – wie geplant – ihre Töchter am nächsten Tag informiert haben, denn Nihal rief mich ganz aufgeregt an: »Weißt du es schon?«, schrie sie durch den Hörer. »Meine Mutter hat einen Geliebten!«

»Aber hör mal, bei einem Sechzigjährigen würde ich doch eher von einem Lebensgefährten sprechen als von einem Liebhaber!«

»Ist dir eigentlich klar, dass unsere Mutter mit diesem Mann zusammenziehen möchte?«, kreischte Nihal, »und sie somit das Andenken unseres Vaters besudelt? Sie hat doch alles gehabt«, fuhr Nihal fort, »unseren Vater, uns, die Enkel … das alles reicht doch für ein Frauenleben!«

»Anscheinend doch nicht!«, erwiderte ich ungerührt. »Sag mal, sind das deine geistigen Perlen oder die von deinem Ehemann?«

»Mein Mann sagt noch ganz andere Dinge«, erwiderte Nihal, immer noch aufgebracht, »er sagt, dass die Familienehre zur Disposition steht.«

»Unsere Familienehre«, erwiderte ich, »sollte nicht in Alis Zuständigkeitsbereich fallen!«

»Außerdem finde ich es auch nicht gut«, fuhr sie mit elegischer Stimme fort, »dass sie das Andenken unseres Vaters nicht hochhält.«

»Hallo? Von welchem Andenken redest du bitte? Dass der Alte sie regelmäßig betrogen hat? Dass sie dazu standhaft geschwiegen hat? Mit Migräne ins Bett geflüchtet ist? Deine Mama hat es verdient, dass ein Mann auch mal nett zu ihr ist! Wie wäre es, wenn du sie zum Vorbild nimmst statt dich künstlich aufzuregen?«

»Wie meinst du das?«

»Du bist erst 40, du solltest nicht auf Alis Tod warten, um dir einen Alfred anzulachen.«

»Was heißt das?«, fragte Nihal nun ganz spitz.

»Das heißt, dass du es schlimmer getroffen hast als deine Mama. Onkel Enver ist wenigstens ein kultivierter Casanova gewesen, dein Mann ist ein ungehobelter Macho. Und die Seitensprünge kommen noch erschwerend hinzu!«

»Bitte, Ali darf nicht wissen, dass ich euch das mal anvertraut habe!«

»Nihal, das ist der große Unterschied zwischen deinem Ehemann und deiner Mutter: der eine treibt es heimlich und bei der anderen ist es unheimlich, dass sie es noch treibt!«

Nihal legte wortlos auf. Sie hatte von uns allen den wenigsten Humor.

Tante Güls Ankündigung, mit Alfred zusammenzuziehen, hatte das Thema »die richtigen Ehemänner für die weiblichen Familienmitglieder« wieder einmal auf die aktuelle Tagesordnung gesetzt.

Sie müssen wissen, wir haben so unsere Vorstellungen, wie ein Mann beschaffen sein muss, der in unsere Familie einheiraten will. Nicht äußerlich, da sind wir großzügig – ob groß, ob klein, ob mit Glatze oder voller Lockenpracht, das ist den Frauen in unserer Familie ziemlich egal. Auch Geld gehört nicht zu den von uns erwarteten Eigenschaften. Wir verdienen unser eigenes Geld und geben sowieso alles aus. Aber wir lieben witzige, wohlerzogene und gebildete Männer. Männer, die Klavier spielen und Gedichte zitieren können; die uns zum Lachen bringen und die über sich selbst lachen können. An diesem Ideal mussten sich alle Männer messen lassen, die den Fuß in die Familie setzten, und die meisten mussten wieder gehen. Einige blieben, obwohl sie Lichtjahre von diesem Ideal entfernt waren. Und diese Diskrepanz zwischen Wunsch und Wirklichkeit wurde ausführlich diskutiert, vor allem von Mama.

»Ich bin gespannt, wie dieser Alfred beschaffen ist«, sagte sie. »Gül und ihre Töchter haben ein Händchen, sich aus der Männerwelt immer die Montagsware an Land zu ziehen, und dann ganz schnell zu heiraten, als ob sich nie wieder ein Kerl finden lassen würde, so dass ich auch bei Alfred keine großen Hoffnungen habe. Enver war eigentlich ganz charmant«, sinnierte sie weiter, »leider konnte er seine Hose nicht zuhalten. Und die Schwiegersöhne von Gül ... über Ali müssen wir kein Wort verlieren, eine solche Mesalliance gab es nie zuvor in der Familie, ich habe alle gewarnt, aber auf mich hat niemand gehört ...« Auf einmal drehte sich Mama zu mir: »Dein Vater hat damals auch Partei ergriffen für Ali, wegen der Überwindung der Klassenschranken, hat er gesagt, das ist angewandter Sozialismus, hat er gesagt.«

»Papa hatte im Prinzip recht, Mama!«

»Im Prinzip vielleicht, aber nicht in dem Fall von Ali, jedenfalls hat uns seine Ideologie diesen Parvenü ins Haus gebracht!« Mama schüttelte es bei der Erinnerung. »Und was die Ehe von Hilal und Friedrich angeht«, sagte Mama, »mir ist noch letztens die Frage durch den Kopf gegangen, warum die beiden überhaupt geheiratet haben!«

»Latife, das geht dir seit 16 Jahren durch den Kopf«, entgegnete Tante Semra, »aber eine plausible Erklärung hast du bist jetzt nicht gefunden.« »Ja, das ist richtig«, antwortete Mama, »deswegen geht es mir ja auch immer noch durch den Kopf!«

Inzwischen lebten Tante Gül und Alfred seit über einem Jahr in Wiesbaden. Wahrscheinlich hätten sie das Geheimnis von Alfreds CDU-Mitgliedschaft mit ins Grab genommen, wenn ich nicht für den Bundestag kandidiert hätte. Aber jetzt war das kleine Geheimnis gelüftet und sorgte weniger für Ärger – wie von Tante Gül befürchtet – sondern vielmehr für Heiterkeit.

»Kennt ihr den?«, fragte Dilara, als wir alle mit Alfred und Tante Gül zusammensaßen, »kommt ein Mädchen zu ihren Eltern. ›Ich muss euch was gestehen‹, fängt sie an, ›ich bin schwanger!‹ Die Eltern jammern und schimpfen, dann kriegen sie sich wieder ein. ›Na gut‹, sagt der Vater, ›wo fünf satt werden, da werden auch sechs satt!‹ Das schwangere Mädchen schluckt. ›Ich habe euch noch nicht alles erzählt‹, sagt sie, ›das Kind ist von einem Schwarzen!‹ Die Eltern jammern noch viel mehr, schimpfen noch viel mehr. ›Was soll's‹, sagt der Vater irgendwann und atmet tief durch, ›die von der CDU sind auch nur Menschen!‹«

Alle schauten Alfred an und lachten; er lachte mit. »Schön, dass ihr mich als Menschen akzeptiert«, meinte er, »Gül hat sich wirklich Gedanken gemacht, ob ihr mit meiner CDU-Zugehörigkeit zurechtkommt!«

»Wenn du jetzt nicht anfängst, uns in den Ohren zu liegen mit den richtigen politischen Ansätzen für die Veränderung der gesellschaftlichen Verhältnisse«, sagte Mama sehr nachdrücklich, »geht das in Ordnung. Ich habe mir das von meinem seligen Mann über 30 Jahre anhören müssen«, fügte sie entschuldigend hinzu.

»Ich werde mich hüten«, antwortete Alfred.

Meine Kandidatur interessierte den politisch versierten Alfred natürlich sehr. »Deine Kandidatur ist ein Experiment«, meinte er, »mit türkischem Namen auf den Plakaten – ich bin gespannt, ob du so viel Akzeptanz bekommst, dass du mit den Erststimmen gewählt wirst!«

»Aber wenn sie gewählt wird, ist das ein politischer Quantensprung für die Gesellschaft«, entgegnete Ahmet. »Ich bin übrigens der festen Überzeugung, dass Lale direkt gewählt wird; die Menschen sind weiter als die Politiker vielfach denken!«

Alfred lachte. »Schimpf nicht mehr ganz so doll auf die Politiker, Ahmet, vielleicht ist deine Frau bald auch mit von der Partie!«

Ahmet war voller Optimismus. »Um die Wahl ist mir nicht bange, sie muss nur aufpassen, dass sie nicht in so einen Frühstücksausschuss reingesetzt wird, wo sie nichts reißen kann, und nur den Alibitürken macht. Sie muss politisch so viel verändern.«

Auf der Suche nach dem sozialdemokratischen Gral

Ich war weder Mitglied in einem Fitnesscenter noch in einem Golfclub, ich war Mitglied einer politischen Partei, bei der ich jetzt aktiv mitarbeiten wollte. Meine Kandidatur war das Thema Nummer eins in der gesamten Familie. Aber Erfahrung mit der aktiven Politik hatte keiner von uns, bis auf Alfred. Nach Tante Güls Berichten war er schon ziemlich lange in der CDU und in grauen Vorzeiten sogar mal Stadtrat in irgendeinem Kaff gewesen.

Nach Tante Güls »Beichte« waren Alfred und ich uns nähergekommen und unterhielten uns gerne über Politik.

»Ich freue mich, dass du jetzt aktiv einsteigst«, meinte er, »aber denk bitte daran: ein Bundestagsmandat ist eine Sache; der Weg durch den Dschungel der Partei, der dahin führt, eine andere. Ich bin damals im Dickicht der Partei steckengeblieben.«

»Was meinst du mit ›Dickicht der Partei‹?«

»Nun, meine Parteifreunde haben mir damals ein paar Beinchen gestellt, wie das halt so üblich ist in den Parteien. Kennst du nicht die Steigerung von ›Feind‹?«

»Nein.«

Alfred lachte. »Du musst noch viel lernen, was den Parteiapparat angeht. Die Steigerung von Feind lautet: Feind, Todfeind, Parteifreund!«

»Aber das gilt doch nur für die CDU!«

Jetzt lachte Alfred noch viel mehr. »Kindchen, entschuldige, aber du bist wirklich naiv, was Parteipolitik betrifft. An der Stelle sind alle Parteien gleich. ›Homo homini lupus‹, sage ich nur. Glaube ja nicht, dass es in deiner anders läuft als in meiner, nur weil sich alle duzen.«

Als Oberstudienrat konnte Alfred natürlich Latein und in gepflegten Gesprächen warf er gerne das eine oder andere lateinische Sprüchlein in die Runde. Für die, die kein Latein können: die Übersetzung lautet: der Mensch ist des Menschen Wolf. Alfred wollte damit wohl andeuten, dass Parteipolitik die Menschen kannibalisiert.

»Aber das sind doch deine Erfahrungen mit deinen Leuten, die kannst du doch nicht so mir nichts, dir nichts generalisieren und auf meine Partei übertragen!«

Ich war ein wenig wütend, und Alfred merkte das natürlich. Er lächelte mich geduldig an. Wahrscheinlich so, wie er seine pubertierenden Schüler anlächelte, die alles besser wussten.

»Nimm als Beispiel – sagen wir mal einen Tennisclub«, sagte Alfred.

»Wieso Tennisclub?«

»Das ist doch nur ein Beispiel, du kannst auch einen Schachclub nehmen oder einen Schützenverein.«

»Also irgendeinen Verein!«

»Ja, genauso. Irgendeine Sorte Verein! Wodurch unterscheidet sich der Schützenverein A vom Schützenverein B?«

»Keine Ahnung, aber du wirst mich als guter Pädagoge schon zur Antwort führen!«

Alfred verschluckte sich fast vor Lachen. Ich vermisste ein wenig den Respekt vor den großen Dingen, die meiner harrten. Schließlich wollte ich in der großen Politik mitmischen und nicht in einem Schützenverein.

»Durch die Zielgruppe, liebes Kind; der eine Verein spricht die Reichen an, der andere die Minderbemittelten, der eine Verein hat mehr Frauen als Mitglieder, der andere mehr Männer.«

»Und du bist der Meinung, dass es bei den politischen Parteien genauso ist?«

»Siehst du«, Alfred zwinkerte mir zu, »ich bin wirklich ein guter Pädagoge, du bist von selbst darauf gekommen!«

»Ich teile trotzdem nicht deine Meinung«, sagte ich wütend, »bei den Parteien ist es was ganz anderes!«

»Nein«, sagte Alfred jetzt, ganz der Pädagoge, der es gewohnt war, Fehler direkt zu verbessern, damit sie sich nicht festsetzen. »Bei den Parteien ist es genau so! Du bist Mitglied in einem Verein, zugegeben einem großen Traditionsverein, aber einem Verein mit seinen Regeln. Deine Vereinsmitglieder werden nicht Kegelbrüder oder Betschwestern genannt, sondern eben zufällig Genossen.«

»Nein, nicht zufällig, lieber Alfred!«

»Einverstanden: nicht zufällig, sondern gezielt, aber glaube mir, Parteien sind auch nichts anderes als Vereine, sie haben nur unterschiedliche Zielgruppen im Visier, und natürlich richten sie ihr Programm danach aus. Weißt du, ich vergleiche Parteien gern mit Fernsehsendern.«

»Mit Fernsehsendern?«

»Ja, genau. Diese richten ihr Programm ja auch nach Zielgruppen aus, und das Risiko, dem sie durch die Wechselwähler ausgesetzt sind, ist sehr viel größer als bei den Parteien, schließlich wählen die Leute täglich ihr Fernsehprogramm und nicht alle vier Jahre, nicht wahr?« Alfred lachte sich kaputt über seinen eigenen Witz und fuhr fort: »Also müssen sie für ›Stammwähler‹ sorgen und das Programm nach deren Geschmack gestalten, und dafür müssen sie den Finger am Puls ihrer Zuschauer haben. Und populistische Politiker«, jetzt verzog Alfred das Gesicht wie bei einem leichten Übelkeitsgefühl, »versuchen den Hattrick, indem sie bei Unterhaltungsprogrammen im Fernsehen mitmachen!«

Ich sagte nichts. Ich war sauer über die Selbstsicherheit,

mit der Alfred seine Sache vortrug. Und – ehrlich gesagt – ein wenig verunsichert. Meine politische Sozialisation hatte ihren Ursprung in der Familie. Ich hatte wenig Erfahrung mit der aktiven Parteipolitik. Mein Papa war ein überzeugter Sozialist gewesen; überzeugt davon, dass der Sozialismus was ganz Besonderes war – quasi in Politik gegossene Nächstenliebe –, aber er war halt ein Theoretiker gewesen.

»Du wirst Schwierigkeiten haben, dich zu behaupten«, sagte Alfred jetzt ungefragt.

»Und warum, bitte?«

»Weil du keinen Stallgeruch hast, außerdem fehlen dir ein paar wichtige Voraussetzungen für eine Karriere bei den Sozialdemokraten.«

»Die da wären?«

Alfred blähte sich auf wie ein Truthahn. Jedenfalls kam es mir so vor.

»Du bist kein Mann, du kommst aus einer Akademikerfamilie, du bist selber Akademikerin, und vor allem bist du eine Quereinsteigerin. Man muss sich bei allen Parteien hochdienen, aber bei den Sozialdemokraten ganz besonders.«

»Jetzt mach doch dem Kind keine Angst!«, sagte Tante Gül und drückte ihm die Hand.

»Ich mache ihr keine Angst, ich sage nur, auf welche Schwierigkeiten sie stoßen wird. Vor allem auf großes Misstrauen.«

»Ich muss meine eigenen Erfahrungen machen«, sagte ich etwas schmallippig.

»Mach deine Erfahrungen; ich denke, wir bleiben im Gespräch!«

Jetzt lächelte er Tante Gül an, und dieses Lächeln war wie ein liebevolles Streicheln über ihr Gesicht, nicht so arrogant wie das Lächeln, das er mir mit seiner Überlegenheit entgegenschleuderte. Alfred, du machst mich wütend. Du hast keine Ahnung. Meine Partei funktioniert anders als deine und meine Genossen sind nette Kerle, nicht so wie deine anscheinend gemeinen Parteifreunde. Doch völlig falsch lag Alfred in der Tat nicht …

Als ich das Angebot, für den Bundestag zu kandidieren, annahm, hatte ich in meiner Naivität gedacht, ich wäre schon eine allseits akzeptierte Genossin, weil ich seit 20 Jahren Mitglied der Sozialdemokratischen Partei Deutschlands war. Ich hatte aber nicht einkalkuliert, dass Genosse zu sein weit mehr bedeutet, als nur ein schnödes Parteibuch zu besitzen, sondern ich noch weiterer Fertigkeiten bedurfte. Ich war fest entschlossen, mir diese Fertigkeiten anzueignen, ganz gleich, wie viel Anstrengung es auch kosten mochte. Ich wollte mich in die Partei integrieren und es allen Alfreds dieser Welt zeigen!

In den folgenden Wochen stellte sich allerdings heraus, dass das Innenleben der sozialdemokratischen Partei einem heiligen Gral entsprach, in welchem sich kultische Geheimnisse verbargen, die sich dem Zugriff der »Ungläubigen« entzogen.

Ich hielt mich für eine »Gläubige«, weil ich Mitglied der Partei war, es sollte sich zeigen, dass das eine irrige Annahme war. Das Parteibuch entsprach nur einem Platz im äußersten Ring. Um zu dem heiligen Gral zu gelangen und in die Geheimnisse eingeweiht zu werden, musste ich in den inneren Ring der Auserwählten eindringen. Nur wenn man das kapiert hat, versteht man, wieso ein ehemaliger Vorsitzender der Partei den Job als Parteivorsitzender mit dem des Heiligen Vaters vergleichen konnte.

»Du kommst gar nicht mehr vorbei«, klagte Mama, »was machst du die ganze Woche?«

»Mama, ich muss mich fit machen für die Parteiarbeit, ich bin praktisch jeden Tag unterwegs in Sachen SPD.«

»Wie macht man sich denn fit für die Parteiarbeit?«, fragte Tante Semra.

»Ich muss mir so viel aneignen, muss mich überall sehen lassen!«

»Was musst du dir denn aneignen?«

Mein Gott! Waren die beiden neugierig!

»Ich muss mir praktisch den ganzen sozialdemokratischen Code aneignen. Ich meine, ich bin eine Quereinsteigerin, da gibt es halt viel nachzuholen.«

»Bietet die Partei keine Crashkurse für so Leute wie dich?«, fragte Mama.

»Nein!«

»Sollten sie aber«, meinte Tante Semra, »wenn du jetzt einen Job bekämest – sagen wir mal bei einer Firma für erneuerbare Energien –, müsstest du ja auch in die Materie eingeführt werden.«

»Die SPD ist keine Firma für erneuerbare Energien, und ich muss mir alles selber aneignen.«

»Weißt du eigentlich, was du da sagst?«, fragte Mama.

»Was meinst du?«

»Du hast gerade gesagt, die SPD sei keine Firma für erneuerbare Energien. Andersrum wäre es doch eine hübsche Werbung für deine Partei. Du müsstest eigentlich immerzu in die Welt rufen: ›Die SPD ist die Firma für erneuerbare Energien!‹ Ach was, du musst sagen: ›Die SPD ist die erneuerbare Energie an sich!‹«

»Mama, vielleicht solltest du besser kandidieren!«

Wenn Mama wüsste, wie viel es zu lernen gab am Anfang! Was ich mir alles merken musste – praktisch den ganzen sozialdemokratischen Code. Zumal ich einige Bedingungen für die Akzeptanz und den Aufstieg als Genossin wirklich nicht erfüllte, da hatte Alfred, der alte Fuchs, schon recht. Diese Voraussetzungen lauteten:

1. Mann
2. Arbeiterkind
3. Arbeiterkind, dessen Eltern SPD-Mitglieder (gewesen) sind (ganz besonders förderlich!)
4. Kindheit bei den Falken
5. Jugend bei den Falken

Die Punkte 3 bis 5 können auch zusammengefasst werden, das ist das, was Alfred, der Besserwisser, als »Stallgeruch« bezeichnete. Mir war klar – obwohl ich das vor Alfred nie zugegeben hätte –, dass mir der Stallgeruch fehlte, weil: siehe Punkt 3 bis 5.

Genauso wie der Hochadel sich halbtot lacht über naive Ehrgeizlinge, die sich von irgendwelchen verarmten Adeligen adoptieren lassen, um in den Besitz des ersehnten Titels zu kommen, oder über halbseidene Damen, die sich den Titel erheiraten, genauso lachen sich echte Genossen von altem Schrot und Korn kaputt über Leute, die ohne die oben genannten Voraussetzungen in der SPD etwas werden wollen. (Insider reden einfachheitshalber von »der Partei«.) Solche Emporkömmlinge werden höchstens geduldet, aber niemals akzeptiert. Weder beim Hochadel noch in der Partei.

Dazu kamen weitere wichtige Voraussetzungen:

6. bisher geleistete Parteiarbeit

Damit ist die Dienstleistung eines Genossen für die Partei gemeint, Ortsvereinssitzungen besuchen, Parteitage besuchen und Wahlkämpfe bestreiten. Vor allem zu Wahlkampfzeiten muss der gemeine Genosse (lateinisch: socius vulgaris) ran. Er muss Flyer verteilen, Rosen verteilen, Wahlkampfzeitungen verteilen, kurzum: er muss verteilen, verteilen, verteilen. Und das über mehrere Jahrzehnte hinweg, um sich einen gewissen Ruf zu erarbeiten.

7. gute Netzwerke innerhalb der Partei

8. gute Kontakte nach oben (damit ist nicht der liebe Gott gemeint, sondern die Parteispitze)
9. trinkfest sein
10. rauch- und lärmunempfindlich sein

Die Punkte 9 und 10 können auch zusammengefasst werden, dann werden sie »Geselligkeit« genannt.

Mir war klar, dass ich sehr viel tun musste, um eine gute Genossin zu werden, und ich gab mir alle Mühe. Manches war nicht mehr möglich (Punkt 1 bis 6), manches war noch möglich (Punkt 7 bis 10) – also konzentrierte ich mich auf die Punkte 7 bis 10. Ich arbeitete Tag und Nacht an mir, um eine gute und allseits akzeptierte Genossin zu werden.

Die Duzerei

Es ging damit los, dass sich alle duzten. Das war für mich sehr ungewohnt, denn so eine allumfassende Duzerei hatte ich bis dato nicht erlebt. Selbst Sechzehnjährige duzten mich, schließlich waren wir ja Genossen. Das war im Prinzip nicht schlimm, nur halt ungewohnt. Ich musste mich daran gewöhnen. Und vor allem musste ich meinerseits alle Genossen duzen, was mir noch schwerer fiel. Denn das Geduztwerden ist eine passive Angelegenheit, man kann mehr oder weniger sichtbar zucken, aber man muss es nur hinnehmen, während das selber Duzen eine aktive Angelegenheit ist, was mir verdammt schwerfiel.

»Mama, du bist schuld daran, dass ich es als aktive Genossin so schwer habe«, sagte ich, »diese ewige Siezerei zu Hause!«

»Bei uns in der Familie ist es so«, sagte Mama, »nur die engsten Familienmitglieder werden geduzt. Wer hätte gedacht, dass du mal bei den Sozialisten Karriere machen würdest?«

»Sozialdemokraten, Mama. Wie oft soll ich es dir noch sagen: Sozialdemokraten, nicht Sozialisten!«

»Jetzt schimpf doch nicht wegen so einer Lappalie mit deiner Mama!«, mischte sich Tante Semra ein. »Sozialdemokraten, Sozialisten, wo ist denn der Unterschied, sie duzen sich doch alle!«

»Mit der Duzerei wird eine Gleichheit und Nähe vorgegaukelt, die gar nicht existiert«, warf jetzt Alfred ein, »ich habe das deiner Tochter vor ein paar Wochen schon gesagt, Latife!«

(Selbst Alfred und Mama duzten sich inzwischen – das beste Indiz dafür, dass er in der Familie angekommen war. Alfred duzte sich schnell mit allen, aber es war bekannt, dass Mama die Duzerei nicht sonderlich mochte und sich von den meisten Menschen, auch von ihren Schwiegersöhnen, siezen ließ. »Alfred ist was anderes«, sagte sie, »er ist in unserem Alter, da können wir uns duzen. Ich verstehe zwar nicht, dass er sich von euch Jüngeren duzen lässt, aber das ist wohl seine deutsche Art …«)

»Alfred«, widersprach ich, »es ist gut, dass wir uns in der Partei duzen; wenn wir uns duzen, entsteht ein Gefühl der Solidarität!«

Grinste Alfred schon wieder vielsagend? Alfred, du gehst mir auf die Nerven!

»Mama«, sagte ich, »eine theoretische Frage: Mal angenommen, du hättest geahnt, dass ich bei den Sozialdemokraten Karriere machen würde, hättest du mir als Kind erlaubt, dass ich viel mehr Leute duze?«

»Nein!«, lautete Mamas kurze Antwort.

Auf dem ersten Parteitag, an dem ich teilnahm, animierten mich Genossen, zum Mikrophon zu gehen, und auch ein paar Takte zu sagen, weil es um das Thema »Integration« ging.

»Aber ich bin gar nicht vorbereitet«, gab ich zu bedenken.

»Mädchen, das brauchst du nicht«, sagte ein älterer Genosse, »das hier ist ein Parteitag und kein internationaler Integrationskongress. Komm, zier dich nicht!«

Ich kletterte brav auf die Bühne, mit feuchten Händen und ziemlich aufgeregt: »Meine Damen und Herren, das Thema Integration lässt sich nicht so leicht auf ein paar Minuten reduzieren, trotzdem will ich versuchen, Ihnen einen Überblick über die Ist-Situation zu geben, um dann Vorschläge zu machen, welche Teilbereiche zwingend der politischen Überprüfung bedürfen. Wir sollten uns vor Augen führen, dass mehr als 15 Millionen Menschen mit einem sogenannten Migrationshintergrund in Deutschland leben. Laut dem letzten Bericht des Statistischen Bundesamtes teilt sich die Bildungspartizipation dieser Population wie folgt auf …«

Ich sprach circa zehn Minuten über soziale und gesellschaftliche Teilhabe und erwähnte kurz die identifikatorische Integration. Und dann kam ich zum Schluss: »Und wenn Sie mich jetzt fragen würden, welcher Bereich prioritär zu behandeln ist, würde ich dem Bereich Bildung den Vorrang geben. Die Sozialdemokraten sollten ihre Bildungsoffensive der siebziger Jahre für die Arbeiterkinder neu auflegen, um der fortschreitenden Zunahme der Korrelation von sozialer Herkunft und Bildungschancen Einhalt zu gebieten. Mehr Bildungschancen für Migrantenkinder sollte zum Herzstück sozialdemokratischer Integrationspolitik werden. Ich danke Ihnen für Ihre Aufmerksamkeit!«

Als ich von der Bühne runterkam, sah ich nur lange Gesichter. Ich merkte, die Genossen waren mit mir und meinem Beitrag nicht zufrieden. Durch mein intensives Genossentraining war ich ja schon etwas vorgebildet, und blitzschnell gingen mir vier Fehler durch den Kopf, die ich während meiner kurzen Rede gemacht haben könnte:

1. zu viele Fremdwörter benutzt,
2. zu viele Zahlen angegeben,
3. zu wenig das Wort »Veedel« (das sind die Kölner Stadtteile) und/oder
4. zu wenig das Wort »Kölsche« (das sind die Kölner) in den Mund genommen.

»Was ist?«, fragte ich zaghaft, »warum schaut ihr so kritisch, was habe ich falsch gemacht?«

»Du hast die Genossen gesiezt!«

»Habe ich das?« (Es war mir gar nicht aufgefallen).

»Hast du. Außerdem hast du ›Meine Damen und Herren‹ gesagt!«

»Was hätte ich denn sagen müssen?«

»›Liebe Genossinnen und Genossen‹!«

»Ach so.«

Das war natürlich sogenanntes Insiderwissen für Fortgeschrittene. Wie sollte eine arme Seiteneinsteigerin wie ich wissen, dass das eine Todsünde war? Die lieben Genossen schauten mich an, aber ihre Blicke waren nicht wirklich lieb.

»Pass das nächste Mal besser auf.«

»Mache ich!«, sagte ich kleinlaut.

»Komm, lasst mir das Mädchen in Ruhe, die lernt das schon!«

Ich blickte den älteren Genossen, der sich jetzt ins Gespräch einmischte, dankbar an. Er nickte mir aufmunternd zu: »Ich bin Jürgen, wenn du was brauchst, sag Bescheid! Und duz einfach alle Leute, wenn es jemandem nicht passt, kann er sich ja beschweren!«

Und so fing ich an, alle Leute zu duzen, und zwar so, dass die Schwarte krachte. Einmal klingelte zu Hause das Telefon, ich hob ab, eine fremde Männerstimme sagte: »Guten Tag, mein Name ist Michael Müller, kann ich bitte Lale Akgün sprechen?«

»Hallo Michael, ich bin es selbst, Lale, was kann ich für dich tun?«

Zögerte die Stimme für einen Moment, oder bildete ich mir das nur ein?

»Ich bin Journalist und wollte einen Termin für ein Interview!«

Mist! Fehlschuss! Kein Genosse!

»Entschuldigen Sie bitte, ich … ich habe Sie mit einem anderen Michael verwechselt!« (Gelogen! Ich dachte, du wärst ein Genosse, und ich wollte keinen Fehler machen.)

»Oh, das ist nicht schlimm!« (Du lügst auch, Michael, du warst ganz schön irritiert über meine Distanzlosigkeit, deine Stimme klingt irgendwie erleichtert, seitdem ich dich nicht mehr duze!)

Und ganz langsam tauchte ich in die Welt des Duzens ein, irgendwann merkte ich, wie mir das »Du« immer flüssiger über die Lippen ging.

Die Geselligkeit

Ich fing an, am geselligen Genossenleben teilzunehmen. Das soziale Leben der Genossen spielte sich in Lokalen, Kneipen und auf Festen ab. Nach jeder Sitzung gingen wir in die Kneipe. Vielfach fanden die Sitzungen der Einfachheit halber direkt in einer Kneipe statt. Wenn dann der Name des Lokals genannt wurde und ich nachfragte, wo denn dieses gelegen sei, schauten mich die Anwesenden mit einer Mischung von Mitleid und Empörung an.

»Du kennst die Traditionskneipe im Veedel nicht?«

Ich fühlte, wie ich auf das Format einer Schnecke zusammenschrumpfte.

»Nein!« Meine Stimme hörte sich an wie das jämmerliche Miauen einer Katze, die im Regen steht und um Einlass bittet.

Wenn ich dann abends in die Kneipe kam, betrat ich eine mir bis dato völlig fremde Welt. Es schlug mir eine Wärme entgegen, die von Lärm, Stimmengewirr, Rauch und Alkohol erzeugt worden war. Die Leute saßen an den Tischen, tranken, redeten miteinander, dazu lief deutsche Schlagermusik. Die meisten schienen sich zu kennen, sie warfen sich Satzfetzen zu.

Ich ging an die Theke, doch bevor ich den Mund aufmachen konnte, hatten mich die Wirtsleute, die mich wahrscheinlich schon beim Eintreten eingescannt hatten, eindeutig identifiziert. Während sie ein Kölsch zapften, zeigten sie mit einer lässigen Kopfbewegung Richtung Nebenraum. »Deine Leute sitzen im Hinterzimmer!« Ich marschierte ins Hinterzimmer. Bald kannte ich so ziemlich alle einschlägigen Kneipen in »unserem« Wahlkreis und auch deren Hinterzimmer.

Ich war zwar wild entschlossen, mich zu integrieren, aber ich mag keinen Alkohol, also trank ich Cola. Alsbald kam mir zu Ohren, dass in der Partei über mich geredet wurde, ob ich eine besonders fromme Muslima sei.

»Sie tratschen über mich, weil ich kein Kölsch trinke!«, klagte ich der Familie mein Leid.

»Wieso kein Kölsch?«, fragte Mama. »Du trinkst doch überhaupt keinen Alkohol!«

»Ja eben, weil ich überhaupt keinen Alkohol trinke, trinke ich auch kein Kölsch. Da in den Kneipen Kölsch getrunken wird, klatschen die Genossen über mein Kölsch-Zölibat!«

»Gibt es in den Kneipen keinen Wein?«, fragte Tante Semra, die sehr gern Wein trank.

»Was weiß ich? Darum geht es doch gar nicht, ich würde

ja auch keinen Wein trinken. Die Genossen wollen wissen, warum ich keinen Alkohol trinke.«

»Sag ihnen doch die Wahrheit«, schlug Mama vor, »sag, dass du Alkohol nicht magst.«

»Mama! Ich bin inzwischen so weit in die Sozi-Szene integriert, um zu wissen, dass die Aussage: ›Ich mag keinen Alkohol‹ im besten Fall als eine Ausrede angesehen werden würde, eine Ausrede, hinter der sich die Wahrheit verbirgt.«

»Welche Wahrheit denn?«

»Die spekulative Wahrheit. Die Phantasie. Sie denken, dass ich eine fromme Muslima bin!«

»Aber das bist du doch gar nicht, Schätzchen«, sagte Tante Semra, »ich bin in dieser Familie die fromme Muslima, und ich trinke sehr gern Wein. Sag ihnen das doch, oder noch besser: nimm mich mal mit! Damit deine Genossen mal eine wirklich fromme Muslima sehen! Aber ich trinke kein Kölsch, ich trinke nur Wein, damit das klar ist.«

»Mein Gott«, sagte Mama mit ihrem allseits so beliebten Pragmatismus, »trink doch einfach ein Glas Kölsch. Du rackerst dich so ab, um in dieser Partei akzeptiert zu werden, da kommt es auf ein Glas nicht an, oder?«

»Du hast recht, Mama«, sagte ich, »ein Kölsch zu trinken kann auch nicht schwerer sein als von jedem Teenager geduzt zu werden.«

Bei der nächsten größeren Geselligkeit – es war ein gewichtiger Funktionär aus der Parteizentrale gekommen, und nach der Veranstaltung ging es zum gemütlichen Teil in die nächste Kneipe –, nahm ich die Anwesenheit aller wichtigen Genossen zum Anlass, ein Kölsch zu trinken. Dieses Glas Kölsch würde die Runde machen und hoffentlich den Klatschbasen bzw. Klatschvettern das Maul stopfen. (Eine Anmerkung für alle Auswärtigen: In einer Kneipe in Köln müssen Sie nur dann etwas bestellen, wenn Sie kein Kölsch haben wollen. Es wird vorausgesetzt, dass Sie Kölsch trinken, und sobald Ihr Glas leer ist, wird automatisch das nächste

Bier gebracht. Und jedes Mal wird ein Strich auf Ihrem Deckel gemacht. So kommen gut und gern pro Abend und Person zehn bis fünfzehn Kölsch zusammen. Sollten Sie Ihren Deckel verlieren, ist das auch kein Drama; dann will der Wirt von Ihnen nur wissen, wie oft Sie pinkeln waren. Die Hochrechnung geht folgendermaßen: fünf Kölsch entspricht einmal pinkeln. Sollten Sie auch nicht mehr wissen, wie oft Sie pinkeln waren, dann geht man von mehr als zwanzig Kölsch aus.)

Der Köbes kam also mit einem Kranz und fragte: »Wer kriegt Kölsch?«

Ich versuchte ganz beiläufig zu klingen, als ich lässig die Hand hob und »Bei mir auch eins!« sagte.

Mama hatte recht! Was war schon ein Glas Kölsch! Ich hatte als Kind Lebertran schlucken müssen, und manchmal sogar ein rohes Ei, weil Papa der Meinung war, dass beides zusammen die Abwehrkräfte stärke. Ich nahm mein Kölsch entgegen. Alle Köpfe drehten sich zu mir. Ich hatte diese Wirkung erwartet. Niemand machte eine Bemerkung, und ich nahm einen tiefen Schluck. Für meine Geschmacksknospen spielte das Kölsch in der gleichen Kategorie wie Lebertran und rohes Ei. Aber egal. Ich musste da durch. Ich nahm noch einen Schluck.

Doch was war das? Wenige Augenblicke später hatte ich das Gefühl, mein Kopf schwoll an, gleichzeitig spürte ich eine leichte Übelkeit. Ich trank noch einen Schluck, als homöopathische Maßnahme, Gleiches mit Gleichem zu behandeln, similia similibus. Aber es wurde nicht besser, sondern schlimmer. Die Übelkeit steigerte sich. Ich musste sofort auf die Toilette. Ich stand langsam auf, der Boden der Kneipe schaukelte hin und her, ich setzte vorsichtig einen Fuß vor den anderen und ging auf die Toilette, wo ich meinen pochenden Schädel unter den Wasserhahn hielt. Nach 20 Minuten war mir immer noch schlecht, aber die Wirkung des Alkohols ließ nach. Ich ging wieder zurück zu meinen Genossen.

»Was ist mit dir? Du siehst blass aus«, sagte jemand.

»Mir ist nicht gut, ich glaube, ich gehe lieber nach Hause!«

»Mama, deine Idee mit dem Kölsch hat Wirkung gezeigt«, sagte ich, als ich einige Tage später bei Mama und Tante Semra war, »bei den Genossen und bei mir.«

»Wie viel hast du denn getrunken?«, fragte Tante Semra.

»Ein Glas, aber danach war mir schwindlig und kotzübel!«

»Du bist wirklich nichts gewöhnt«, Tante Semra schüttelte den Kopf. »War denn die Aktion wenigstens erfolgreich? Ich meine, was den Tratsch über dich angeht?«

»Ich weiß nicht, ob das Ergebnis der Aktion als erfolgreich bezeichnet werden kann. Jetzt wird in der Partei erzählt, dass ich als trockene Alkoholikerin einen Rückfall gehabt habe!«

Tatsächlich hatte mich Jürgen angerufen und mir das neueste Gerücht überbracht. Mein Genosse Jürgen hatte sich meiner angenommen, so wie eine Katzenmutter sich eines fremden, von der Mutter verlassenen Kätzchens annimmt. In dieser fremden Welt war er zu so etwas wie einem Integrationslotsen für mich geworden. Jürgen war ein Tausendsassa, was das gesellige Leben der Sozialdemokratie anging, und er bemühte sich nach allen Kräften, mich einzuführen. Er war nicht nur seit über 35 Jahren Mitglied der sozialdemokratischen Partei, sondern auch eines Schützenvereins und eines Kleingärtnervereins. Als solcher wurde er wiederum auch von anderen Schützenvereinen und Kleingärtnervereinen zu deren Festen eingeladen und er nahm mich überallhin mit.

»Das ist unsere Genossin, die für den Wahlkreis kandidiert«, stellte er mich vor. Die Gastgeber begrüßten mich, manchmal freundlich, manchmal auch sehr kritisch.

»Glaubst du, dass sie mich mögen, Jürgen?«, fragte ich dann.

Jürgen war sehr gelassen. »Sie werden sich schon an dich gewöhnen«, meinte er.

In der Zwischenzeit machten wir beiden jedes Volksfest im Wahlkreis unsicher.

»Das versucht ihr Sozis jedes Mal«, sagte einmal ein Schütze (oder war es ein Kleingärtner? Ich weiß es nicht mehr, zu viele Feste hatten wir schon besucht). »Ihr stellt immer so feine Damen auf, in der Hoffnung, den Wahlkreis direkt zu gewinnen, aber die Frau Doktor hier wird es auch nicht schaffen!«

»Wartet mal ab«, sagte Jürgen und lachte, »mit minge Mädchen hier wird es klappen! Aber jetzt müssen wir uns vom Acker machen, denn heute finden im Wahlkreis acht Feste statt, und die werden wir alle noch besuchen.«

Das Klatschen

In den letzten 40 Jahren hatte ich meist bei kulturellen Darbietungen geklatscht. Im Theater oder im Konzert, als Kind auch im Zirkus oder bei Holiday on Ice. Das änderte sich mit dem Eintritt in mein aktives politisches Leben. Jetzt musste ich auch bei Reden klatschen. Wer eine gute Genossin werden will, muss lernen zu klatschen. An den richtigen Stellen und viel. Diese richtigen Stellen können am Ende einer Rede sein, oder aber bei einzelnen Stichworten. Diese Stichworte lauten: Gleichheit, Solidarität, Gerechtigkeit. Gerechtigkeit sehr gern in Verbindung als »Verteilungsgerechtigkeit« oder »soziale Gerechtigkeit«.

Am Anfang musste ich noch aufpassen, dass ich meinen Einsatz nicht verpasste. Es fiel das Wort »Gleichheit«: klatschen. Jemand sagt »Solidarität«: klatschen. Oder »soziale Gerechtigkeit«: klatschen. Es war wie beim Autofahren: am

Anfang macht man jede Bewegung bewusst, nach und nach rutscht es ins Kleinhirn, und man fährt Auto ohne nachzudenken. Genauso war es beim Klatschen: Es wurde bei mir zu einen Pawlowschen Reflex. Wenn die Reizworte in einer Rede fielen, musste ich nichts mehr machen, es ging von alleine los: klatsch, klatsch, klatsch.

Am Ende einer Rede war dann Ausdauer vonnöten. Denn je nach Rang und Namen musste der betreffende Genosse sehr lange beklatscht werden. Wir wussten auch von Journalisten, die bei Parteitagen die Zeit stoppten, um so auf die Akzeptanz oder die Beliebtheit eines führenden Genossen schließen zu können.

Wir wussten, was von uns erwartet wurde, also klatschten wir. Ich schaute dabei auf bewährte Genossen und vertraute auf ihre Erfahrung. Sie hatten die Zeit quasi im Gefühl. Ich richtete mich nach ihnen und ich klatschte immer solange sie klatschten. Da konnte ich nichts falsch machen. Und wenn nach dem Klatschen meine Hände ganz rot waren und weh taten, wusste ich: Ich bin klatschtechnisch in der Partei angekommen.

Übertroffen wurden alle diese Anstrengungen in der Partei nur noch vom Wahlkampf, der harten Schule der Politik. Auch da ist dem Normalsterblichen gar nicht bewusst, welche Höllenqualen eine ungeübte Kandidatin erleiden muss. Unter Jürgens Fittichen Volksfeste zu besuchen, war noch die leichteste Übung, der Straßenwahlkampf dagegen machte mir schwer zu schaffen. Ich hielt mich bis dato für eine sehr extrovertierte Person, aber erst nachdem ich als Aktive involviert war, wurde mir bewusst, welche Überwindung es braucht, wildfremde Menschen auf öffentlichen Plätzen wie Märkten, Straßen oder vor Supermärkten in eigener Sache anzusprechen. Nicht nur anzusprechen, sondern sich als Kandidatin anzupreisen und um ihre Stimme zu bitten. Eigentlich kann man das gar nicht mit Worten beschreiben, man muss es erlebt haben. Es ist eine Mischung aus Bettelei und Prostitution.

Das hieß im Klartext, ich musste den Leuten sagen: »Ich bin Ihre Kandidatin für den Wahlkreis, bitte geben Sie mir Ihre Stimme.« Wer jetzt denkt, da ist doch nichts dabei, das ist doch ganz einfach, der sollte das selber mal ausprobieren. Das ist genauso wie bei der Sendung »Wer wird Millionär?« Es ist kein Kunststück, mit Chips und Cola auf dem Sofa zu sitzen und sich darüber aufzuregen, dass der Kandidat bei den einfachsten Fragen versagt, die man sogar mit vollem Mund auf der Couch fläzend beantworten kann. Die wirkliche Herausforderung ist der Stuhl im Studio; in meinem Fall war es die Straße. Dort spielt die Wahlkampfmusik.

Und ich kann aus Erfahrung berichten: Das Wahlkämpferleben auf der Straße ist extrem hart. Die Menschen haben es eilig, manche sind am Morgen mit dem linken Fuß aufgestanden, manche wollen einfach nicht von wildfremden Frauen angesprochen werden, oder sie liebäugeln ganz einfach mit einer anderen Partei, oder, oder, oder. Es gibt sicherlich noch hundert andere Gründe, warum sie nicht stehen bleiben, keinen Flyer, keinen Kugelschreiber, kein Blöckchen oder all die anderen Herrlichkeiten wollen, die die Wahlkampfkasse für sie bereitgestellt hat. Ich wurde unwirsch beiseite geschoben, beleidigt, angepöbelt, oder auch mitleidig angeschaut.

Eine nicht versiegende Quelle für sprudelnde Kommentare waren die Wahlkampfplakate. Jeder, aber auch jeder fand daran etwas auszusetzen. Zumal viele Leute irritiert waren, den Menschen von dem Plakat auf einmal neben sich stehen zu sehen.

»Sind Sie das auf dem Plakat?«

»Ja!«

»Auf dem Plakat sehen Sie voller aus!«

»Die Kamera trägt auf ...«

»Ne, ist schon klar, sieht aber besser aus, Sie sollten was zunehmen, in natura sehen Sie ein bisschen hager aus!«

»...«

»Sind Sie das auf dem Plakat?«

»Ja!«

»Sie sollten Ihre Augenbrauen anders zupfen, darf ich mal?« Der Mann holte – ohne meine Antwort abzuwarten – einen Filzstift aus seiner Tasche und fing an, die Augenbrauen auf dem Plakat zu verschönern. »Sehen Sie das, das sieht doch viel besser aus, lassen Sie mal die Augenbrauen so wachsen.«

»...«

»Sind die Plakate retuschiert, oder hat Ihre Tochter für die Fotos posiert? Sie sehen in Wirklichkeit doch viel älter aus!«

»...«

»Sie sind eine Betrügerin!« Der Mann, der mich an einem Samstagvormittag an einem Stand mit diesen Worten ansprach, musste gerade aus der gegenüberliegenden Kneipe gekommen sein, nach einem ausgiebigen Frühschoppen, denn seine Sprache war mehr als leicht verwaschen.

»Was meinen Sie damit?«, fragte ich höflich.

»Da auf dem Foto«, er zeigte auf das Plakat, »sehen Sie viel hübscher aus, in Wirklichkeit sind Sie hässlich. Das haben wir gern: Sie zeigen uns das hübsche Foto und wollen unsere Stimmen, aber meine kriegen Sie nicht, weil Sie hässlich sind!«

Ich schaute den Mann konzentriert an.

»Wissen Sie was? Wenn ich es mir so recht überlege, dann will ich Ihre Stimme gar nicht!«

»...«

Einmal erwischten mich Mama und Tante Semra auf dem Markt. An einem sogenannten Wahlkampfstand. Bis dahin hatten sie den Wahlkampf und die Wahlkampfstände nur als »User« von der passiven Seite, sozusagen »im Vorbeigehen« wahrgenommen, mal wurde ihnen ein Kugelschreiber angeboten, mal ein Apfel. Aber jetzt stand ich da und hielt ihnen einen Kugelschreiber entgegen.

»Nimm ihn, Tantchen«, sagte ich, »schließlich ist er von deinem Geld bezahlt!«

Tantchen lachte. »In unserem Alter gibt es nicht mehr viele Ereignisse, von denen wir sagen können, dass wir sie das erste Mal erleben dürfen«, sinnierte Semra, »dieses Erlebnis hier ist jetzt so etwas: Meine Nichte trägt ihre Haut zu Markte. Im wahrsten Sinne des Wortes.« Dann weniger feierlich zu mir: »Sollen wir dir helfen?«

»Lieber nicht, ihr beide kennt bei Geschäftsverhandlungen nur Erfolge, deswegen habe ich gewisse Bedenken, wenn ihr unwirsch behandelt werdet. Vor allem bei Mama weiß ich nicht so genau, wie sie reagiert, wenn jemand den Kugelschreiber nicht haben will. Die Hilfe könnte sich als kontraproduktiv erweisen.«

»Warum? Die Leute schauen doch alle ganz friedlich aus, außerdem wollen wir ja nichts von ihnen, wir geben ihnen was.«

»Du irrst dich, Tantchen, natürlich wollen wir was von ihnen, ihre Stimme bei der Wahl.«

»Na, und?«, fragte Tantchen, »das ist doch nichts Schlimmes, oder?«

»Nein, natürlich nicht, und außerdem sind einige wirklich hilfsbereit: Wie oft habe ich in den vergangenen Tagen erlebt, dass sie mir aus purem Mitleid eine Broschüre oder einen Flyer abgenommen haben, um ihn in den nächsten Mülleimer zu stecken.«

»Willst du sagen, dass mein Geld im Mülleimer landet?«

»Nicht direkt, wir verteilen ja erst die Broschüren und Flyer, und dann erst werden sie von den Leuten weggeworfen.«

»Ach, das mit dem Geld war nur Spaß, Geld ist nicht wichtig, Hauptsache es macht dir Freude.«

»Ja, manchmal schon.«

Manchmal aber auch nicht. Wenn ich nach der Verteilung nach Hause ging, und ich schaute mich von dem Flyerteppich auf dem Boden selber an, dann machte es keinen Spaß!

Die neue Besatzung im Berliner Raumschiff

Aber irgendwann war der Spuk vorbei, und ich war wirklich gewählt, gewählt in den Bundestag! Die ganze Familie feierte mit, sie waren alle begeistert. Kein Wunder, ich hatte ja bereits erwähnt, dass sie nur die Oberfläche des Prozesses mitbekommen hatten.

»Ein ganz wichtiger politischer Schritt!«, sagte Ahmet.

»Papa wäre stolz auf dich!«, sagte Mama.

»Die Kugelschreiber haben doch Wirkung gezeigt«, sagte Tante Semra.

»Alles Gute, und wenn du mal einen guten Rat brauchst, ruf mich einfach an«, sagte Alfred.

»Meine Mama in Berlin, ich wünsche dir viel Glück!«, schrieb Aziza aus New York.

»Todschicke Sache, du im Bundestag«, sagte Hilal. Ihr ging es bei meiner neuen politischen Arbeit mehr um Schein als um Sein. Meine Cousine Hilal ist Kommunikationswissenschaftlerin und in der Familie die allseits akzeptierte Instanz, was Mode angeht. Ihr monatliches Gehalt setzt sie ohne Skrupel in Klamotten um.

»Du musst dir als Erstes eine neue Garderobe anschaffen, elegante Sachen natürlich, oder musst du diesen sozialdemokratischen Schick mitmachen?«

»Mir ist nicht bekannt, dass es für sozialdemokratische Frauen im Bundestag eine Kleiderordnung gibt!«

Hilal kicherte: »Sei kein Frosch, du weißt genau, was ich meine. Die sozialdemokratischen Frauen scheinen alle farbenblind zu sein. Und dann diese grässlichen Schals, mit denen sie versuchen noch was rauszureißen, übrigens alles gefaketes Zeug, wollte ich dir sagen.«

»Woher weißt du das denn? Wie viele Sozialdemokraten kennst du bitte?«

»Meinst du, ich schaue mir nie politische Sendungen an? Da sehe ich deine Genossinnen in ihren Outfits. Die von der CDU sind übrigens auch nicht besser!«, fügte sie versöhnlich lächelnd hinzu, »die sehen alle aus wie die Stewardessen einer finanzschwachen Airline.«

Die jungen Leute wiederum deckten andere Perspektiven ab, was meine politische Karriere anging.

»Du musst eine richtig coole Politikerin werden«, meinte Lukas, Hilals Sohn. »Die meisten Politiker sind doch überhaupt nicht cool, ich schau mir diese politischen Sendungen nicht mehr an, weil da Herr und Frau Wichtig nur langweiliges Zeug reden und dabei so aufgeregt tun, als würden sie das Rad neu erfinden. Alles so platt, und dabei beachten sie die einfachsten Höflichkeitsregeln nicht, fallen sich dauernd gegenseitig ins Wort.«

Einzig Dilara, Nihals Tochter, war begeistert: »Meine alte Tante bei den Bonzen«, sagte sie. »Kann ich dich mal im Bundestag besuchen?«

»Was für Bonzen?« Lukas war irritiert über seine Cousine. »Im Bundestag sitzen doch keine Bonzen, da sitzen nur die politischen Aufsteiger.«

Aber Dilara blieb bei ihrer Meinung, dass ihre Tante jetzt zu den Bonzen der Republik gehören würde, und sie war mächtig stolz drauf.

»Zuerst musst du dich um die K-Frage kümmern!«, meinte sie.

»Also, ich freue mich, dass du deine Tante für so wichtig hältst, dass sie sich um die K-Frage kümmern soll«, erwiderte ich, »aber ich fürchte, darum werden sich schon andere kümmern.«

»Wieso das denn? Die K-Frage, Mensch! Du musst zuallererst herausfinden, wo die Klos und die Kantine sind, alles andere kommt sowieso.«

O.k., ich versuchte, mir die Aufträge meiner Familie zu merken:

1. Ich werde die Familienehre sorgfältig bewahren, indem ich mich
   a. nicht aufhängen und
   b. nicht korrumpieren lasse.
2. Ich werde den sozialdemokratischen Feminismus neu interpretieren, indem ich
   a. mich richtig schick kleide und
   b. gefakete Schals und Ohrgehänge weglasse.
3. Ich werde in der Integrationspolitik ganz neue Akzente setzen, ach was, ich werde die Integrationspolitik vorleben, indem ich mich
   a. in einen wichtigen Ausschuss setzen lasse und
   b. nicht den Fraktionstürken mache.
4. Ich werde meine öffentlichen Auftritte so organisieren, dass ich
   a. richtig cool wirke
   b. nicht langweilig daherkomme und
   c. die einfachsten Höflichkeitsregeln beachte und niemandem ins Wort falle.

Ach so, nicht vergessen:

5. Ich muss diejenigen Familienmitglieder, die Lust und Zeit haben, in die Bundeshauptstadt einladen, damit sie von meinem Bonzen-Dasein profitieren.

Ich wusste zwar nicht so genau, was mich in Berlin erwartete, aber ich fand die Vorgaben meiner Familie eigentlich ganz in Ordnung. So könnte Regieren Spaß machen, um mal den damaligen Bundeskanzler zu zitieren.

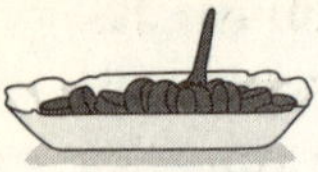

Mit all den guten Wünschen, Erwartungen und geschwellter Brust kam ich in Berlin an. Das Leben einer Bundestagsabgeordneten ist den meisten Menschen unbekannt, ihnen ist nicht klar, wie so eine Volksvertreterin ihren Tag verbringt, was sie tut und was sie lässt. Die meisten kennen aus den einschlägigen Nachrichtensendungen die Plenarsitzungen des Deutschen Bundestages, wo einer am Rednerpult steht und sich über irgendwas echauffiert. Und dann die leeren Sitzreihen im Plenarsaal, die den Ruf der »faulen« Politiker so schön zementieren helfen.

»Ja, was machen die Politiker den ganzen Tag in Berlin?«, lautet die allseits so beliebte Frage. Und der Phantasie sind an der Stelle keine Grenzen gesetzt. Es gibt eine Reihe von bekannten »Traumevents«, die die meisten aus Funk und Fernsehen kennen. Und je nachdem, wofür jemand sich interessiert, gibt es für ihn so eine Art »Traumevent«, bei dem er einmal im Leben dabei sein möchte, und nach Möglichkeit auch eine wichtige Rolle spielen. Da wären zum Beispiel:

1. die Oscar-Verleihung in Los Angeles, bei der man seinem Lieblingsschauspieler (oder -schauspielerin) den Academy Award überreichen darf.
2. die Nobelpreisverleihung in Stockholm, mit anschließendem persönlichen Gespräch mit den Preisträgern.
3. selbst den Friedensnobelpreis zu erhalten (auch der größte Träumer sieht ein, dass es für einen »richtigen« Nobelpreis selten reicht).
4. eine Grundsatzrede vor der UN-Vollversammlung zu halten, mit anschließenden Standing Ovations.
5. den Bundespresseball in Berlin zu besuchen und am Tisch des Bundespräsidenten zu sitzen oder
6. die Wagner-Festspiele in Bayreuth zu besuchen und dazu noch in der besten Loge zu sitzen.

Meine Familienmitglieder stellten sich das Leben als Abgeordnete in Berlin als ein fortwährendes Happening aus der Mischung von allen oben genannten Veranstaltungen vor, dazu ausgestattet mit einer unglaublichen Machtfülle. Damit lagen sie zwar meilenweit daneben, befanden sich aber in guter Gesellschaft mit den meisten Bürgerinnen und Bürgern.

Ahmet sah es wenigstens politisch, wenn auch ein wenig idealistisch. »Ich beneide dich um die Fraktionssitzungen«, sagte er, »mit Gleichgesinnten stundenlang über die brennenden Fragen unserer Zeit zu diskutieren muss unglaublich bereichernd sein!«

»Ich glaube, du machst dir etwas falsche Vorstellungen«, sagte ich. »Du verwechselst eine Fraktionssitzung mit dem Oberseminar des Studiengangs Politologie.«

Es war Freitagabend, ich war gerade zum ersten Mal aus Berlin zurück, und Ahmet wollte alles haargenau erzählt haben, als es klingelte. Die gesamte Familie stand vor der Tür. Jedenfalls der größte Teil.

»Wir wollten dich am ersten Abend zu Hause nicht allein lassen«, sagte Tante Semra, »wir haben uns zusammen telefoniert, jetzt sind wir da.«

»Wir sind auch gar nicht neugierig, was du so alles erlebt hast«, sagte Hilal. »Ach übrigens, ich habe dich auf Phoenix gesehen, dein Outfit war sehr mittelmäßig. Was hatte ich dir gesagt?«

»Wie ist es so in Berlin?«, fragte Lukas. »Hast du das Vaterland gerettet?«

»Wie haben sie dich behandelt?«, fragte Mama.

»Hast du die K-Frage gelöst?«, fragte Dilara.

»Ihr kommt gerade richtig«, sagte Ahmet, »just musste mir Lale auch Rede und Antwort stehen.«

Alle schauten mich erwartungsvoll an. Lukas lächelte hintergründig: »Jenseits der K-Frage: Habe ich recht behalten oder nicht?«

»Oh Lukas, diese Frage steht eigentlich Oma Latife zu, die immer recht behält und das der ganzen Welt kundtut, aber ich gestehe es: So ganz falsch hast du nicht gelegen!«

»Worüber redet ihr eigentlich?«, fragte Hilal.

»Nun, darüber, dass dein Sohn mir einige Enttäuschungen prophezeit hatte, was die politische Elite unseres Landes betrifft.«

»Und?«

»Hmm ...«

»Jetzt spann uns nicht auf die Folter und erzähl!«, sagte Tante Semra. »Wie sagt das schöne türkische Sprichwort: *Yediğin içtiğin senin olsun, bize yaşadıklarını anlat!* ›Was du gegessen oder getrunken hast, soll dir gehören, erzähl uns, was du erlebt hast!‹«

»Was wollt ihr denn hören?«, fragte ich. »Ich weiß ja nicht, was ihr für Vorstellungen habt, aber es ist im Prinzip wie ein neuer Job. Du beziehst ein Büro, übrigens habe ich ein sehr schönes Büro ergattert, du hast neue Kollegen, neue Mitarbeiter, aber die kennt ihr ja bereits, du bekommst einen Arbeitsbereich zugewiesen ...«

»Von wem?«, fragte Ahmet.

Ich druckste ein wenig herum. »Ehrlich gesagt weiß ich das nicht so genau. Es ist so: Ich bin ganz neu dabei, und diese Firma ist ein bisschen altmodisch, was flache Hierarchien und transparente Entscheidungen angeht, deswegen habe ich nicht mitbekommen, wer eigentlich die Entscheidungen trifft.«

»Und in welchem Ausschuss bist du gelandet?«, fragte Friedrich.

Ich nannte meinen Ausschuss, was allgemeine Zustimmung fand.

»Innen- und Europaausschuss sind sehr in Ordnung, was deine Fachlichkeit angeht«, sagte Friedrich. »Jetzt musst du daran arbeiten, dass du nicht in der Masse der Abgeordneten untergehst. Du hast doch wirklich viel Erfahrung und gute

Ideen, wie man die Migrations- und Integrationspolitik verändern sollte. Jetzt musst du deine Ideen durchsetzen, der Zeitpunkt ist günstig, ihr seid an der Regierung und habt die Grünen als Koalitionspartner, das sind doch die besten Voraussetzungen.«

»So einfach wird das nicht«, entgegnete Hilal, »ich meine bei dem Innenminister …«

»Was heißt bitte Innenminister? Es kontrollieren immer noch die Volksvertreter die Regierung und nicht umgekehrt, der Innenminister muss Lale Rechenschaft ablegen!« Ahmet war in seinem Element.

Hilal lachte höhnisch: »Da habe ich aber meine Zweifel, ob Lale bei dem eine Schnitte macht …«

»Muss sie aber, sie kann doch nicht als Alibitürkin im Innenausschuss sitzen und den lieben Gott einen guten Mann sein lassen!«

»Mit dem lieben Gott meinst du aber jetzt nicht den Innenminister, oder?«

»Hört jetzt auf zu streiten«, sagte ich, »das ist alles nicht so einfach, wie ihr euch das vorstellt. Es sind schon sehr, sehr gefestigte Strukturen, in die ich hineinkomme. Aber keine Sorge, es ist ja erst der Anfang. Ich werde schon meine Chance bekommen!«

»Was für eine Chance?«, Ahmet schaute sehr grimmig. »Es geht nicht um eine verdammte Chance«, er betonte jedes Wort einzeln und ganz deutlich, damit es auch dem letzten Idioten klarwurde, »es geht um deine Mission! Es geht darum, dass du angetreten bist – und gewählt, um das auch mal zu erwähnen –, um diese Gesellschaft zu gestalten, zum Besseren zu gestalten, und das musst du jetzt bringen. Das erwarte ich und das erwarten all die anderen Menschen, die dich gewählt haben! Wobei ich anmerken möchte, dass ich dich auch gewählt habe«, fügte er etwas milder und freundlicher hinzu.

»Gut, dass du das erwähnst«, sagte Lukas, »dadurch erfährt Tante Lale, dass deine Erwartungen keinesfalls persönlicher Natur sind, sondern die eines Wählers.«

Ich schaute mich unter den Anwesenden um, sie nickten Ahmet wohlwollend zu. Anscheinend hatten auch sie mich gewählt und pflegten ähnliche Erwartungen.

»Jetzt lasst mir doch mal ein bisschen Zeit, ich muss mich erst einmal akklimatisieren, die Spielregeln lernen, dann werde ich meine Mission schon erfüllen.«

»Ja«, sagte Mama, »zur Abwechslung kann ich auch mal den türkischen Volksmund zitieren: *Kıçıma bir yer edem, sana neler edem*, ›Lass mich einen Platz für meinen Arsch finden, dann werde ich es dir schon zeigen.‹«

»Entschuldige bitte meinen Ausbruch«, sagte Ahmet ganz geknickt, »aber ich hoffe so sehr, dass du was bewegst.«

»Ja«, sagte Friedrich, »wir sind zufällig alle deine Wählerinnen und Wähler und haben halt unsere Erwartungen. Wie sagt Mephisto so schön: ›Den liebe ich, der Unmögliches begehrt!‹ Und so gesehen ist jeder von uns auf seine Art ein kleiner Teufel. Erzähl doch mal, wie sind denn die Ausschusssitzungen so?«

»Ach, die scheinen den Abgeordneten viel Spaß zu machen, mehr als die Plenarsitzungen, der Kreis ist kleiner und die Abgeordneten kennen sich wohl schon länger, jedenfalls wissen sie um die wunden Punkte und die Schwächen ihrer Kontrahenten. Der Schlagabtausch ist präziser, man schleudert seine Giftpfeile nicht einfach Richtung politischer Gegner, sondern einer konkreten Person direkt ins Herz.«

»Ich will wissen, was du abends so machst, Berlin hat ja jede Menge zu bieten.« Hilal sah mich im Geiste jeden Abend durch all diese Lokale ziehen, die in einschlägigen Klatschmagazinen angepriesen wurden, deren bekennende Leserin sie war.

»Von der Stadt bekomme ich echt nichts mit. Dass ich in Berlin bin, habe ich nur am Montag auf der Fahrt von Tegel ins Büro bemerkt und heute auf der Rückfahrt vom Büro nach Tegel. Mein Terminkalender spielt sich in einem Radius von fünf Kilometern ab, und das zwölf Stunden am Tag. Ich bin in immer den gleichen Räumlichkeiten, wie in einem Raumschiff, der ganze Bundestag mit seinen akzessorischen Institutionen könnte genauso gut in Flensburg stehen oder in Rosenheim oder auf der Schwäbischen Alb.«

»Das hat ja was von Club Méditerranée«, freute sich Hilal, »bei denen siehst du auch nur auf der Fahrt vom Flughafen zum Hotel, in welchem Land du gerade bist, und wenn du erst auf dem Clubgelände angekommen bist, ist es eigentlich auch wurscht.«

»Was Berlin angeht – für die Arbeitsebene ist der Standort vielleicht nicht relevant, aber natürlich ist der Symbolcharakter ganz wichtig und das Hauptstadtfeeling.«

»Beim Club Med ist das auch so«, bestätigte Hilal, »der Name ist wichtig, sonst könntest du gleich bei Center Parcs Urlaub machen.«

»Und wie sieht dein Alltag so aus, in diesem Raumschiff?«

»Sehr strukturiert, Sitzungen von acht bis acht: Arbeitsgruppensitzungen, Ausschusssitzungen, Fraktionssitzung, Plenarsitzung. Jede Minute ist praktisch verplant. Ich komme nicht einmal zum Essen. Es ist nicht ›la dolce vita‹, wie die Boulevardpresse es gern darstellt. Es ist ein ganz übersichtliches Leben, das von den Terminen bestimmt wird. Übrigens, den Terminkalender führen die Mitarbeiter, und da wir ja zwei Standorte haben, Köln und Berlin, muss der Kalender sehr akkurat geführt werden. Jeder Termin muss unter den Stichworten: Was, mit wem, wo und wann eingetragen werden.« Ich kicherte. »Sie haben mich gebeten, ihnen auch meinen Friseurtermin, meinen Massagetermin und alle anderen privaten Termine mitzuteilen, damit sich nichts überschneidet. Wenn ich mal fremdgehen würde, müsste das auch in den Kalender unter: ›Schäferstündchen mit Herrn Dingelskirchen, 14 bis 16 Uhr.‹«

Alle lachten.

»Ich finde deinen Scherz unpolitisch«, meinte Ahmet, der nicht mitlachte, »sieh zu, dass du deine politische Mission erfüllst, und sorge lieber dafür, dass dein Ehemann mal bei einer Fraktionssitzung dabei ist.«

»Ahmet, das verspreche ich dir, du wirst in diesem Leben einmal an einer Fraktionssitzung teilnehmen.«

»Mensch, Onkel Ahmet«, sagte Dilara, »für dich muss die Fraktionssitzung so verlockend sein wie für meinen Vater, in einem Lamborghini zu sitzen, der redet auch dauernd davon, sich so einen Wagen zu kaufen.«

»Du kannst dich ja mit Ali treffen, wenn ihr beide eure Ziele erreicht habt«, sagte Mama trocken, »und die Gemeinsamkeiten einer Fraktionssitzung mit einer Fahrt in einem Lamborghini herausarbeiten.«

»Oder ihr fahrt gemeinsam im Lamborghini zur Fraktionssitzung der SPD.«

»Dann würden deine Genossen aber schauen«, lachte Dilara.

»Ich habe so eine Ahnung, dass die meisten von ihnen einem Lamborghini gar nicht abgeneigt wären«, wandte ich ein.

»Nein!«

»Doch, doch. Aber sie könnten damit nicht im Wahlkreis herumfahren, weil es sich nicht schicken würde für einen Sozi, und der Wahlkreis ist ganz wichtig, denn da kommen ja die Stimmen her. Also geht es am Freitag wieder in die Wahlkreise. Das ist übrigens eine Erkenntnis, die mich sehr überrascht hat: Wir sind Bundestagsabgeordnete und sollen Politik machen für Deutschland, aber für die meisten ist die Richtschnur ihres Handelns doch nur ihr Wahlkreis.«

»Der Wahlkreis ist ein Geschenk der alten Römer an die Demokratie«, referierte Friedrich, unser Jurist, »er bezeichnet ein Wahlgebiet, in dem die Bevölkerung über die Besetzung eines entsprechenden Organs, hier des Bundestags durch eine konkrete Person zu entscheiden hat. Deswegen ist der Wahlkreis für diese konkrete Person, die dadurch zum Mandatsträger, sprich Bundestagsabgeordneten wird, natürlich der Mittelpunkt seines Denkens und Handelns.«

Hilal verdrehte unmerklich die Augen; sie konnte es nicht leiden, wenn Friedrich so abgespult redete. Ich sah das, und mit einem Einwurf unterbrach ich Friedrichs Vortrag.

»Wisst ihr, welches – neben Wahlkreis bzw. der Stimmung im Wahlkreis – das andere Zauberwort ist? Besuchergruppe! Bei deren Eintreffen an den Stadtgrenzen von Berlin wird sofort alles stehen- und liegengelassen, und wenn es der Telefonhörer ist, an dessen anderem Ende man gerade mit dem amerikanischen Präsidenten über den Abzug von Nuklearwaffen aus Deutschland verhandelt. Man sagte mir, ein guter Wahlkreisabgeordneter müsse die richtigen Prioritäten setzen können, die nächste Wahl werde es ihm danken.«

»Man verzeihe mir meine Unwissenheit«, sagte Mama, »aber ich habe eine Frage: Was sind denn bitte Besuchergruppen?«

»Besuchergruppen sind Leute aus dem Wahlkreis, und weil der Wahlkreis der Nabel der Welt ist, sind die Besuchergruppen die Bewohner des Nabels der Welt, und deswegen sehr wichtig. Außerdem sind sie Stimmen auf zwei Beinen«, fügte ich hinzu. »Wenn die eintreffen, dann leuchten die Abgeordnetenaugen.«

»Dann habe ich zwei Fragen«, grinste Tante Semra, »erstens: Wann leuchten deine Augen? Soll heißen: Wann fährt deine Besuchergruppe nach Berlin? Und zweitens: Wann leuchten unsere Augen? Soll heißen: Wann fahren wir in der Besuchergruppe mit nach Berlin? Schließlich sind wir auch Stimmen auf zwei Beinen.«

»Tantchen, du hast den Clou nicht verstanden«, sagte ich sehr entschieden, »Ihr werdet niemals mit der Besuchergruppe nach Berlin fahren, denn erstens seid ihr Verwandtschaft, und ich gebe keinen Anlass zu Gerede, indem ich

Verwandtschaft mitnehme, und zweitens wählt ihr mich sowieso. Das Prinzip ist, diejenigen Leute nach Berlin zu karren, die einen vielleicht wählen würden, um ein bisschen Werbung zu machen.«

»Ach, so! Jetzt habe ich es verstanden, und wie kommen wir nach Berlin?«

»So wie ihr überall hinkommt, mit dem Kamel.«

»Wenn wir dann unsere Kamele vor dem Reichstag angebunden haben; empfängst du uns auch?«

Spieglein, Spieglein an der Wand, wer ist die Exotischste im ganzen Land?

Ich bin eine durchschnittliche Frau, der jeglicher Glamour abgeht. Diejenigen, die mich kennen, werden das bestätigen. Ich bin eher klein, normal gebaut (mit den üblichen Figurproblemen), habe eine praktische Kurzhaarfrisur, und nicht einmal zu meinen besten Zeiten hat ein Mann hinter mir hergepfiffen.

Diese – meine sehr ehrliche und objektive – Sichtweise wurde von der Familie nicht nur geteilt, sondern um weitere Komponenten erweitert. Zum Beispiel habe ich in der Familie den Ruf einer Emanze. Niemand zweifelte je daran, dass ich es mit jedem Mann aufnehmen könne. Auch nicht mein eigener Ehemann, der sich deswegen sogar mit seiner Mutter anlegte. Oder war es wegen seines Schlafbedürfnisses?

Wir waren zu Besuch bei meinen Schwiegereltern in Ankara, als ich eines Abends für eine soziologische Studie in einen Problemstadtteil fahren wollte. Allein. Meine Schwiegermutter fragte Ahmet, ob er mich nicht begleiten wolle. Wegen der Gefahren.

»Welche Gefahren könnten auf Lale lauern?«, fragte Ahmet.

»Sie könnte von irgendwelchen Männern belästigt werden!«

»Das ist doch keine Gefahr für Lale«, stellte Ahmet fest, »sollen sie es nur wagen, sie zu belästigen. Sie bietet den Männern so Paroli, dass die froh sind, wenn sie nicht für den Rest ihres Lebens impotent werden.«

Er kicherte über seinen eigenen Witz, Schwiegermutter lachte nicht mit.

»Seien Sie versichert, liebe Schwiegermama, mir passiert nichts, ich bin es gewohnt, abends allein unterwegs zu sein.«

»Aber nicht in Ankara, und dazu in diesem unsicheren Stadtteil, das ist was anderes.«

»Mag sein, dass die sozialen Brennpunkte in Ankara anders sind als Neukölln in Berlin oder Clichy-sous-Bois in Paris, aber ich bin die Gleiche.«

Ich war es nicht gewohnt, mit männlicher Begleitung zu irgendeinem Termin zu erscheinen, und noch weniger mit dem Ehemann zu einem dienstlichen Termin. Natürlich hatte ich in Ankara erlebt, dass die Damen der Gesellschaft in Restaurants und Nachtclubs von ihrem männlichen Begleiter auch aufs Klo geleitet wurden. Der Mann wartete dann vor der Tür, bis sie ihr Geschäft erledigt hatte, und führte sie wieder an den Tisch. Zwar konnte mir niemand erklären, welche Gefahren einer Frau auf den 20 Metern zwischen Tisch und Klotür in einem gut besuchten Restaurant drohen konnten. Aber das Ritual war sehr beliebt und wurde immerzu praktiziert. Meiner Meinung nach lauerten die wirklichen Gefahren auf dem Klo selbst und waren mehr hygienischer Natur, da konnte ein Wachposten vor der Tür auch nicht viel ausrichten.

»Mama, glaub mir, sie kann sehr gut auf sich aufpassen«, sagte Ahmet.

»Ich sage nichts mehr«, säuselte Schwiegermama etwas pikiert, während ich mich – gegen ihren ausdrücklichen Wunsch – fröhlich verabschiedete.

Als ich gegen zwei Uhr morgens nach Hause kam, war sie noch auf den Beinen. Sie hatte auf mich gewartet. »Ahmet schläft schon«, sagte sie mit fassungsloser Stimme.

Am nächsten Morgen wurde er am Frühstückstisch schwer getadelt.

»Dass du gestern nicht mitgegangen bist, fand ich ja

schon befremdlich genug, dass du aber dann auch noch einfach ins Bett gegangen bist und geschlafen hast, kann ich nicht nachvollziehen«, sagte Schwiegermama mit angesäuerter Stimme.

»Mama, wenn ich jedes Mal, wenn Lale unterwegs ist, nicht schlafen gehe, sterbe ich an Schlafentzug, ich brauche einfach mehr Ruhe als sie.«

Dieser Vorfall hatte sich vor genau zehn Jahren abgespielt. Aber es war auch nicht anders gewesen, als ich 20 oder 30 Jahre alt gewesen war. Ich hatte kein Problem mit Männern, ob auf der Straße, in der Familie oder als Ehemann, solange sie meine absolute Gleichberechtigung akzeptierten. Inzwischen war ich knapp 50 und bisher war immer alles gut gegangen.

Nun war ich gewählte Abgeordnete und ging davon aus, dass es auch in diesem Leben genauso weitergehen würde. Zum Beispiel würde ich das Leben aller Bundestagsabgeordneten – wenn sie nicht zufällig Berliner Abgeordnete waren – teilen, und zwischen dem Wahlkreis, meistens identisch mit dem Wohnort (jedenfalls in meinem Fall) und Berlin wochenweise pendeln. Deswegen verstand ich auch die Andeutung des Fraktionskollegen nicht, der mich – nachdem er mich nett begrüßt hatte – fragte, wie ich es mit der Pendelei halten würde.

»Wie machst du das mit der Fahrerei, fliegst du täglich hin und her?«

»Es war gar nicht schwer, eine Wohnung in Berlin zu finden«, antwortete ich in der irrigen Annahme, er würde danach fragen, ob ich schon untergekommen sei in Berlin. »Und wenn ich keine Wohnung gefunden hätte, wäre ich in ein Hotel gegangen, machen ja viele Kollegen, oder? Wie kann man nur täglich hin- und herfliegen? Das ist doch viel zu anstrengend!«

Der Kollege schaute mich aufmerksam an: »Musst du nicht jeden Abend nach Hause?«

Ich muss gestehen, ich war immer noch auf dem Holzweg. Dachte er, dass ich noch weitere berufliche Verpflichtungen hatte?

»Warum sollte ich jeden Abend nach Hause müssen? Ich habe keine anderen Verpflichtungen als das Mandat.«

»Nein, nicht wegen beruflicher Verpflichtungen, wegen deines Mannes!«

»Wegen meines Mannes?«

»Besteht er nicht darauf, dass du nach Hause kommst?«

»Wie meinst du das?«

Dem Kollegen wurde es sichtlich unangenehm, dass ich ihn nicht verstand. Dachte er vielleicht, dass ich ihn nicht verstehen wollte?

»Dein Ehemann, dein türkischer Ehemann!«

Die Natur hat für solche Momente der Fassungslosigkeit ein paar archaische Reaktionsmuster vorgesehen: weglaufen, schreien oder zuschlagen. Der zivilisierte Mensch verfügt über ein größeres Repertoire, er kann zielgenau Mimik und Gestik einsetzen oder sprachliche Mittel wie Ironie oder Sarkasmus. Wie gehe ich mit diesem Genossen um, dem ich nicht im Geringsten Bösartigkeit unterstelle – dafür ist er zu doof –, der einfach dem Zauber der Übersichtlichkeit erlegen ist, was im Falle von türkischen Frauen den Dreiklang: Kopftuch, Zwangsheirat, Ehrenmord meint? Er kennt nichts anderes – in welche Schublade soll mich der arme Kerl nun stopfen?

Ich atmete tief durch: »Ach so, jetzt verstehe ich, was du meinst. Aber mein Mann wohnt längst hier in Berlin. Und für den Reichstag und die dazugehörigen Liegenschaften habe ich einen Sonderpassierschein beantragt, damit er jederzeit rein und raus kann, um mich zu kontrollieren.«

Der Kollege schaute mich jetzt konzentriert an; ich konnte geradezu sehen, wie es hinter seiner Stirn arbeitete: ratata, ratata.

»Die Bundestagsverwaltung hat zwar gesagt, sie hätten keine Regelung für türkische Ehemänner«, fuhr ich fort, »aber ich sagte zu dem zuständigen Beamten, Integration sei keine Einbahnstraße und es werde Zeit, dass sie diese Regelung einführten. Er will es mit dem Bundestagspräsidenten besprechen. Ich denke, mein Mann bekommt in den nächsten Tagen seinen Sonderausweis, dann lernst du ihn auch kennen.«

Er schaute mich immer konzentrierter an.

»Du brauchst keine Angst zu haben, er wird dir nichts tun, er wird nur in der Fraktionssitzung sitzen und auf mich aufpassen.«

Ich tätschelte seine mollige Wange und schickte ihm eine Kusshand, bevor ich verschwand.

Als ich diese Geschichte Freitagabend in der Runde meiner informationsgierigen Verwandten zum Besten gab, kugelten sie sich vor Lachen.

»Hat er es im Ernst geschluckt?«

»Nein, das glaube ich nicht.«

»Sein Gesicht! Ich hätte so gern sein Gesicht gesehen.«

Es hatte sich inzwischen eingebürgert, dass die Verwandtschaft jeden Freitagabend vor der Tür stand und von meinen Erlebnissen in der Sitzungswoche erfahren wollte. Ich nannte diese Zusammenkünfte nur das »Dorfcafé«, weil es in Anatolien so üblich ist, dass die Wanderarbeiter im Dorfcafé von ihren Erlebnissen in der großen weiten Welt erzählen, sobald sie wieder zu Hause sind. Deswegen konnte ich eine Woche später berichten, dass der Genosse Fraktionskollege mit einem beleidigten »Du hast mich verarscht« auf mich zugekommen war. Auf meine Frage, wie er das herausgefunden habe, gab er zu, anderen Abgeordneten – im guten Glauben! – diese Geschichte erzählt zu haben, die ihm dann geraten hätten, doch mal zu recherchieren, ob das alles den Tatsachen entsprechen würde.

»Und dann?«

»Ja, dann gab es halt Leute, die wussten, dass Ahmet als Lehrer in Köln arbeitet und nicht in Berlin Wache schiebt.«

»Und – war er sehr böse?«, fragte Dilara.

»Ich hoffe doch sehr, dass er böse war«, sagte Mama, »vielleicht kommt er ja so zum Nachdenken.«

»Haben deine Genossen denn endlich kapiert, dass du genauso bist wie sie?«, fragte Lukas.

»Ich fürchte nein«, seufzte ich. »Ich muss aufpassen, wenn ich einen Scherz mache. Auf dem Weg in die Fraktionssäle stehen zwei Geldautomaten. Als ich am Dienstag mit den Worten ›Mal sehen, ob mein Mann mir mein Taschengeld überwiesen hat‹ zum Geldautomaten gegangen bin, um Geld abzuheben, blickten einige sehr interessiert auf. Hinterher in der Fraktion sagte dann ein wohlmeinender Genosse, die Kollegen wären sehr betroffen gewesen zu hören, dass mir mein Mann mein Taschengeld einteile.«

»Das wäre mein Traum«, seufzte mein sparsamer Ehemann, »wenn ich die Prokura über unser Konto hätte!«

»Für dich ein Traum, für mich ein Witz, und für die Genossen in der Fraktion bare Münze«, entgegnete ich.

»Was hast du dem Typen denn gesagt?«, fragte Lukas. »Dass du zu Hause fürs Geldausgeben zuständig bist, und auch das bescheidene Lehrergehalt von Onkel Ahmet durchbringst?«

»So ungefähr. Ich sagte: ›Das ist halt die orientalische Mentalität, aber ich habe Glück, mein Mann ist sehr großzügig!‹«

Tante Semra wischte sich die Lachtränen von der Wange: »Deine Geschichten aus dem Bundestag sind besser als jede Hollywood-Komödie.«

»Wollt ihr noch eine hören?«

»Jaaa!«

»Gestern bin ich auf der Treppe einem Fraktionskollegen mit seiner Besuchergruppe begegnet, und er stellte mich seinen Leuten mit den Worten vor: ›Darf ich Ihnen die exotischste Frau unserer Fraktion präsentieren?‹«

»Und was hast du geantwortet?«

»Du Jeck, was ist denn an mir exotisch?«

»Der Mann wollte seinen Leuten aus der Provinz was bieten«, stellte Lukas fest, »und da bist du natürlich eine kleine Sensation.«

»Fängst du auch damit an?«, sagte Dilara entnervt. »Unsere Tante als Bauchtänzerin Suleika.«

»Im Ernst«, beharrte Lukas, »Tante Lale ist für diese Leute exotischer als eine Bauchtänzerin; allein ihre kurzen Haare sind diesen Provinzpolitikern suspekt.«

»Haben deren Frauen lange Haare?«

»Das spielt keine Rolle, ihre Frauen sind Deutsche, die dürfen lange oder kurze Haare haben, nach Belieben«, sagte Lukas, »aber nicht unsere Tante; sie ist eine Türkin und sie bringt ihr Türkenbild gehörig durcheinander, also wird sie für den Betreffenden aus seiner Sicht immer eine Exotin bleiben, was ja übersetzt ein Mensch aus einem fernen Land bedeutet ... Ihr denkt bei Exotik natürlich nur an Bauchtanz und Schlangenbeschwörung.«

»Was meinst du damit?«

»Tante Lale ist für die meisten schon eine merkwürdige Erscheinung: eine muslimische Frau, die aber promovierte Akademikerin ist, mit türkischem Ehemann ...«

»Der ihr angeblich das Geld zuteilt«, warf Ahmet ein.

»Gut, dass Tante Lale sich diesen Witz erlaubt hat. Denn das ist in den Augen dieser Leute (auch wenn sie mit einem betroffenen Gesicht herumerzählen werden, die arme türkische Kollegin bekomme Taschengeld von ihrem Ehemann) ein Stück Normalität und dadurch bleibt ihre Welt in Ordnung«, fuhr Lukas fort. »Was ich sagen wollte: Liebe Tante, gib dir keine Mühe, so zu sein wie die anderen. Du bist eine Exotin und du bleibst eine Exotin.«

»Sie sehen in mir wirklich eine exotische Frau«, bestätigte ich Lukas' lange Rede, »eine Kollegin fragte mich, was mein Nasenstecker zu bedeuten habe.«

»Aber du hast doch gar keinen Nasenstecker!«

»Eben, sie hat einen von mir sorgfältig überpinselten Pickel für einen Nasenstecker gehalten.«

»Hast du der nicht erzählt, dass der Nasenstecker bei reiferen Frauen für multiple Orgasmusfähigkeit steht?«

»Dilara!« Das war Mama.

»Und was erzählt sie dann dieser Kollegin, wenn der Pickel abgeheilt ist? Dass es diese Woche leider nicht geklappt hat?«

»Lukas!« Das war wieder Mama.

»Also, ihr könnt es soziologisch erklären, wie Ihr wollt«, sagte Ahmet, »wenn schon der Pickel auf ihrer Nase für einen Nasenstecker gehalten wird, dann muss ich eine exotische Frau haben – und gegen das andere habe ich auch keine Einwände«, fügte er grinsend hinzu.

»Ahmet!« Mama wusste gar nicht mehr, wen sie noch tadeln sollte. »Solche Reden hätte ich von dir am wenigsten erwartet!«

Einige Wochen später sollte es noch besser kommen. Zwar gewöhnten sich die Genossen langsam an die Exotin, doch damit stellte sich eine Distanzlosigkeit ein, die mich genauso nervte. Da waren die paternalistischen Genossen, die mir väterlich-wohlwollend daherkamen, genauso wie die maternalistischen Genossinnen, die sich mir mütterlich-wohlwollend annäherten.

»Sie sind sehr nett zu mir und wollen mir irgendwie immerzu was Gutes tun. Dauernd schauen sie mir tief in die

Augen, halten mich mit beiden Händen fest und sagen mit Timbre in der Stimme: ›Geht es dir gut?‹ ›Brauchst du was?‹ ›Wenn du ein Problem hast, sag Bescheid!‹«, klagte ich im Dorfcafé.

»Ein gewisser Hochmut ist nicht zu übersehen, ja, ihre Hilfsbereitschaft beinhaltet eine gewisse Verachtung, die dir klarmachen soll, dass du mit ihnen nicht auf der gleichen Stufe stehst. Würden sie einen deutschen Genossen oder eine deutsche Genossin auch fragen: ›Geht es dir gut, brauchst du etwas?‹ Eher nicht, würde ich mal behaupten«, stellte Lukas glasklar fest.

»Und sie nerven mich ganz grandios mit ihrer Überheblichkeit, ich weiß nie, wie ich darauf reagieren soll.«

»Wie wäre es, wenn du Peter Høeg zitierst?«, grinste Lukas. »Wie lässt er Fräulein Smilla sagen? ›Ich habe eine Schwäche für Verlierer – für Invalide, Ausländer, den Dicken in der Klasse und für alle, mit denen keiner tanzt!‹«

»Und was sage ich zu den Dicken in der Fraktion, mit denen sowieso keiner tanzt?«

»Die kannst du ja einladen, mal mit dir tanzen zu gehen.«

»Wo denn? Bei einer Weight-Watchers-Party?«

»Nein, in einer Türkendisco!«

Männer, Macht und Markenkleidung

Männer und Hähne haben sehr viel gemeinsam; wie sie herumstolzieren, ihre Macht demonstrieren und eifersüchtig darüber wachen, dass die Hackordnung eingehalten wird. Im Plenarsaal des Deutschen Bundestages genauso wie auf dem Hühnerhof. Und weil Männer und Hähne so viel gemeinsam haben, haben auch ihre Kämpfe sehr viel gemeinsam. So wie die Männer aufeinander losgehen, wenn sie Konkurrenz wittern, gibt es keine prinzipiellen Unterschiede zum richtigen Hahnenkampf, jedenfalls verlässt auch bei den Männern der Unterlegene verdammt zerrupft das Feld.

Nun haben auch Männer und Politik einiges gemeinsam: Bei Männern geht es meistens um Erfolg, um Potenz – gemeint ist jegliche Leistungsfähigkeit – und um das Verhältnis von Sein und Schein. Und in der Politik ist es nicht anders. Ja, und weil das alles so ist, ist Politik im Prinzip eine männliche Kampfsportart, deren Regeln dem Hahnenkampf entliehen sind.

Mein Schwager Ali zum Beispiel stand für all die Werte ein, die Politik und Männer gemeinsam haben: Für ihn zählten Erfolg, Potenz (in jeglicher Form) und das Verhältnis von Sein und Schein neigte sich schwer zugunsten von Schein. Auf Familienfeiern saß Ali nicht mehr auf einem Stuhl, sondern auf dreien. Das heißt, er saß natürlich nicht wirklich auf drei Stühlen, aber er blockierte drei Stühle: auf einem saß er, auf den zweiten legte er lässig die Beine, auf den dritten den linken Arm, sehr raumeinnehmend, sehr männlich.

Mit dem rechten Arm gestikulierte er und erklärte uns die Welt, sehr politisch.

»Ich sage es immer wieder«, dozierte er, »auf dieser Welt gibt es zwei Sorten von Menschen: diejenigen, die ausgebeutet werden, und diejenigen, die ausbeuten.«

Bis hier war die Rede sehr marxistisch und hätte von einem Funktionär der Linkspartei sein können. Ali war jedoch kein Linker, deswegen kam jetzt eine grandiose Wendung zum Neoliberalen:

»Man muss in diesem Leben zusehen, dass man auf der Seite der Ausbeuter ist. Und ich muss euch gestehen: Es macht Spaß, auf der Seite der Ausbeuter zu sein!« Ali lachte. »Als Manager einer weltweit operierenden Firma muss ich hart arbeiten, aber es wird auch belohnt. Letzte Woche war ich in Japan. Das ist ein Land nach meinem Geschmack, da herrscht Effektivität, aber du hast trotzdem deinen Spaß.«

Jetzt hielt uns Ali noch einen kleinen Vortrag über das lustige Leben in Japan.

»Du bist doch gar kein richtiger Ausbeuter«, warf Lukas ein. »Du bist ein Handlanger der Ausbeuter. Was ist, wenn du morgen gefeuert wirst?«

»Ich werde nicht gefeuert, ich weiß, was ich kann, und ich arbeite sehr hart.«

»Es hat so mancher Manager gedacht, er wird fotografiert und gelächelt, als die Kündigung kam. Der Kapitalismus kennt keine Gnade.«

Ali wollte diese Diskussion lieber nicht weiter fortsetzen, da sie ins Prinzipielle zu führen drohte.

Nihal hatte ihn, als sie ihn vor 20 Jahren an der Uni kennengelernt hatte, als einen intelligenten, ehrgeizigen und bescheidenen Jungen vom Schwarzen Meer beschrieben. Nun, intelligent und ehrgeizig war er immer noch, aber mit der Bescheidenheit war es vorbei, Ali war zu einem richtigen Angeber geworden, und gleichzeitig zu einer wichtigen Stütze der deutschen Konjunktur. Wenn es um die Belebung des

Binnenmarktes ging – bekanntlich eine Schwachstelle der deutschen Wirtschaft –, da war Ali zur Stelle. Und er hatte einige unorthodoxe Ideen, wie die Politik die deutsche Wirtschaft ankurbeln könne:

»Wenn ihr wirklich was für die Wirtschaft tun wollt«, meinte er, »müsst ihr diese ganzen Baumärkte gesetzlich verbieten. Diese ›Ich-mache-alles-selbst-Manie‹ in Deutschland ist der Totengräber der Binnenkonjunktur« Oder: »Kannst du mir mal verraten, warum ich mein Auto selbst volltanken muss? Die ganzen Arbeitslosen sitzen zu Hause herum, während ich im Brioni-Anzug an der Zapfsäule stehe. Die Arbeit muss gleichmäßiger verteilt werden. Ich arbeite 16 Stunden am Tag, und überall, wo ich hinkomme, ist Selbstbedienung. Peppt doch mal den Dienstleistungssektor ein bisschen auf! Mit einem Niedriglohnbereich.«

Ali war ein großer Anhänger des Dienstleistungssektors, und er verabscheute Baumärkte, Selbstbedienungsläden und Möbel, die man selber zusammenschrauben musste. Ein ganz besonderer Dorn im Auge waren ihm alle Plagiate teurer Konsumgüter, weil sie erstens den Wert der echten Konsumgüter und zweitens seine Schwäche für diese Dinge in Frage stellten. Vielleicht hatte er nicht mitbekommen, dass sich die Statussymbole der besseren Gesellschaft schon längst anders gestalteten, vielleicht hatte er Nachholbedarf, vielleicht wollte er unbedingt die Dinge besitzen, nach denen er sich ein Leben lang gesehnt hatte – wie auch immer: Er setzte immer noch auf sichtbare und glänzende Statussymbole. Dabei entwickelte er nicht viel Phantasie: dickes Auto, große Villa, Marken-T-Shirts und der Rest aus Gold – goldene Uhr, goldener Füllfederhalter, goldenes Feuerzeug und goldene Kreditkarten. Leider verteilt das Wirtschaftsministerium keine goldenen Plaketten für besonders tüchtige Konsumenten, in dem Fall hätte Ali jedes Jahr eine abgestaubt.

Zu Familienfeiern erschien Ali immer sportlich-elegant in Poloshirts.

»Oh!«, sagte Lukas und feixte. »Onkel Ali hat sich wieder in der Türkei mit Poloshirts eingedeckt.« Alle grinsten, denn sie wussten, was jetzt kommen würde. Lukas wusste es natürlich auch, es war eine klassische Provokation. »Sich in der Türkei mit Poloshirts eindecken« hieß, dass man gefakete Sachen von irgendeinem türkischen Wochenmarkt gekauft hatte.

»Meine Polohemden sind nicht aus der Türkei. Das sind Originale!«

Ali hatte angebissen, Lukas schaute sich triumphierend um und legte einen Zahn zu.

»Wozu, Mann? Die Sachen aus der Türkei sind genauso gut. Warum zahlst du so viel Geld für den Plunder?«

»Du kannst doch nicht die Waren, die in irgendwelchen Urlaubsorten verkauft werden, mit den Originalen vergleichen. Das ist doch eine ganz andere Qualität.«

»Ach Quatsch! Du lässt dich verarschen.«

»Pass auf, wie du mit mir redest, ja?«

»Also, ich hätte auch schwören können, die Sachen sind vom Markt in Alaçatı«, sagte jetzt Mama, »ich sehe gar keinen Unterschied.«

»Hallo? Das ist doch was *ganz anderes*. Diese Qualität hier ist so gut, wenn ich in diesem Poloshirt schwitze, dann rieche ich nicht einmal nach Schweiß!«

»Du riechst nicht nach Schweiß, nur weil du ein original Lacoste-Hemd anhast?« Lukas schaute ungläubig.

»Lukas, versuch jetzt nicht deinem Onkel mit biochemischen Reaktionen zu kommen«, sagte Mama. »Anscheinend ist es so, dass man den Unterschied zwar nicht sieht, aber riecht. Wenigstens riecht ihn dein Onkel. Daraus erklärt sich auch die Preisdifferenz.«

Spätestens hier hätte Ali die zweite goldene Plakette verdient, die des Dachverbandes der Luxusgüterhersteller als Mitstreiter im Kampf gegen Plagiate aus den Schwellenländern. Denn Ali hatte sich auch einen teuren Sportwagen zugelegt, zwar keinen Lamborghini, aber ein angesehenes deutsches Fabrikat der Luxusklasse.

»Wofür brauchst du diesen Spritschlucker, Onkel Ali?« Lukas, von zu Hause ökologisch korrekt erzogen, zog Ali zur Rechenschaft. »Das Ding ist ja ein Umweltverpester erster Güte.«

Hier musste ich als politisch Verantwortliche an die deutsche Industrie denken, schließlich fuhr Ali ein einheimisches Produkt: »So schlimm ist dieser Wagen gar nicht«, sagte ich kleinlaut, »die deutsche Automobilindustrie passt schon auf.«

Alle schauten mich groß an, sagten aber nichts, während Ali herzhaft lachte: »Ach, weißt du, das wäre mir auch egal. Ob die deutsche Autoindustrie auf Umweltnormen achtet oder nicht, der Wagen ist einfach toll. Ich arbeite hart, da will man auch ein bisschen Spaß haben. Wofür lebt der Mensch schließlich?«

Hier, genau hier wäre eine dritte goldene Plakette fällig gewesen: die des Verbandes der deutschen Automobilindustrie, aus der Hand des Präsidenten selbstverständlich. Denn dieser Mann sagte nicht nur frank und frei, dass ein deutscher Sportwagen Spaß machte, nein, er ging sogar so weit zu behaupten, dass er praktisch dafür lebe! »Wofür lebt der Mensch schließlich«, das waren seine Worte gewesen.

»Ich dachte, der Mensch lebt für seine Ehre«, hörte ich Dilara vorlaut sagen.

»Ja natürlich, auch für die Ehre«, bestätigte Ali, »aaaaber«, er zog das Wort in die Länge, »es muss auch Dinge geben im Leben eines Menschen, mit denen er Ehre einlegen kann.«

»Und mit diesem Umweltverpester kannst du Ehre einlegen? Bei wem denn?« Lukas klang sehr skeptisch.

»Wenigstens kannst du Freund und Feind beeindrucken. Ein richtiger Mann muss seine Feinde beeindrucken, nein, nicht nur beeindrucken, er muss sie richtig neidisch machen. Was bleibt einem Mann auf dieser Welt letztendlich? Ratet mal, was?« Ali war jetzt in seinem Element. Gleich würde er uns die Antwort geben: »Drei Dinge, sage ich euch, drei Dinge: das Geld, das er verdient hat, der Spaß, den er gehabt hat, und der Neid seiner Freunde und Feinde. Das jedenfalls ist meine Philosophie …«

Bei diesen Worten schaute sich Ali unter den Anwesenden um, leichte Zweifel im Blick. Verstanden wir auch, was er meinte? Wahrscheinlich nicht. Sein Einkommen konnte keiner von uns toppen, die meisten hatten ein ganz anderes Verständnis von Spaß, und ich zweifelte sehr, dass wir, wie wir da saßen, viele Neider hatten.! Jedenfalls nicht von der Sorte, die sich Ali wünschte!

»Sind wir jetzt Freund oder Feind?«, flüsterte mir Ahmet ins Ohr.

»Spielt das eine Rolle, wenn wir neidisch sind?«

»Sind wir neidisch?«

»Ich für meinen Teil schon ein bisschen!«

»Auf Alis Lebensstil?«, Ahmets Stimme klang entsetzt.

»Doch nicht auf Alis Lebensstil, auf seine Art, Dinge, die wir nicht mal zu denken wagen würden, frei und frank auszusprechen. Vielleicht sollte Ali in die Politik.«

Ahmet schaute mich entsetzt an. »Du machst nur Spaß, oder?«

»Ja, es war nur Spaß. Wir haben genug Alis in der Politik, wir brauchen keine weiteren mehr.«

Tatsächlich hatte Ali eine Menge Seelenverwandte in Berlin, auch was ihre gemeinsame Schwäche anging: Sex mit jungen Frauen.

Seitdem ich im Bundestag saß, war ich umgeben von Liaisons zwischen Chefs und Büroinsassen. Unter der Reichstagskuppel gehörten Techtelmechtel von Kollegen mit jungen Praktikantinnen (wahlweise auch mit jungen Mitarbeiterinnen) zum guten Ton. »Einsame Berliner Nächte« hieß es entschuldigend wie bei einer Grippe. Der betroffene Mann konnte anscheinend gar nichts dafür. »Einsame Berliner Nächte« schien ein Virus zu sein, das merkwürdigerweise selektiv nur Männer befiel. Und wer einmal angesteckt war, fand nur in den Armen einer jungen Mitarbeiterin Genesung.

Auch der arme Ali konnte anscheinend nichts dafür, dass er ab und zu von einem Virus überfallen wurde, der bei ihm »ich bin in jeglicher Hinsicht potent« hieß, und auch dieser Virus brauchte spezielle Behandlung. Natürlich versuchte Nihal alles vor uns geheim zu halten, ganz einfach weil es ihr peinlich war. Manchmal hielt sie es doch nicht aus und rief an, um sich bei uns auszuweinen. Jetzt saß sie wieder vor uns, mit verheulten Augen und roter Nase. Mit piepsiger Stimme schluchzte sie: »Ali …«, mehr war nicht zu verstehen. Jetzt war ich gespannt, welche Geschichte wir heute hören durften.

»Was ist denn mit Ali?«, fragte ich ganz scheinheilig, wobei mir einige Thesen durch den Kopf gingen:

Hypothese 1: ein einfacher One-Night-Stand,

Hypothese 2: eine Liebschaft mit einer jungen Kollegin,

Hypothese 3: eine Liebschaft mit einer jungen Praktikantin,

Hypothese 4: eine Liebschaft mit einer jungen Frau aus dem Fitnessclub,

Hypothese 5: eine Liebschaft mit einer jungen Zufallsbekanntschaft, so wie im Fernsehen, wenn Frau und Mann im Supermarkt zusammenstoßen.

Gerade fiel mir ein, dass Ali nie im Supermarkt einkaufen ging, als Nihal mich aus meinen Überlegungen riss: »Er ist in so einem Etablissement gewesen, so etwas Bordellartiges!«

»Was heißt denn bitte ›bordellartig‹?«, fragte Hilal spitz.

»In so einer Art Sauna, ach was weiß ich«, Nihal fing wieder an zu weinen.

»Er ist im Puff gewesen!«, diagnostizierte ich. »Das höre ich in Berlin ganz oft.«

Nihal wurde puterrot. Nein, dieses Wort wollte sie im Zusammenhang mit ihrem Ali nicht hören.

»Wie hast du es erfahren?«, fragte Hilal.

»Ich habe die Rechnung in seiner Jackentasche gefunden.«

»Stellen die im Puff Rechnungen aus? So richtig mit Einzelbeträgen und ausgewiesener Mehrwertsteuer? Hast du die Rechnung dabei?« Hilals Stimme klang skeptisch.

Nihal holte die Rechnung. Sie war nicht so, wie sie Hilal sich in ihrer Phantasie vorgestellt hatte. Das Etablissement war als Saunaclub ausgewiesen, aber an dem ganzen Drum und Dran und vor allem an dem Preis war zu erkennen, dass es sich nicht um eine finnische Sauna handeln konnte. Ali hatte sage und schreibe 2000 Euro bezahlt.

»Mussten wir deswegen zu dir kommen?«, fragte Hilal ganz kühl, »Ali geht doch dauernd fremd, das wissen wir alle.«

»Genau wie die Kollegen in Berlin«, warf ich ein, »die gehen auch dauernd in den Puff.«

»Das beeindruckt mich überhaupt nicht mehr«, fuhr Hilal fort, »aber 2000 Euro für eine Nutte, das beeindruckt mich schon. Diese Frauen müssen ja die reinsten Artistinnen sein, bei dem Preis.«

»Ein Bordellbesuch«, schluchzte Nihal, »warum tut er mir das an?«

»Genau wie die Kollegen in Berlin!«

»Eine wichtige Voraussetzung für die Politik scheint Ali schon erfüllt zu haben«, sagte Hilal, »aber warum wiederholst du wie ein Papagei ›Genau wie in Berlin‹, ›Genau wie in Berlin‹? Begleitest du etwa deine männlichen Kollegen auf ihren nächtlichen Eskapaden?«

»Wie man es nimmt«, murmelte ich in meinen Bart.

»Auf der anderen Seite«, sagte Hilal, »werden Milliarden

in der Sexbranche umgesetzt, das können doch nicht nur die belgischen LKW-Fahrer auf den Autobahnparkplätzen sein.«

»Wieso belgische LKW-Fahrer?«

»Das ist doch nur symbolisch gemeint: Der belgische LKW-Fahrer ist ein Fremder auf der Durchreise, der nichts mit uns hier im Rheinland zu tun hat; soll heißen, das ist alles weit weg von uns«, antwortete Hilal. »Doch wie ihr seht«, fuhr sie fort, »ist alles gar nicht so weit weg von uns, und es sind eure Ehemänner, die in den Puff gehen.«

»Bleiben wir doch bei Ali, Ahmet geht bestimmt nicht in den Puff«, sagte ich.

»Und wieso bist du dir so sicher, was Ahmet angeht?«, fragte Nihal spitz.

»Ganz einfach. Dafür ist Ahmet viel zu geizig. Schau dir mal diese Rechnung an. Ahmet und 2000 Euro für einen Bordellbesuch? Der geht nicht mal auf die Kirmes, weil er das für rausgeschmissenes Geld hält!«

»Was willst du jetzt machen?«, fragte Hilal ungeduldig. Sie war ein wenig sauer, weil sie Hals über Kopf zu Nihal gefahren war.

»Ich weiß es doch nicht«, schluchzte Nihal, »ich liebe ihn so sehr.«

»Du liebst ihn? Was bitte liebst du an diesem Nacktaffen? Wenn er wenigstens nett zu dir wäre, könnte man ihm ja den Rest nachsehen, diesem neureichen Parvenü.«

»Geht das überhaupt, ein neureicher Parvenü?«, sinnierte ich. »Ich meine, das ist doch dann so was wie ein weißer Schimmel, oder?«

»Das ist doch wohl uninteressant im Moment«, ereiferte sich Hilal, »ob dieser Typ ein weißer Schimmel ist oder ein schwarzer Hengst.«

»Das würde ihm gefallen«, sagte ich, »ein schwarzer Hengst. Davon träumt er doch heimlich, ein edler Araberhengst zu sein!«

Jetzt kehrte Leben in Nihal zurück: »Spinnt ihr jetzt beide? Mein Mann geht in den Puff, und ihr macht Hirngymnastik auf meine Kosten.«

»Aber nein, wie kommst du darauf?« Wir widersprachen pflichtschuldig.

»Hast du was zu essen?«, fragte Hilal, »ich komme direkt von der Arbeit und habe Hunger.«

»Wie kannst du jetzt ans Essen denken?«, fragte Nihal wieder mit weinerlicher Stimme.

»Warum nicht, schließlich ist ja nicht mein Mann fremdgegangen!«

Wir redeten den ganzen Nachmittag bei Kuchen und Tee und Tränen, begleitet von vielen guten Ratschlägen. Die teilten wir aus, wohl wissend, dass sich in Nihals Leben nichts ändern würde. Wir waren zum Trösten bestellt worden, nicht für grundlegende Änderungsvorschläge.

Zwei Tage später rief mich Nihal an. »Es war alles ein Missverständnis«, zwitscherte sie überglücklich am Telefon, »Ali ist nicht fremdgegangen, er musste von der Firma aus in diesen Laden!«

»Wie? Ali ist dienstverpflichtet worden, in den Puff zu gehen?«

»Nein«, erzählte Nihal eifrig, »er hat Besucher der Firma dorthin begleitet, deswegen war ja auch die Rechnung so hoch. Sie war für die Besucher!«

»War sie für die Besucher oder für Ali und die Besucher? Was will denn Ali in der Zeit getan haben, während sich seine Gäste amüsierten? Hat er im Wartebereich Kreuzworträtsel gelöst?«

»Er hat was getrunken und sich unterhalten!«

»Worüber denn? Über die Exportumsätze der deutschen

Industrie? Oder über Sitten und Gebräuche fremder Kulturen? Und dann hat er der Bedienung gesagt: ›Die Herren da hinten gehen auf mich!‹ Und du glaubst das?«

»Er hat mir versichert, dass es so war, und ich glaube ihm«, sagte Nihal jetzt gar nicht mehr so entspannt wie vor zwei Minuten und legte auf.

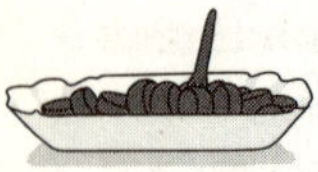

Der Puffbesuch, der keiner war, war von mir unter »interessant genug, um weitererzählt zu werden« eingeordnet worden – ich ging von einer Premiere in der Familie aus und fand sie dazu auch noch ziemlich komisch.

»Ihr habt schlecht über Ali geredet!« sagte Nihal zornig.

»Nein, wir haben Informationen innerhalb des Familiennetzes weitergeleitet«, konterte Hilal, »und von übler Nachrede kann keine Rede sein, denn wir haben Ali geradezu gelobt. Wir haben erzählt, er habe in der Lounge eines einschlägigen Etablissements auf Anordnung seines Arbeitgebers Sonderschichten eingelegt und Kreuzworträtsel gelöst. Und ich kann dir sagen, alle waren beeindruckt. Sogar Tante Latife sagte: ›So kennen wir unseren Ali!‹«

Tatsächlich hatte Mama zutiefst befriedigt gesagt: »So kennen wir unseren Ali«, und hinzugefügt: »Wahrscheinlich ist sein Vater auch schon in den Puff gegangen!«

»Glaubst du, dass es bei denen im Dorf einen Puff gab?«, hatte Tantchen gefragt.

»Wenn nicht im Dorf, dann in der nächsten Provinzstadt.«

»Ich sage es immer«, meinte Mama, »hütet euch vor Leuten, die dauernd von der Ehre reden, die haben es nötig.«

»Aber wenigstens war die Rechnung für mehrere Männer«, war Ahmets Kommentar gewesen, »unvorstellbar, dass ein Mann allein in wenigen Stunden 2000 Euro verballert.«

»Im wahrsten Sinne des Wortes!«

Tatsächlich überstieg diese Rechnung, für wie viele Männer auch immer, Ahmets Vorstellungsvermögen. Ahmet steht für eine andere Sorte von Mann. Er ist nicht – wie Ali oder die meisten Politiker in Berlin – für den Hahnenkampf geschaffen, was nicht heißt, dass er gar keine Gemeinsamkeiten mit der Politik hat, mit gewissen Teilaspekten kann er sich durchaus identifizieren. Um es genau zu sagen: Bei beiden ist dauernd vom Sparen die Rede.

Ahmet verabscheut Verschwendung. Diese Eigenschaft hat er von seiner Mutter geerbt, die der Lebensmaxime folgte: »Geld kann man schon haben, aber man zeigt es nicht.« Ach, wäre das in der Politik auch nur so! Außerdem stammte von ihr der Spruch: »Ich kann nur gut schlafen, wenn mein Bankkonto und mein Kühlschrank ordentlich gefüllt sind.« Diese Denkart hatte sie an ihren Sohn weitergegeben, der das Geld ebenfalls lieber als abstrakte Größe auf dem Konto hat als umgesetzt in (aus seiner Sicht) *immer* überflüssige Konsumgüter. Diese Haltung verlangt nicht einmal irgendwelche Opfer oder gar Enthaltsamkeit von Ahmet, da er sowieso eher puristisch veranlagt ist, in den Ansprüchen und in der Lebensführung.

Ahmet ist ein sparsamer Mensch und er ist es gerne. An der Stelle bilden Ahmet und die Politik zwei Pole: Beide reden zwar vom Sparen, aber der entscheidende Unterschied ist, Ahmet hat Geld, was er nicht ausgibt und in der Politik wird das Geld ausgegeben, was man nicht hat. »Nettokreditaufnahme« – dieses Wort habe ich in meiner Beziehung mit Ahmet völlig aus meinem aktiven Wortschatz gebannt, denn Ahmet nimmt keine Kredite auf. »Wer einen Kredit aufnimmt, muss Zinsen zahlen. Ich zahle doch keine Zinsen, um die Bank reicher zu machen, als sie es ohnehin schon ist«, ist einer seiner Lieblingssprüche. Ein Satz, der auch jedem Finanzminister gut zu Gesicht stehen würde.

Als ich nach Berlin ging, wurde ich in der Politik mit Sparmaßnahmen konfrontiert, die Ahmet nur ein mitleidiges Kopfschütteln entlockten. »Ein Schelm, der mehr gibt, als er hat!« Diesen seinen Lieblingsspruch hätte er dem Finanzminister direkt über seinem Schreibtisch eingravieren lassen. Da traf es sich doch wie eine Fügung, dass Ahmet mit seiner protestantischen Lebenshaltung in Deutschland lebte.

»Ich finde Männer, die auf dicke Hose machen, primitiv«, stellte er fest – mit dieser Meinung stand er in der türkischen Männerwelt freilich ziemlich isoliert da – und fügte hinzu: »Es ist doch keine Schande, sparsam zu sein.«

Ich bin mehr mediterran veranlagt und antwortete: »Aber eine besondere Ehre ist es auch nicht, oder?«

»Spare in der Zeit, dann hast du in der Not«, rezitierte er.

Ich gab zurück: »Was du heute kannst besorgen – ich meine natürlich einkaufen –, das verschiebe nicht auf morgen.«

So werfen wir uns seit 25 Jahren die gesammelte Kraft der Volksweisheiten gegenseitig an den Kopf, um die Gegenseite von der Richtigkeit unseres Handelns zu überzeugen.

»Man lebt nur einmal!«

»Wer den Pfennig nicht ehrt, ist die Mark nicht wert!«

»Das letzte Hemd hat keine Taschen!«

»In der Not passen hundert auf ein Lot!« Und so weiter, und so weiter …

Ein weiterer Lieblingsspruch von Ahmet lautete: »Das ist doch noch gut!«, und er sollte uns klarmachen, dass eine zusätzliche Anschaffung vom selben – was auch immer – überhaupt nicht nötig war. Außerdem war Ahmet der festen

Überzeugung, dass die Reinigung eines Teils die Neuanschaffung überflüssig machte. Ein Beispiel: Unser Toaster war ein 20 Jahre altes, völlig verrostetes Ding. Mein Vorschlag, einen neuen Toaster anzuschaffen, wurde vehement abgelehnt mit der Begründung, der alte Toaster sei »noch gut«.

»Was verstehst du unter ›noch gut‹?«, fragte ich etwas spitz.

Ahmet schaute mich völlig verständnislos an: »Ja, er toastet noch, oder? Solange ein Toaster seine Funktion erfüllt, ist er für mich ›noch gut‹.«

»Für mich aber nicht«, protestierte ich. »Er ist gammelig und eklig.«

»Ich mach ihn mal richtig sauber, dann gefällt er dir auch wieder.«

Ahmet lächelte versöhnlich. So war er immer. Er meinte, dass durch Putzen alle Makel verschwinden würden.

»Ahmet, unsere Matratze ist durchgelegen, wir brauchen eine neue.«

»Ach was, ich mache sie mal richtig sauber, dann ist sie wieder gut.«

»Ahmet, das Parkett ist nicht mehr schön, es muss abgezogen werden.«

»Ach was, ich reinige es mal so richtig durch, dann ist es wieder schön.«

»Ahmet, wir brauchen ein neues Besteck.«

»Jetzt mach mal einen Punkt, das Besteck hier ist völlig rostfrei, du willst wohl nicht behaupten, es sei nicht mehr gut.«

Bitte – was blieb mir da anderes übrig, als ihn vor vollendete Tatsachen zu stellen?

»Ach übrigens, morgen kommen die Handwerker, die werden das Parkett abziehen.« »Ach übrigens, morgen wird unsere neue Matratze geliefert.« »Schau mal, wie gefällt dir unser neuer Toaster?«

»Was hast du mit dem alten Toaster gemacht?«

»Weggeschmissen!«

»Du hast den guten Toaster weggeschmissen?«

»Der war bekanntlich nicht mehr gut.«

»Ich muss höllisch aufpassen, irgendwann wirst du mich mit dem Argument ›der ist nicht mehr gut‹ wegschmeißen. Und ich finde mich auf dem Wertstoffhof wieder.«

»Du kannst ja, während du von mir entsorgt wirst, ›ich bin noch gut‹ rufen.«

»Das würde nichts nützen. Vor deiner Wegschmeißwut ist doch nichts sicher.«

Ich werde diese ewig währenden Dialoge, die unsere Beziehung begleiten, besser nicht in voller Länge wiedergeben. Denn würde Ahmet seine Geschichte erzählen, würde er jetzt wehklagen, dass er seit über 25 Jahren für den Wertstoffhof arbeite. Und wir von dem Geld, das ich für überflüssigen Konsum ausgegeben hätte, gut und gerne zwei bis drei Eigentumswohnungen hätten kaufen können.

»Wofür brauchst du zwei bis drei Eigentumswohnungen?«

»Wenn ich die besäße, könnte ich besser schlafen.«

»Du schläfst auch so gut.«

Aber eins war sicher: Hätte ich den Toaster nicht schnell entsorgt, Ahmet hätte ihn aufbewahrt für die schlechten Tage, an denen auf unserem Planeten die Toaster ausgehen werden, und die Menschheit auf das alte Exemplar in unserem Keller angewiesen sein wird. Das ist so, wenn ein Hamster und eine Weg-damit-Neurotikerin zusammenleben.

Ahmets Sparphasen wurden manchmal so übermäßig, dass er mich und alle anderen, die mit ihm näher zu tun hatten, auf die Palme trieb. »Rausgeschmissenes Geld«, war für ihn zum Beispiel, in einer dieser Kaffeebuden wie Starbucks oder Woyton oder Gloria Jean's zu sitzen und für eine »Tasse Kaffee«, wie er sagte, so viel Geld auszugeben.

»Mensch, Papa, du bist ein Frosch«, klagte Aziza, wenn die beiden wieder unterwegs waren, und sie wie üblich Durst oder Hunger bekam. Die Vorstellungen, wie dieser Zustand geändert werden konnte, unterschieden sich gewaltig, weil Ahmet der Meinung war, dass man auch in einem Stehcafé sehr gut Kaffee trinken könne. Noch besser war es natürlich, den Kaffee zu Hause zu trinken, oder auf längeren aushäusigen Aufenthalten eine Thermoskanne mitzunehmen.

Klamotten waren für ihn noch gut, solange sie nicht auseinanderfielen, und beim Kauf einer Handtasche stellte er schon mal die Frage, ob zu Hause nicht bereits eine schwarze Tasche vorhanden sei. Überhaupt waren Mode, Modezeitschriften und die Reklamebeilagen großer Tageszeitungen für ihn ein besonders perfides Lockmittel des Kapitalismus. Auch Ausgaben für Kosmetika kamen ihm unverhältnismäßig hoch vor, seitdem er bei einem Parfümeriebesuch zufällig mitbekommen hatte, was eine Augencreme kosten konnte.

»Sag mal, zahlst du auch 120 Euro für so eine Creme für die Augenpattie?«

»Es heißt Augen*partie*, und Augencremes sind nun mal teuer. Warum interessiert dich das?«

»Ich habe gerade gesehen, wie einer Frau so ein kleines Töpfchen für 120 Euro verkauft worden ist. Die Verkäuferin hat die Frau richtig eingeseift; mit dem Quatsch von der Augenpattie.«

»Augen*partie*, jetzt sprich das doch mal richtig aus. Übrigens gibt es durchaus noch teurere Cremes!« Ich lächelte Ahmet an und sah die Panik in seinen Augen.

»Du brauchst so was nicht, oder? Es reicht doch, dass wir ein Vermögen in diese nutzlosen Cellulitiscremes investieren.«

»Bravo! Das Wort ›Cellulitis‹ kannst du richtig aussprechen.«

»Kunststück! Bei deinem Verbrauch an diesen Cremes! Und schlanker sind deine Oberschenkel auch nicht geworden.«

»Das ist doch nur der billige Versuch, mich vom Gebrauch dieser wertvollen Zehrcremes abzuhalten. Aber vergeblich; ich kann dir versichern, ich spüre an meinen Oberschenkeln durchaus eine Wirkung.«

»Ich auch ... am gesamten Körper ... ich glaube, dass diese Cremes auch bei mir wirken.«

»Wie das denn?«

»Wenn ich die Kontoauszüge hole und sehe, was diese Cremes kosten, vergeht mir der Appetit und ich werde schlanker, also wirken die Cellulitiscremes auch bei mir, nur halt mittelbar.«

Eine andere Veranstaltung, die seiner Meinung nach viel zu viel Geld kostete, war der Friseurbesuch.

»Du hast doch kaum Haare auf dem Kopf, das kann doch bei dir gar nicht so teuer werden«, meinte er vor dem Friseurbesuch, und nach dem Friseurbesuch war die erste Frage: »Wie viel?«

Wenn ich ihm die Summe nannte, bekam Ahmet vor Erstaunen den Mund nicht mehr zu: »Aber – wofür denn? Ich sehe gar nichts Dramatisches, diese kurzen Haare zu schneiden dauert doch keine fünf Minuten. Hast du der Frau schon mal ihren Stundenlohn vorgerechnet?«

»Ahmet, bitte, das ist ein Meisterschnitt, gerade weil ich so kurze Haare habe, ist Präzisionsarbeit gefragt. Dazu kommen die Tönung, die Strähnen, stell dir das mal nicht so einfach vor.«

»Ich weiß nicht, das überzeugt mich nicht wirklich, Haareschneiden ist doch keine große Arbeit. So viel Geld dafür auszugeben. Und das jeden Monat.«

In seiner Sparsamkeit stellte er die Arbeit einer ganzen Zunft in Frage. Dann wurde unser Kind immer älter, und die Friseurkosten verdoppelten sich. Ahmet war wild entschlossen, diesen Posten auf der Ausgabenseite des Familienbudgets zu reduzieren. Da der Friseurbesuch seiner beiden Damen schon so viel kostete und wir keinerlei Anstalten machten, irgendetwas einzusparen, wollte er wenigstens bei sich selbst die Kosten drosseln. Also recherchierte er, wo es die billigsten Haarschnitte für Männer gab. Und er wurde fündig: türkische Friseure! Sie schnitten für einen Appel und ein Ei Haare. Es war nicht unbedingt etwas Stylisches, aber billig. Und wer brauchte eine stylische Frisur, wenn er eine billige haben konnte? Aber es blieb eben doch ein monatlicher Posten. War der nicht noch mehr zu reduzieren?

Ein paar Wochen später kam Ahmet mit der Tragetasche eines bekannten Discounters und einem sehr zufriedenen Gesicht nach Hause: »Schau mal, was ich gekauft habe.«

»Was denn?«

Er holte ein kleines Päckchen aus der Tasche und legte es auf den Tisch.

»Ein Haarschneidegerät!«

»Ein was?«

»Ein Haarschneidegerät für Herren. Ab heute wirst du mir die Haare schneiden.«

»Warum das denn?«

»Weil es billiger kommt, viel billiger. Das Gerät war ganz günstig, es hat so viel gekostet wie einmal Haareschneiden, das Teil wird sich also noch heute Abend amortisieren.«

»Ich kann keine Haare schneiden.«

»Jetzt hör auf mit dem Theater. Ich setze mich auf den Stuhl, du hältst mir das Gerät an die Haare, und schwupps, sind sie ab.«

»Schwupps! Das erinnert mich aber schwer an Berlin. Da gibt es auch manchen, der an die Schwupps-Politik glaubt. Alles ganz einfach. Drei einfache Sätze und schwupps sind alle Probleme gelöst. Es mag ja Politiker geben, die meinen omnipotent zu sein, ich zähle nicht dazu. Das geht nicht schwupps. Wenn das so einfach wäre, gäbe es keine Friseure.«

»Dein Vergleich hinkt. Es ist so einfach, du wirst sehen, und wir werden eine Menge Geld sparen.«

»Mein Vergleich hinkt nicht. Und deine Sparmaßnahmen sind Milchmädchenrechnungen.«

»Nein, das hier ist eine einmalige Anschaffung, und meine Haare werden für den Rest meines Lebens für umsonst geschnitten.«

»Oh, mein Gott, und was machen wir mit dem vielen gesparten Geld?«

»Mach dich nur lustig«, sagte Ahmet, »ich jedenfalls gebe kein Geld mehr für den Friseur aus.«

Nach dem Abendessen konnte Ahmet es nicht länger abwarten, er packte seine neue Geldsparmaschine aus. Es war auch für mich als Laien sichtbar, dass es ein ganz billiges Gerät war. Ich sagte aber nichts mehr. Ahmet traf unterdessen die letzten Vorbereitungen: Er holte ein Laken, deckte den Boden ab, stellte einen Stuhl drauf und setzte sich.

»Bitte – fang an.«

»Ich übernehme keine Verantwortung!«

»Du bist hier nicht in der politischen Arena, du brauchst nicht jegliche Verantwortung von dir zu weisen, bevor es überhaupt losgegangen ist, fang an!«

»Und wenn ich was falsch mache?«

»Als meine Ehefrau musst du nicht zurücktreten.«

»Wie beruhigend.«

Nun, an der Stelle muss ich ein paar Worte über die menschliche Psyche und das Verhalten des Menschen in Krisensituationen verlieren. Es gibt Menschen, und dazu zähle ich, die in bestimmten Situationen einen Lachkrampf bekommen. Bei mir passiert das immer dann, wenn ein gewisser Widerspruch zwischen dem anscheinenden Ernst der Situation und meiner Wahrnehmung besteht. Wenn wir zum Beispiel im letzten Moment auf dem Bahnhof ankommen und Ahmet sagt panisch: »Los, los, wir müssen uns beeilen, der Zug fährt gleich ab«, und er meint, wir müssten mit schweren Koffern einen Sprint zum Bahnsteig hinlegen, empfindet meine Psyche diese Situation als so komisch, dass ich einen Lachkrampf bekomme. Wenn mir Ahmet dann alle Koffer abnimmt, vor sich hinwatschelt und mich anfeuert, weiterzulaufen, führt das dazu, dass der Lachkrampf immer stärker wird. Wenn Ahmet mit hochrotem Kopf schließlich mich, sich, das Kind und die Koffer in die Bahn gehievt hat, denke ich, ich könnte nicht mehr aufhören zu lachen und brauche mindestens noch eine Viertelstunde, um zur Ruhe zu kommen.

Ahmet saß mit todernstem Gesicht auf dem Stuhl, der auf dem Laken stand, und wartete, dass ich ihm mit einer Haarschneidemaschine primitivster Bauart die Haare kürzte. Ich spürte ein Glucksen im Bauch und unterdrückte es sofort.

Ich schaltete die Haarschneidemaschine an, sie gab ein wimmerndes Geräusch von sich. »Dann wollen wir mal loslegen.«

»Sie hat drei Stufen, nimm die höchste Stufe, so schneidet sie am kürzesten. Und fang von hinten an, da ist es einfacher.«

Die Order von Ahmet, gemischt mit dem Wimmern der

Schrottmaschine in meiner Hand, löste das nächste Glucksen aus. Ich setzte die Maschine wie gewünscht im Nacken an das dichte Haar von Ahmet an. Langsam bewegte ich sie nach oben, die Haare sprangen wie Nadeln von einem vertrockneten Weihnachtsbaum in alle Richtungen weg, und es entstand eine Schneise vom Nacken aus in Richtung Ohren. Wrrmmm! Plötzlich hörte die Maschine auf zu arbeiten. Sie war Ahmets dickem Haupthaar nicht gewachsen gewesen und hatte ihren Geist aufgegeben. Sie war einfach steckengeblieben. Ich rüttelte ein bisschen daran herum, zwecklos.

»Was ist los, warum hörst du auf? Mach weiter!«

Ahmet hatte keine Ahnung, wie sein Hinterkopf aussah. Eine gut fünf Zentimeter breite Schneise verlief durch das dichte Haar, so tief, dass die Kopfhaut zu sehen war, die Schneidemaschine steckte ersoffen in diesem Meer von Haaren, und er sagte: »Mach weiter!« Dieses »Mach weiter« war der Auslöser des schlimmsten Lachkrampfes meines Lebens. Ich lachte und lachte, und da ich nicht reden konnte, zeigte ich auf seinen Kopf. Dabei liefen mir die Tränen über das Gesicht.

»Die Maschine – kaputt – Hinterkopf – Loch – ich meine Schneise ...«

»Jetzt rede doch mal ordentlich, was gibt es denn so zu lachen?«

Immer, wenn ich mich beruhigen wollte, fiel mein Blick auf seinen Hinterkopf, in dem die Schneidemaschine steckte wie eine Lanzette, und ich bekam den nächsten Anfall.

In der Zwischenzeit hatte sich Ahmet mit zwei Spiegeln vom Zustand seiner Frisur überzeugt, hatte es aber nicht geschafft, die Maschine herauszulösen.

»Wenn du dich beruhigt hast, kannst du vielleicht das Ding von meinem Kopf abmachen.«

Langsam, mit noch ganz zittrigen Händen, befreite ich das Teil aus den Haaren. Ich gab Ahmet das corpus delicti. Er versuchte natürlich sofort – wie jeder richtige Mann, der alles reparieren kann – die Maschine wieder in Gang zu setzen. Keine Chance. Aber Ahmet wäre nicht Ahmet, wenn er so schnell aufgeben würde.

»Du musst mit einer Schere weitermachen.«

»Wie bitte?«

»Ich kann doch nicht so auf die Straße gehen, du musst die Umgebung angleichen.«

»Ich bin keine gelernte Friseurin, ich kann das nicht.«

»Jetzt stell dich nicht so an, versuch es wenigstens!«

Wir besaßen natürlich keine professionelle Friseurschere, also holte ich eine Nagelschere.

»Es sieht aus, als wäre ein Mini-Mähdrescher über deinen Hinterkopf gefahren.«

»Dann vollende dein Werk und mähe alles ab!«

Ich nahm die Nagelschere in die Hand und fing an, wahllos die noch vorhandenen Haare am Hinterkopf zu kürzen. Natürlich war es nicht möglich, die Umgebung an die Schneise anzugleichen, aber ich gab mein Bestes. Die Haare auf dem Oberkopf und an den Seiten kürzte ich auch ein wenig, damit es nicht zu sehr nach Topffrisur aussah.

»Ich bin fertig.«

Die ganze Prozedur war ein wenig aus dem Ruder gelaufen. Ahmet sah – wie soll ich es beschreiben – verwegen aus. Hinten ganz kurz gescheckt, vorne zottelig.

»Lass mal sehen.«

Ahmet schaute in den Spiegel. Er wusste nicht, was er sagen sollte. Schimpfen konnte er nicht, weinen auch nicht. Er schluckte.

»Ich muss morgen gleich zum Friseur. Aber ich habe bis Mittag Unterricht. Was sage ich den Kollegen? Und vor allem den Kindern?«

»Setz eine Mütze auf und sage, du hättest eine Mittelohrentzündung.«

»Und was sage ich dem Friseur?«

»Dass er zu teuer ist und dass du sparen wolltest.«

Den ganzen Abend konnte ich Ahmet nicht ansehen, ohne

einen neuen Lachkrampf zu bekommen. Am nächsten Tag kam er am späten Nachmittag nach Hause. Der Friseur hatte ganze Arbeit geleistet, Ahmet war komplett kahl geschoren.

»Und?«, fragte ich. »Was hat der Friseur gesagt?«

»Er wollte wissen, wer das angerichtet hat.«

»Und was hast du ihm erzählt?«

»Ich habe gesagt, dass ein Freund von mir sich eine Haarschneidemaschine gekauft hat, sie unbedingt ausprobieren wollte und ich mich zur Verfügung gestellt habe.«

»Und dann?«

»Dann hat mich der Friseur gefragt, ob mein Freund blind sei.«

»Wie viel hast du dem Friseur jetzt bezahlt?«, fragte ich scheinheilig.

Ahmet atmete hörbar aus. »Mehr als sonst«, sagte er, »der Friseur meinte, dass diese Nachbesserung einem Meisterschnitt gleichzusetzen sei.«

»Tja, ich sagte doch gleich, deine Idee, sich von der Ehefrau mit einer billigen Haarschneidemaschine die Haare bearbeiten zu lassen, ist genauso wenig zielführend wie so manche Idee in der Berliner Politik. Ein Referentenentwurf, mit heißer Nadel gestrickt und laienhaft umgesetzt, und die sogenannte Sparmaßnahme entpuppt sich am Ende als wahre Geldfresserin.« Ahmet schaute mich entsetzt an. »Ich kann es auch diplomatischer ausdrücken, mein Lieber: Die Erwartungen, die in das neue Sparpaket gesetzt wurden, sind leider nicht erfüllt worden. In dieser Hinsicht geht es im Wohnzimmer der Akgüns nicht anders zu als in Berlin!«

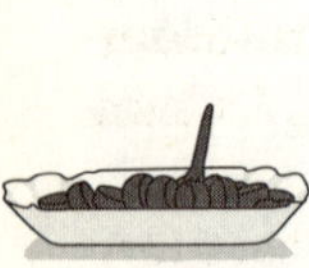

Ali und Ahmet waren zwei Charaktere, die nicht gegensätzlicher hätten sein können. Ihr Zusammentreffen verursachte Reibungen, dass die Funken flogen. Und irgendwann knallte es dann richtig. Es war an einem Samstagmorgen, und der Knall hörte sich an wie das Läuten des Telefons. Mit diesem Läuten endete auch ein Vorurteil, dem ich lange erlegen war: dass nur Männer immer an das eine denken. Und es wurde eine neue Phase in meinem Leben eingeläutet mit einer wichtigen Erkenntnis: Frauen stehen den Männern in dieser Frage nicht nach.

Ich war diejenige, die ans Telefon ging. Die freundliche Frauenstimme am anderen Ende der Leitung verlangte Ahmet zu sprechen.

»Kann ich ihm etwas ausrichten?«, fragte ich, »er ist gerade nicht da.«

»Ist die Entscheidung schon gefallen?«, fragte die Stimme neckisch, »oder habe ich noch Chancen?«

»Ich verstehe Sie nicht, was meinen Sie?«

»Die Heiratsanzeige natürlich, er ist doch nicht schon unterwegs, um sich mit jemandem zu treffen?«

»Welche Heiratsanzeige?«

»Sie machen mir Spaß, Ahmet Bey (im Türkischen wird in der Alltagssprache kein Nachname benutzt, stattdessen hängt man an den Vornamen ein »Bey« an, was so viel bedeutet wie »Herr«; bei den Frauen wird an den Vornamen ein »Hanım« drangehängt, ich bin also auf türkisch nicht Frau Akgün, sondern Lale Hanım) hat doch eine Heiratsanzeige aufgegeben, deswegen rufe ich ja an. Hat er Ihnen nichts davon erzählt?«

Mir wurde leicht schwarz vor Augen. Ahmet? Eine Heiratsanzeige aufgegeben? Lale, bleib jetzt ganz cool. Der liebe Gott hat dich für solche Grenzsituationen erschaffen. Und leg ein Lächeln in deine Stimme. Los!

»Hat er nicht, der böse Bub!«

Jetzt kicherte die Frau am Telefon: »Bestimmt wollte er Sie mit vollendeten Tatsachen überraschen!« (Das ist ihm voll gelungen!)

»So wird es sein. Sagten Sie, die Anzeige ist in der Hürriyet?«

»Ja, ja, in der Hürriyet von heute. Bin ich die Erste, die anruft?«

»Ich würde behaupten, ja; es ist auch erst neun Uhr.«

»Und wer sind Sie?«, fragte jetzt die Frau.

Das Gespräch nahm eine gefährliche Wendung. Aber ich hatte in den Rhetorikseminaren für meinen politischen Alltag gelernt, dass man nicht auf jede Frage antworten müsse. In den Fällen, wo es unangenehm oder gefährlich werde, solle man stattdessen einfach eine Belanglosigkeit von sich geben. Jetzt war so eine Situation. Die Fragen wurden zwar nicht von einer Journalistin gestellt, aber ich konnte das Gelernte ja mal anwenden und schauen, ob es klappte.

»Ahmet ist einkaufen, rufen Sie doch in einer halben Stunde wieder an.« Die Frau bedankte sich und legte auf. Danke, Rhetorikseminar. Etwas später kam Ahmet mit den Brötchen zurück.

»Hast du auch eine Hürriyet gekauft?«, fragte ich so beiläufig wie möglich.

»Ja.« Die Antwort klang auch beiläufig.

»Dann lesen wir doch mal gemeinsam die Heiratsanzeigen, was hältst du davon?«

Ahmet lachte amüsiert. »Willst du heiraten?«

»Ich nicht, aber anscheinend du. Jedenfalls hat das eine Frau behauptet, die eben hier angerufen hat.«

Ahmet schaute mich mit einem »Hallo?«-Gesicht an. Ich nahm ihm die Zeitung ab und suchte die Seite mit den Heiratsanzeigen. Tatsächlich! Da stand es schwarz auf weiß:

Ahmet, 48, aus Ankara, gebildet und wohlhabend. Nach einer unglücklichen Ehe, aus der eine Tochter hervorgegangen ist, bin ich auf der Suche nach einer verständnisvollen Frau, die im Alter zu mir passen sollte. Meine Bedingungen: sie muss gebildet sein und perfekt türkisch sprechen. Äußeres ist unwichtig. Nur ernstgemeinte Anrufe.

Dahinter unsere Telefonnummer. Ich blickte von der Zeitung hoch:

»Wieso legst du so viel Wert auf gepflegtes Türkisch? Ich dachte immer, Nichtraucherin wäre für dich wichtiger? Und überhaupt, lass die Integrationsbeauftragte deine Anzeige nicht sehen, du solltest Wert auf perfektes Deutsch legen!«

Ahmet suchte noch nach einer passenden Antwort, als es wieder klingelte. Wir schauten uns an, Ahmet ging zum Telefon, hob vorsichtig den Hörer ab und nannte genauso vorsichtig seinen Namen. Es war die nächste Interessentin.

»Aber nein«, hörte ich ihn laut rufen, »das muss ein Missverständnis sein ... ja, doch, ich heiße Ahmet, aber ich will nicht heiraten.« Und dann nach einer Pause, etwas lauter: »Wenn ich es Ihnen doch sage!«

»Was sagt sie?«, fragte ich neugierig.

»Sie fragt, warum ich eine Heiratsanzeige aufgebe, wenn ich nicht heiraten will!«

»Und warum hast du die Heiratsanzeige aufgegeben?«

»Habe ich doch gar nicht!«

»Aber Fakt ist, dass in der Zeitung eine Heiratsanzeige mit deinem Namen und unserer Telefonnummer steht.«

»Ich kann mir das nicht erklären.«

Ahmet wirkte ein wenig verstört, da klingelte das Telefon wieder. »Geh mal ran«, sagte ich, »vielleicht ist es ja wieder für dich.«

Und so war es auch. Es war die nächste Frau, die sich auf die Heiratsanzeige meldete. Ahmet wiederholte sein Sprüchlein vom Missverständnis. Er legte auf und schaute mich nachdenklich an.

»Was ist?«, fragte ich, »was sagt sie?«

»Sie sagt, dass die besten Beziehungen mit einem Missverständnis anfangen, und dass ich dem Missverständnis eine Chance geben soll.«

Ich muss gestehen, dass ich bis dato keinerlei Erfahrung mit Heiratsanzeigen hatte. Es hatte in meinem Umfeld alles auch immer so geklappt. Deswegen hatte ich auch keine Vorstellung von den Ereignissen, die uns bevorstanden. Ich ahnte nicht, dass ich diese Bildungslücke in den nächsten zwei Tagen schließen würde.

Das Telefon klingelte ununterbrochen. Es schien eine unendliche Anzahl von gebildeten Türkinnen im Alter zwischen 40 und 50 Jahren zu geben, die ihre Türkischkenntnisse für perfekt hielten, einen Mann suchten und zu diesem Zweck regelmäßige Leserinnen der Tageszeitungen waren.

Die einen Frauen waren davon begeistert, keiner bestimmten Gewichtsklasse angehören oder eine bestimmte Augen- oder Haarfarbe haben zu müssen. Sie sagten zu Ahmet: »Ich rufe an, weil Ihre Anzeige so emanzipiert ist, es steht nichts von einer Traumfigur oder blonden Haaren darin.« Die anderen fanden die Sache mit dem gepflegten Türkisch spitze. Diese fragten: »Lesen Sie auch gern Gedichte? Wissen Sie, wie ich mich nach einem Mann sehne, mit dem ich türkische Gedichte lesen kann?«

Die Zeitungsseite mit der Heiratsanzeige lag auf dem Esstisch, ich kramte in der Schublade nach einer Schere, um die Annonce auszuschneiden, dabei fiel mir ein Flyer aus dem letzten Wahlkampf in die Hände und plötzlich machte ich eine unglaubliche Entdeckung: Heiratsanzeigen sind genauso gestrickt wie Wahlkampfflyer! Bei beiden geht es um die Präsentation eines Kandidaten, der gewählt werden möchte. Der betreffende Kandidat zieht seine schönsten, coolsten, seriösesten (je nach Image) Klamotten an und lässt ein tolles Foto machen, was mit dem Photoshop-Programm ordentlich bearbeitet wird. Soll man zielstrebig gucken oder hoffnungsfroh (bei politischen Kandidaten)? Soll man verwegen gucken oder charmant (bei Heiratskandidaten)? Das kommt natürlich ganz auf die Zielgruppe an, die man im Visier hat. Dann kommen die inhaltlichen Ausführungen. In beiden Darstellungen stehen nur gute Dinge drin, schließlich wollen sich beide von ihrer besten Seite zeigen und gewählt werden (oder sagt man bei den Heiratskandidaten lieber: auserwählt?).

Als Jugendliche lasen wir manchmal in der Zeitung Heiratsanzeigen, über die wir uns köstlich amüsierten: »Gutaussehender, vermögender Akademiker, 35, aus gutem Hause, Golfspieler, Sportwagenfahrer, Opernfreund, mit Freude am Reisen und den schönen Dingen des Lebens sucht nettes Mädel zum Heiraten. Nur ernstgemeinte Zuschriften.«

»Wieso findet dieser tolle Mann keine Frau? Irgendwas verschweigt der«, gluckste ich, »was könnte das denn sein?«

»Vielleicht ein kleiner Unfall als Kind?«, erwiderte Hilal. »Etwa bei der Beschneidung?«

Damals kam es bei Beschneidungen immer wieder zu Kunstfehlern. Statt der Vorhaut war dann auf einmal der ganze Pimmel weg.

Später erfreuten wir uns an der Lektüre von Wahlkampfflyern: »Ihr kompetenter Mann für Berlin, der sich mit seiner ganzen Kraft dafür einsetzen wird, dass alle Probleme der Gesellschaft gelöst werden, für eine bessere Umwelt, bessere Lebensbedingungen, bessere Bildung, mehr Verdienst und weniger Steuern!«

Wieso findet dieser Mann keine Wähler? Irgendwas verschweigt der doch. Was könnte das sein? Hat er vielleicht doch nicht den Zauberstab? Freud lässt grüßen ... Ich musste an meinen letzten Wahlkampf denken, als die Leute die Flyer achtlos auf den Boden geworfen hatten. Anscheinend waren gedruckte Versprechungen nicht so attraktiv, ganz im Gegensatz zu der Heiratsanzeige in Ahmets Namen.

Das Telefon klingelte unaufhörlich. So etwas hatten wir das letzte Mal erlebt, als wir zusammenziehen wollten und einen Nachmieter für Ahmets preisgünstiges und doch zentral gelegenes Appartement suchten. Aber diesmal war die Antwort am Telefon viel schwieriger. Beim Appartement konnte man sagen: »Ist schon weg« und die Leute akzeptierten die Antwort. Sie sagten: »Schade und tschüs.« Die heiratswilligen Damen waren nicht ganz so schnell abzuwimmeln. Wenn ich abhob und sagte: »Der Mann ist schon weg«, lautete die Antwort nicht: »Schade und tschüs.« Die Frauen rangen richtig um die Beute: »Aber die Annonce ist doch erst von heute!«

Die Frequenz der Anrufe nahm im Laufe des Tages immer mehr zu. Wir schalteten den Anrufbeantworter an, nach einer halben Stunde zeigte er 25 eingegangene Anrufe. Die meisten Frauen hatten auch auf Band gesprochen und baten energisch um Rückruf.

Inzwischen hatte auch Aziza, die gerade zu Besuch war, mitbekommen, was los war: »Kaum bin ich in Köln, passiert was Aufregendes«, meinte sie. »Übrigens finde ich es sehr unhöflich, die Arbeit dem Anrufbeantworter zu überlassen. Ich gehe ans Telefon!«

Wenn sie den Hörer nahm, waren die Damen besonders freundlich. Mit schmeichelnder Stimme gurrten sie: »Du bist doch die Tochter, wir werden bestimmt ganz tolle Freundinnen, kann ich mal deinen Papa sprechen?«, worauf Aziza genauso freundlich »Aber natürlich« antwortete und dann demonstrativ laut: »Papa, Telefon für dich!« rief. Dann gluckste sie und flüsterte mir zu: »Sie denken, wenn sie besonders nett zu mir sind, werden sie von Papa bevorzugt.«

»Wer hat diese Anzeige nur aufgegeben?«, fragte Ahmet inzwischen zum hundertsten Mal.

»Du weißt, dass ich Krimis liebe. Und da ist das Motiv ganz wichtig. Die Frage lautet also: ›*Warum* hat jemand unter deinem Namen diese Anzeige aufgegeben?‹ Die Ermittlungsbeamten in den Krimis fragen immer, ob der Betreffende irgendwelche Feinde hat. Also: ›Hast du dir in letzter Zeit irgendwelche Feinde gemacht?‹«

»Nein! Wen soll ein armer Lehrer schon zum Feind haben?«

»Sag das nicht. Lehrer haben viele Feinde. Hast du mit irgendeinem Kind geschimpft?«

Ahmet stöhnte. »Das sind Grundschulkinder, die kommen nicht auf solche geschmacklosen Ideen, wenn sie sich über mich ärgern. Die sagen höchstens: ›Herr Akgün ist doof!‹«

»So kommen wir nicht weiter«, sagte ich, »wir müssen Montag bei der Zeitung anrufen und die zur Rede stellen, die können doch nicht einfach ein Heiratsinserat aufnehmen, ohne sich abzusichern.«

»Und was machen wir bis dahin?«

»Komm, wir gehen zu Mama, Tante Gül und Alfred sind auch da. Vielleicht haben die eine Idee.!«

Als Mama die Heiratsanzeige las, fing sie schallend an zu lachen: »Ahmet, mein Lieber«, sagte sie, »in all den Jahren habe ich gar nicht mitbekommen, dass du wohlhabend bist. Hast du dein Vermögen für die Frau geschont, die jetzt auf die Anzeige antworten soll?«

Tante Semra schüttelte den Kopf und murmelte so etwas wie: »Taktlosigkeit!« und wandte sich an Alfred: »Glaubst du, dass die Anzeige einen politischen Hintergrund haben könnte? Dass jemand damit Lale schaden will?«

Jetzt lachte Alfred schallend: »Liebe Semra, ich glaube nicht, dass man eine einfache Abgeordnete mit einer Heiratsanzeige des Ehemannes beschädigen kann. Bei all dem, was die Politiker heutzutage so treiben. Es würde nicht mal dann davon Notiz genommen, wenn deine Nichte persönlich eine Anzeige unter ›Suche Partner für Sado-Maso-Praktiken‹ aufgegeben hätte. Das alles wird heute unter ›Privatsphäre‹ abgehakt.«

»Das glaube ich auch«, bestätigte Mama, »dieser Anschlag galt Ahmet.«

»Ich bin nur froh«, sagte Ahmet, »dass ihr nicht denkt, ich hätte die Anzeige selbst aufgegeben.«

Wieder ergriff Mama das Wort: »Mein lieber Schwiegersohn«, sagte sie, »welcher Mann ist schon so blöd, die Festnetznummer der gemeinsamen Wohnung anzugeben? Neben der Tatsache, dass du Aufregung hasst und im Moment aussiehst wie ein verängstigtes Kaninchen, weil Dutzende von Frauen das Halali auf dich blasen.«

»Versteht ihr das?«, fragte Ahmet, »es heißt doch immer, die türkischen Frauen seien scheu und zurückhaltend – die meisten jedenfalls«, fügte er hinzu, als er die erstaunten Blicke im Raum wahrnahm, »könnt ihr euch vorstellen, bei einem wildfremden Mann anzurufen und offen zuzugeben, dass ihr auf der Suche nach einem Partner seid?«

»Ich kann mir alles vorstellen«, antwortete Tante Semra, »irgendwann kommt der Zeitpunkt, an dem unverheiratete Frauen für die Männer unsichtbar sind und von den verheirateten Frauen wie alte Jungfern behandelt werden. Dann werden sie natürlich alles daransetzen, einen Mann zu ergattern.«

»Und anscheinend bin ich eine gute Partie.«, sagte Ahmet lachend, »so viele Frauen rufen an und wollen mich heiraten.«

»Nicht dich wollen sie heiraten, mein lieber Schwiegersohn«, gab Mama zurück, »sondern den Mann aus der Anzeige!«

»Lasst ihm doch die Illusion«, sagte Alfred, »so mancher Hahn meint, dass die Sonne seinetwegen aufgeht.«

»Guter Spruch, ist der von dir?«

»Leider nicht, das hat schon Theodor Fontane gesagt.«

Sonntagabend gab es noch einmal einen Quantensprung, was die Qualität der Anrufe anging. Ein Mann machte Ahmet den Vorschlag, es mit Männern zu versuchen.

»Hören Sie, ich bin nicht schwul«, rief Ahmet in den Hörer.

»Woher willst du das wissen, Schätzchen«, antwortete sein Gegenüber ungerührt, »wenn du es noch nie ausprobiert hast?«

Montagmorgen rief Ahmet bei der Hürriyet an und machte seiner Empörung Luft.

»Es tut mir so leid für Sie«, sagte die Frau in der Anzeigenabteilung, »bedauerlicherweise kommt diese Art von Scherz bei Türken sehr häufig vor. Deswegen rufen wir bei Anzeigen von Frauen immer erst auf der Nummer zurück, um uns zu vergewissern.«

»Und warum nicht bei Männern?«, fragte Ahmet.

»Bis jetzt waren nur Frauen Zielobjekt, Sie sind der erste Mann, bei dem man sich diesen Scherz erlaubt.«

»Sagten Sie Scherz? Wissen Sie, was ich seit zwei Tagen durchmache?«

»Das tut uns wirklich sehr leid!«

»Und darf ich jetzt erfahren, wer die Anzeige aufgegeben hat?«

»Nach der Mail, die mir vorliegt: Sie!«

»Wie bitte? Wollen Sie mich in den Wahnsinn treiben?«

Ahmets Verzweiflung zeigte Wirkung: »Ich verstehe ja, dass Sie wissen wollen, wer sich diesen dummen Scherz – ich meine natürlich diese Untat – mit Ihnen erlaubt hat«, sagte die Frau. »Ich überlege, wie ich Ihnen helfen kann. Vielleicht können wir die Mail an Sie weiterleiten, und Sie schauen, ob Sie den Absender erkennen – schließlich soll es ja Ihre Anzeige sein, nicht wahr?«

»Sieht ganz so aus, wenn alle türkischsprachigen ledigen Frauen auf diesem Planeten mich anrufen.«

»Daran sehen Sie auch, welchen Verbreitungsgrad unsere Zeitung hat.«

»Jetzt hören Sie mit der Werbung auf und schicken Sie mir die Mail. … Wenn wir Glück haben, dann sagt uns die Mailadresse etwas«, meinte Ahmet, während wir auf den Posteingang warteten. »Wenn nicht, werden wir nie erfahren, wer es gewesen ist.«

In diesem Moment machte es »Ping!« aus dem Rechner, das Zeichen dafür, dass eine Nachricht angekommen war.

»Glückauf!«

»Da haben wir ja vor lauter Bäumen den Wald nicht gesehen«, sagte Ahmet, nach zwei Tagen Frust wieder mit zufriedener Stimme, »die Mail ist vom Rechner eines wichtigen Managers in einem weltweit operierenden Großunternehmen abgeschickt worden.«

»Nein! Du meinst doch nicht etwa den wichtigen Manager, dessen Name das Synonym für ›neureicher Macho‹ ist?«

»Genau den Herrn meine ich. Der uns immer erzählt, dass er so hart arbeiten muss. Ich frage mich, woher er im Büro die Zeit findet, Mails mit Heiratsanzeigen aufzusetzen.«

»Die Frage ist doch nicht, wann er das gemacht hat, sondern warum?«

»Er mag mich nicht, weil er mich nicht beeindrucken kann. Außerdem bin ich eine Provokation für seine Art von Männlichkeit, allein das Gelächter über seinen Puffbesuch vor ein paar Wochen, von dem ihm Nihal garantiert berichtet hat. Den Frauen kann er das nachsehen, Friedrich auch, aber nicht einem ›türkischen‹ Mann.«

»Du meinst, er wollte dich herausfordern?«

»Herausfordern, auf die Probe stellen. Jedenfalls wollte er mich ärgern.«

»Wie gehst du damit um?«

»Ich werde ihn natürlich damit konfrontieren, aber er ist glitschig wie ein Fisch. Jede Wette, dass er sich mit einer müden Erklärung herauswinden wird.«

Die politische Entjungferung

Wir waren alle nach Wiesbaden eingeladen, zu Alfred und neuerdings auch Tante Gül. Obwohl ich eigentlich gar keine Zeit hatte, hatten mich Neugier und Familiensolidarität zur Reise getrieben. Alfred freute sich immer, mich zu sehen, war es doch für ihn eine Gelegenheit, in alten Zeiten zu schwelgen und mir ein wenig auf den politischen Zahn zu fühlen. Eine Gelegenheit dazu bot sich immer. Diesmal lieferte Lukas den Anlass, der erzählte, dass ich in einer Zeitung als »Berufspolitikerin« bezeichnet worden sei.

»Tante Lale gehört jetzt dazu«, sagte er, »wenn sie schon Berufspolitikerin genannt wird.«

»Sagt mal, gibt es den Beruf des Politikers überhaupt?«, Hilal schüttelte den Kopf. »Das Wort ›Berufspolitiker‹ impliziert ja, dass dieser Zustand dem eines ordentlichen Berufes gleichgestellt wird. So wie ein Bäcker oder Elektriker.«

»Mama, tu nicht so naiv, du weißt genau, dass Leute, die Geld dafür bekommen, Berufspolitiker genannt werden.« Jetzt schüttelte Lukas den Kopf.

»Du meinst, deine Tante wird Berufspolitikerin genannt, weil sie Diäten für ihre Arbeit im Bundestag bekommt? Wegen der Knete?«

»Wegen der Knete«, wiederholte Friedrich.

»Das ist doch Quatsch«, sagte Hilal, »nur weil man Geld für eine Tätigkeit bekommt, ist sie noch lange kein Beruf. Denkt doch mal nach, der Mafioso verdient ja auch Geld mit seinen Geschäften, aber es ist trotzdem kein Beruf!«

»Es gibt ja auch den ›Berufskiller‹«, warf Lukas ein, »der hat auch keine Gesellenprüfung abgelegt, aber wie der Name schon sagt, es ist ein Beruf. … Wisst ihr, was ich denke?«, fuhr er nach einer kleinen Pause fort, »Berufskiller und Berufspolitiker drücken im Grunde genommen sprachlich das Gleiche aus: Leute, die etwas besonders gut können, verdienen Geld damit, und erklären es somit zu ihrem Beruf.«

»Und gewisse Parallelen sind auch nicht zu übersehen«, ergänzte Alfred, »in beiden Branchen muss der Gegner ausgeschaltet werden, und für beide Branchen braucht es keinerlei akademische oder schulische Voraussetzungen – es ist sogar kontraproduktiv, zu sehr verkopft zu sein –, sondern bestimmte Fähigkeiten: Der Killer braucht neben einer ruhigen Hand und taktischem Vermögen eine gehörige Portion Skrupellosigkeit; und beim Politiker ist es auch nicht viel anders.«

»Und wenn der Gegner ausgeschaltet ist, wird er als politisch tot deklariert«, stellte Lukas zufrieden fest und freute sich, dass er die Analogien so gut erkannt hatte.

»Alfred, ich finde deine Vergleiche geschmacklos und sehr unpassend«, sagte Tante Gül mit tadelnder Stimme und machte Alfred heimlich ein Zeichen, er solle aufhören, aber wir alle sahen es.

»Im Gegenteil, ich finde sie sehr bemerkenswert«, sagte Friedrich, »Lale, meine Liebe, jetzt bist du schon im Bundestag und hast uns Politik nie so leicht verständlich erklärt.«

»Nun, Friedrich, mein Lieber«, entgegnete ich lachend, »ich sehe es auch ein wenig anders als Alfred. Der Killer betreibt sein Geschäft im Dunkeln, und ich stehe im Lichte der Öffentlichkeit und muss für alles, was ich tue oder sage, Rechenschaft ablegen. Jede Äußerung von mir wird auf die Goldwaage gelegt, von meinen Taten ganz zu schweigen.«

»Mehr als das, als Politikerin musst du eine richtige Rampensau sein, Kindchen«, Alfred stimmte mir entschieden zu, »das ist der entscheidende Unterschied zwischen einem

Killer und einer Politikerin. Außerdem wirst du erheblich schlechter bezahlt.«

»Leider gibt es für beide Branchen kein Berufsprofil«, sagte Friedrich, »sonst könnten wir das mal überprüfen.«

»Oh«, sagte Alfred, »das würde ich nicht sagen; nach all den Jahren in der Politik könnte ich ein Berufsprofil für einen Politiker zum Besten geben.«

»Ja, wirklich?«, fragte Friedrich, interessiert, »dann würdest du endlich mal Licht in das Dunkel bringen, das für mich in dieser Beziehung herrscht.«

»Nun, fangen wir doch mal mit den körperlichen Voraussetzungen an«, sagte Alfred. »Für den Politiker braucht es einen gesunden Mann mit einer außergewöhnlichen Kondition, vor allem was das Schlafbedürfnis angeht. Er sollte schon mit drei bis vier Stunden Schlaf auskommen können. Eine kräftige Stimme ist von Vorteil, da er sich für den Rest seiner Tage Gehör verschaffen muss, auch bei eher lauten Veranstaltungen wie Volksfesten. Er sollte sehr trinkfest sein und gerne Raucher, Übergewicht stellt kein Hindernis dar, schließlich ist er ein Mann des Volkes und kein Fotomodell.«

»Aber es gibt doch kaum noch Dicke in den Führungsetagen«, entgegnete Hilal.

»Welche Führungsetagen meinst du?«, fragte Alfred. »Wahrscheinlich nicht die Führungsetagen der Politik, denn da ändert sich nicht so schnell was. Seit Shakespeare seinen Julius Cäsar ›lasst dicke Männer um mich sein‹ sagen ließ, hält man sich in der Politik an diese Devise. Und zwar mit Betonung auf ›dicke‹ und ›Männer‹. Quote hin, Quote her, Politiker ist ein Männerberuf!«

»Was ist mit den kognitiven Fähigkeiten?«, fragte Mama, die ja bekanntlich das Körperliche nicht so wichtig nahm.

»Flexibilität«, antwortete Alfred mit einem feinen Lächeln, »Flexibilität ist sozusagen erste Politikerpflicht. Latife, du musst jederzeit umschalten können, denn was heute weiß ist, könnte morgen schon schwarz sein, was man heute mit Vehemenz verteidigt, muss man möglicherweise schon morgen mit Abscheu und Empörung zurückweisen.«

»Sag doch gleich Opportunismus«, brummte Mama.

»Nein, nein«, widersprach Alfred, »das klingt zu negativ, es geht darum, den Riecher für Großwetterlagen zu haben und zu merken, wann sich der Wind dreht, und sich dann im richtigen Moment mitzudrehen, dann hat man auch gleich den Rückenwind, der einen weiter trägt. Dieser Instinkt, den ein Politiker unbedingt haben sollte, ist nicht zu verwechseln mit Sensibilität, die eher kontraproduktiv ist, denn man darf sich nichts zu Herzen nehmen. Dafür sollte der Sinn für deftigen Humor gut entwickelt sein. Das vollständige Zitat von Shakespeare heißt ja: ›Lasst dicke Männer um mich sein, die nachts gut schlafen können‹, und was bedeutet ›nachts gut schlafen‹ denn anderes, als sich nichts zu Herzen zu nehmen?«

Mama schaute mich an, selten hatte ich ihre Blicke so voller mütterlicher Gefühle gesehen. »Mein armes Kind«, murmelte sie, »wenn das alles stimmt, was Alfred hier erzählt, dann bringst du definitiv nicht die erforderlichen Fähigkeiten mit für diese Karriere. Schläfst du wenigstens gut?«

»Ja, Mama, ich schlafe immer noch wirklich gut«, antwortete ich, und schaute von der Seite Alfred an.

»Und wie steht es mit der Akzeptanz von Autoritäten bei dir?«, provozierte mich Alfred, der inzwischen sehr wohl wusste, wo meine Achillesferse war. »Die Akzeptanz von Autoritäten ist beim Berufsprofil eines Politikers eine der wichtigsten persönlichen Voraussetzungen. Als Parteisoldat muss er bereit sein, jeglicher Parteiführung, auf allen Ebenen, vom Parteivorsitzenden in Klein-Kleckersdorf über Bezirk und Land bis zum Bundesparteivorsitzenden, unbedingten Gehorsam zu leisten. Widerspruch wird bei allen Parteien nicht gern gesehen und könnte schnell für einen Karriereknick sorgen.« Alfred grinste und legte noch eine Schippe darauf: »Und mir scheint, du bist der Geist, der stets verneint.«

»Irrtum, lieber Alfred, ich bin der Geist, der manchmal verneint!«

»Du bist der Geist, der immer noch zu viel verneint. Meine Liebe; du musst lernen, immer und überall die Fahne der eigenen Partei zu schwingen und hochzuhalten, wenn du weiterkommen willst. Wenn was Gutes passiert, sofort die Rolle der eigenen Partei erwähnen, und sei es, dass die Sonne scheint. So in der Art:« – jetzt stand Alfred auf, nahm eine energische Pose ein und fing mit einem leicht pathetischen Timbre in der Stimme an – »Seit Jahren bemüht sich unsere Partei darum, dass die Sonne täglich scheint, während die anderen sich dieses Themas nie ernstlich angenommen haben. *Wir* waren es, die Projekte für das tägliche Erscheinen der Sonne ins Leben gerufen haben, *wir* waren es, die die ersten Kontakte zur Sonne aufgenommen haben, während die von der andern Seite den Dialog immer abgelehnt haben. Und Sie sehen den Erfolg unserer Bemühungen, jeden Tag scheint die Sonne, im Sommer mehr als im Winter, aber auch da werden wir unsere Bemühungen fortsetzen, um in dieser Periode Fortschritte zu erreichen.«

Die Anwesenden applaudierten stürmisch, einige riefen: »Zugabe!« Alfred verneigte sich und setzte sich wieder hin.

»Alfred, du Rampensau!«, sagte Hilal anerkennend.

»Tja«, Alfred klang wieder ganz bescheiden, »bei 30 Jahren als Lehrer vor der Klasse und ein paar Jährchen in der Lokalpolitik bleibt das nicht aus.«

»Lale, jetzt bist du dran«, sagte Tante Semra, »jetzt musst du auch was zum Besten geben.«

»In zehn Jahren«, sagte ich, »mir fehlen noch diese Erfahrungen, die Alfred in Amt und Mandat gemacht hat. Mit Betonung auf ›Erfahrung‹, bitte.« Durch ein lässiges Lächeln als Begleitung für meine Worte versuchte ich meine Unsicherheit zu verbergen.

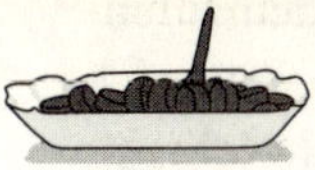

O.k., ich war jetzt direkt gewählte Wahlkreisabgeordnete für den Deutschen Bundestag (um es mal ganz korrekt auszudrücken), aber ich war parteipolitisch nicht bis zum Gral vorgedrungen, und im Bundestag war ich ein Frischling, während die anderen sich seit mindestens hundert Jahren zu kennen schienen. Meine Tage verbrachte ich in Sitzungen, meine Abende im Büro über den Akten. Wenn ich mich mal zu Wort meldete, um meine Meinung zu sagen, klang es technokratisch und kühl. Wie anders hatte es eben bei Alfred geklungen! Der Inhalt seiner Reden war natürlich Nonsens gewesen, aber die Art des Vortrages hatte richtig pathetisch geklungen.

Ich hätte Alfred fragen können, was ich anders machen musste, um auch so pathetisch zu klingen, aber ich traute ihm nicht, er war ein verbitterter alter Mann, was die Politik anging, jedenfalls redete ich mir das ein, und außerdem war er bei der Konkurrenz. Weswegen ich auch ab und an den Verdacht hegte, dass seine Erzählungen vor allem dazu dienen sollten, mich ins Bockshorn zu jagen.

Der Abend bei Alfred und Tante Gül hatte es wieder einmal gezeigt, ich war ein Grünschnabel. Ich war auf die Ratschläge von erfahrenen Leuten angewiesen, von denjenigen, die bei uns in der Firma Erfahrung gesammelt hatten: »Ich beherrsche die politische Rhetorik nicht!«, klagte ich meinen erfahrenen Genossen. Sie versuchten nicht mal aus Höflichkeit, mir zu widersprechen.

»Das ist leider so«, war die Antwort derjenigen, die es wissen mussten, derjenigen mit viel Erfahrung. »Deine Reden sind zu verkopft und sie menscheln nicht. Außerdem benutzt du zu viele Fremdwörter und du zitierst irgendwelche Wissenschaftler, von denen noch kein Mensch was gehört hat.«

In der Politik sei es sehr wichtig, sich den Wählerinnen und Wählern als Mensch zu präsentieren, als jemand, die sich nicht vom Volk abgesetzt hat.

»Leute, ich bin die Letzte, die sich absetzt in den Elfenbeinturm der Politik. Zeigt mir mal jemanden, die so wie ich 15 Jahre in sozialen Brennpunkten gearbeitet hat!« Ich war richtig erbost.

»Schön für dich. Was haben wir davon, wenn du diese Tatsache nicht in Bilder umsetzt? Du musst dem Wahlvolk zeigen, dass du ganz nah dran bist an seinen Problemen.«

»Und wie mache ich das?«

»Indem du präsent bist in der Öffentlichkeit, dort, wo das Volk ist.«

»Und wo ist das eurer Meinung nach? Wo soll ich mich denn noch zeigen?«

»Dort, wo sich unsere Zielgruppen befinden. Geh auf Jahrmärkte, Straßenfeste, Seniorennachmittage, Karnevalssitzungen, Jubiläumsfeiern. Geh bei Discountern einkaufen. Du musst das geradezu zelebrieren.«

»Und woher weiß das Volk, dass ich das bin? Soll ich mir ein Namensschild machen lassen wie bei einer Tagung?«

»Unsinn, du musst dafür sorgen, dass du von den Verantwortlichen begrüßt wirst.«

»Auch beim Discounter?«

»Da natürlich nicht, da schlenderst du einfach lächelnd an den Regalen entlang, am besten Freitagnachmittag oder Samstagvormittag.«

»Soll ich nichts einkaufen?«

»Natürlich kaufst du ein. Was Nettes. Tiernahrung zum Beispiel. Habt ihr ein Haustier?«

»Ja, eine Katze.«

»Wunderbar, du kaufst Futter für die Mieze, vielleicht kannst du die Leute sogar ansprechen und fragen, was ihre Katze so frisst.«

»In Ordnung! Und bei diesen Festen, von denen du eben gesprochen hast?«

»Da kommst du am besten hin, wenn schon alle da sind, gehst grüßend und lächelnd zum Ehrentisch. Ach so, und am besten nimmst du jemanden mit. Du musst begleitet werden, das erhöht deine Wichtigkeit.«

»Wer soll mich denn da bitte begleiten?«

»Was weiß ich, dein Ehemann, deine Mutter, oder Genosse Jürgen? Mit dem verstehst du dich doch gut.«

»Ich schäme mich, den noch zu fragen, der tut schon so viel für mich, der geht ja schon auf zig Feste mit.«

»Umso besser. Dann kann er gleich weitermachen. Es muss auch dem letzten Depp klar werden, dass du wichtig bist, verstehst du? Noch besser wären zwei Begleiter.«

»So was wie Bodyguards für Arme?«

»Mach dich nur lustig, Bodyguards dienen auch nur dazu, die Wichtigkeit der betreffenden Person hervorzuheben. Das ist politische Inszenierung. Schau nicht so skeptisch, du wirst es noch lernen.«

»Das schmeckt mir gar nicht, es reicht doch, wenn ich die Zeit absitzen muss, oder? Ich kann doch nicht auch noch die Zeit von anderen Menschen vergeuden.«

»Das ist keine vergeudete Zeit. Das ist Wahlkreispflege. Das bringt Stimmen bei der nächsten Wahl. Außerdem musst du Sprechstunden einführen. Als Wahlkreisabgeordnete hast du zu bestimmten Zeiten für die Bürgerinnen und Bürger im Wahlkreis persönlich ansprechbar zu sein. Das ist ganz wichtig, die Leute müssen das Gefühl haben, dass du ganz nah bei ihnen bist und dass du ein Ohr für ihre Sorgen und Nöte hast. Mach das am besten Samstagvormittag, da können alle, und du auch.«

»Ich dachte, ich soll Samstagvormittag beim Discounter einkaufen gehen?«

»Beides, mach es abwechselnd. Einmal gehst du einkaufen und einmal hältst du Sprechstunde.«

»O. k.«

Also Sprechstunde. Ab sofort würden im Wahlkreisbüro Sprechstunden abgehalten werden. Das war eine Sache, die auch mir einleuchtete. Die Bürgerinnen und Bürger mussten die Möglichkeit bekommen, ihre Bundestagsabgeordnete persönlich zu erreichen und ihre bundespolitischen Anliegen und Kritiken vorzutragen. Gesagt – getan. Wir legten mit der Sprechstunde los. Ich hatte Jürgen gebeten, die erste Zeit dabei zu sein, als sozialdemokratische Supervision sozusagen. Die gute Seele hatte sich sofort dazu bereit erklärt.

Es kam jedoch ein wenig anders als erwartet, d. h. die Anliegen waren andere, als ich gedacht hatte. Ein junger Mann entwickelte sich schnell zu einem Stammgast. Er kam zu jeder Sprechstunde, und anscheinend fror er entsetzlich, denn sommers wie winters hatte er dicke Pullover und Schals an. Und immer das gleiche Anliegen: die fehlende Moral in den Kölner Boulevardzeitungen.

»Ich habe die ›Bild‹ und den ›Express‹ von letzter Woche mit«, fing er an, »sehen Sie selbst, schon wieder Bilder von nackten Frauen. Das geht nicht, Sie müssen was machen, diese Zeitungen hängen an jedem Kiosk, sichtbar für Kinder.«

»Herr Dingelskirchen, da können wir leider nichts machen, nackte Brüste stellen heutzutage keine Jugendgefährdung dar.«

»Wer sagt denn so was! Diese Bilder sind pervers, sie schädigen die kindliche Seele nachhaltig!«

»Wie ich bereits letzte Woche sagte und die Woche zuvor auch: Es ist in unserem Kulturkreis nicht verboten, Abbildungen von nackten Frauenbrüsten in der Zeitung abzudrucken.«

»Das sagen Sie jede Woche, und Sie tun nichts. Sie müssen in Ihrer Fraktion dafür werben und einen Gesetzesentwurf erstellen, um diesen Dreck verbieten zu lassen!«

»Herr Dingelskirchen, ich fürchte, ich bekomme in meiner Fraktion keine Mehrheit zum Verbot von Bildern nackter Frauen in Boulevardzeitungen.«

»Sie versuchen es nicht einmal. Ich habe kleine Neffen und Nichten, und die sind gefährdet durch diese Abbildungen.«

»Ich teile Ihre Meinung überhaupt nicht. Ich glaube nicht, dass Kinderseelen Schaden nehmen an Fotos von nackten Brüsten.«

»Und ich glaube, ich wähle Sie nicht noch einmal!«

»Das müssen Sie wissen.«

Zack! Einen Wähler verloren! Und er verließ jedes Mal erbost das Büro, was ihn nicht daran hinderte, zur nächsten Sprechstunde mit den Zeitungen der letzten Woche wiederzukommen.

Die nächste Besucherin war eine ältere Dame. Sie kam gleich zur Sache: »Mein Mann ist weggelaufen, und ich erwarte, dass Sie ihn zurückholen, schließlich habe ich Sie gewählt!«

Nun, ich wusste bis dato nicht, dass es zu meinen Mandatsaufgaben zählte, weggelaufene Ehemänner zur Besinnung zu bringen, aber ich sagte das erst mal nicht.

»Wie lange waren Sie verheiratet?«

»Fast 56 Jahre.«

»Darf ich fragen, wie alt Sie sind?«

»79.«

»Und Ihr Mann?«

»Der ist 76.«

Ich machte eine kleine Anamnese, wie ich es von meinen Tagen als Psychologin gewohnt war.

»Sie wissen also, wo Ihr Mann zurzeit lebt und warum er die gemeinsame Wohnung verlassen hat?«

»Der Trottel, auf seine alten Tage will er seine Ruhe und noch was vom Leben haben, sagt er. Reden Sie ihm mal ins Gewissen, vielleicht merkt er, dass er einen Fehler gemacht hat, und kommt zurück.«

»Warum ich? Sie haben mir doch eben von Ihren Kindern und Enkeln erzählt.«

»Auf die hört er nicht. Aber Sie mag er. Hat er mir öfters gesagt, auf Sie wird er hören.«

»Schauen Sie, es mag ja sein, dass Ihr Mann meine politischen Ansichten teilt und mich politisch schätzt. Aber ich kann mir nicht vorstellen, dass er in privaten Dingen, und das ist nun einmal sehr privat, auf mich hören würde.«

»Versuchen Sie es doch mal. Sie versuchen es nicht mal! Wozu habe ich Sie gewählt?«

»Nein, ich glaube, das macht keinen Sinn, mit Ihrem Mann zu reden. Ich finde es viel zielführender, wenn Sie ausgehen und sich ein neues Leben aufbauen. Und wer weiß?«, fügte ich mit einem Lächeln hinzu. »Vielleicht lernen Sie ja auch jemanden kennen?«

»Wollen Sie mich auf den Arm nehmen?«

»Kleiner Scherz!«

»Also das ist allerhand, ich werde Sie bestimmt nicht noch mal wählen!«

Peng! Und weg war sie.

»Kennst du den?«, fragte Jürgen, nachdem die alte Dame zur Tür hinaus war. »Kommen zwei Hundertjährige zum Scheidungsanwalt. ›Wir wollen uns scheiden lassen‹, sagen sie. ›Ja, warum kommen Sie erst jetzt?‹, fragt der Anwalt. ›Nun, wir wollten damit warten, bis die Kinder tot sind.‹«

»Warum hast du den Witz nicht ihr erzählt? Sie wählt mich sowieso nicht mehr, da hätten wir sie noch ein wenig aufheitern können.«

Der nächste Bürger war ein Mann, dessen Sohn sitzengeblieben war. Er erwartete, dass ich den Schulleiter anrief und ihn dazu brachte, den Jungen doch noch zu versetzen.

»Warum ist Ihr Sohn denn sitzengeblieben?«, fragte ich vorsichtig.

»Jetzt fangen Sie auch an wie die blöde Klassenlehrerin und der noch blödere Schulleiter. Immer ist mein Sohn schuld an allem. Die beiden können ihn nicht leiden, deswegen ist er sitzengeblieben, verstehen Sie?«

Herr Dingelskirchen regte sich mächtig auf. Dann schilderte er mir in glühenden Farben den Hass, den die Klassenlehrerin und der Schulleiter auf seinen Sohn entwickelt hatten.

»Herr Dingelskirchen, ich habe das Gefühl, Sie steigern sich da in etwas hinein. Jede Schule freut sich über erfolgreiche Kinder.«

Aber Herr Dingelskirchen war nicht zu beruhigen.

»Hören Sie auf, mir Balladen über nette Pädagogen vorzutragen, weisen Sie diesen Schulleiter zurecht!«

»Das kann ich nicht, Herr Dingelskirchen, wir haben Gewaltenteilung, ich sitze in der Legislative, der Schulleiter in der Exekutive. Es ist ein Grundsatz der Demokratie, dass wir als Legislative die Gesetze machen, aber uns in keiner Weise in die Arbeit der Exekutive einmischen. Ich darf das gar nicht.«

»Sagen Sie doch gleich, dass Sie nicht wollen!«

»Das hat mit Wollen nichts zu tun, ich darf es nicht.«

»Sind Sie nicht Abgeordnete?«

»Ja, das bin ich, aber das heißt doch nicht, dass ich dem Schulleiter sagen kann, welches Kind versetzt wird und welches sitzenbleibt.«

»Natürlich können Sie das! Sie sind eine mächtige Frau. Zeigen Sie ihm, wer stärker ist, zeigen Sie ihm seine Grenzen.«

»Das kann ich nicht, das müssen Sie verstehen.«

»Dann müssen Sie auch verstehen, dass ich Sie zum letzten Mal gewählt habe!«

Schon wieder einen Wähler verloren!

Der letzte Bürger an dem Samstag war ein Türke.

»Kann der Mann da hinten raus, während wir miteinander reden?«, fragte er mich.

»Dieser Mann da hinten ist absolut vertrauenswürdig.«

»Also gut. Wenn Sie meinen. Ich komme nicht, weil ich ein Problem habe, ich habe ein besonderes Anliegen. Ich möchte, dass mein Schwager als Arbeitnehmer nach Deutschland kommt.«

»Aus der Türkei?«

»Ja.«

»Das ist so: Da die Türkei nicht in der EU ist, kann Ihr Schwager nur mit einer besonderen Arbeitserlaubnis in Deutschland arbeiten. Es muss sich um einen Beruf handeln, für den Mangel an Fachleuten herrscht, und Ihr Schwager müsste der Fachmann sein, der diesen Beruf ausüben kann. Wissen Sie, so was wie Fußballer oder Spezialitätenkoch oder Balletttänzer. Hat Ihr Schwager eine besondere Profession? Etwas, was ihn als Arbeitskraft auszeichnet, praktisch unersetzlich macht?«

Der Mann nickte. »Er hat eine körperliche Besonderheit, die er beruflich sehr gut einsetzen könnte. Deswegen wollte ich Sie ja unter vier Augen sprechen, Frau Doktor, die Sache ist ein wenig …«, er suchte nach Worten, »… speziell.« Jetzt drehte er sich noch einmal nach Jürgen um, bevor er mit leiser Stimme weiter sprach: »Frau Doktor, mein Schwager könnte hier ein großer Pornostar werden. Der hat einen – Sie wissen schon –, so was haben Sie noch nicht gesehen, Frau Doktor, mindestens 30 Zentimeter!«

Er deutete mit den Händen die Länge an, so dass wir eine ungefähre Vorstellung von der Größe hatten. Wenn das stimmte – beeindruckend! Jürgen gab ein Geräusch von sich, was sich nach Keuchhusten anhörte. Konnte man mit 60 Jahren noch Keuchhusten bekommen?

Ich musste etwas zweifelnd geschaut haben, denn der Mann fuhr fort: »Schon als Kind sind ihm alle im Dorf nachgelaufen und haben ihn aufgefordert, er solle sein Ding zeigen. Als er dann merkte, dass es etwas Besonderes ist, wollte er Geld dafür haben. Und ich sage Ihnen, die anderen Kinder haben ihm Geld dafür gegeben, damit er es zeigte. Und als ich dann vor einigen Tagen mit meinen Freunden – entschuldigen Sie bitte, aber Männer machen das ...« Er wurde rot.

»Was machen Männer?«

»Na, Pornos gucken!« Er grinste mich vielsagend an. »Guckt Ihr Mann nie Pornos?«

»Nicht dass ich wüsste.«

Sein Grinsen war jetzt nicht mehr vielsagend, sondern mitleidig angesichts meiner Naivität. »Na ja, das ist jetzt auch egal. Also wie ich mit meinen Freunden Pornos gucke, da denke ich, die Dinger, mit denen die im Film posieren, sind nichts gegen das von meinem Schwager, und der hat auch keine Scheu, es zu zeigen, der macht das ja praktisch, seitdem er denken kann. Also habe ich ihn angerufen und gefragt, ob er nicht in Deutschland ein Pornostar werden will. Der hat sich vielleicht gefreut, er würde am liebsten morgen kommen.«

»Ja, ich kann das nicht so beurteilen. Denken Sie, dass die Pornoindustrie in Deutschland ihn braucht?«

»Wenn die von der Pornoindustrie sein Ding sehen würden, würden sie alle anderen Männer entlassen und nur noch ihn beschäftigen.«

»Dann würde Ihr armer Schwager aber bald tot umfallen vor Erschöpfung!«

Diese Worte waren als Scherz gedacht, quasi um die Situation ein wenig zu entschärfen. Aber mein Besucher hatte sie als ein Versprechen aufgefasst, dass der Schwager bald einreisen könne. Vielleicht sollte ich in der Sprechstunde nicht scherzen.

»Im Ernst, Frau Doktor? Kann er kommen?«

»Ich kann Ihnen nichts versprechen, aber wir werden uns schlau machen, ob der Beruf des Pornodarstellers als Mangelberuf gilt, und dadurch Ihrem Schwager eine Erlaubnis zur Arbeitsaufnahme gegeben werden kann.«

»Danke, Frau Doktor, vielen Dank!«

»Hören Sie, ich kann Ihnen nichts versprechen.«

»Aber Sie erkundigen sich und ich sage Ihnen, wenn die in der Deutschen Botschaft in Ankara sein Ding sehen, dann bekommt er sofort ein Visum.«

»Ich glaube nicht, dass man in der Deutschen Botschaft eine Kostprobe seines Könnens abliefern muss. Jedenfalls habe ich noch nie gehört, dass Balletttänzer vortanzen und Fußballspieler vordribbeln müssen.«

»Also, ich kann Sie ja leider nicht wählen, Frau Doktor, ich bin türkischer Staatsbürger, aber wenn ich wählen dürfte, hätten Sie meine Stimme!«

»Als Investition für die nächste Wahl betrachtet sind diese Sprechstunden nicht sehr ergiebig«, stellte Jürgen trocken fest, nachdem der Mann gegangen war. »Wir hatten heute vier Bürger zum Gespräch, von denen wollen dich drei nicht mehr wählen und der vierte kann dich gar nicht wählen.«

»Ja, der heutige Vormittag war frustrierend, was soll ich denn machen?«

»Du bist zu direkt; die Leute wollen das, was du ihnen sagst, gar nicht hören.«

»Und was soll ich deiner Meinung nach tun?«

»Ich habe da was gelesen, von einem spanischen Philosophen namens Ortega y Gasset, das solltest du beherzigen. Warte mal, ich habe es dabei.« Jürgen suchte umständlich nach dem Zeitungsschnipsel. »Da ist es, hör jetzt gut zu. Er sagt: ›Der Politiker ist nicht gehalten, zu sagen, was er denkt. Er ist kein Lyriker. Lügen, mindestens innerhalb gewisser Grenzen, ist seine Pflicht.‹«

»Ach, Jürgen, Liebchen!«

»Nein, im Ernst: Ich sage dir jetzt, was du tun musst: Dem Neurotiker musst du recht geben und sagen, dass wir in einer perversen Gesellschaft leben, und dass alle Zeitungen mit nackten Frauenoberkörpern verboten gehören. Der Oma musst du sagen, dass ihr Mann einen Schuss durch die Mütze hat und dass du ihm die Leviten lesen wirst. Dem Vater sagst du, dass du dem Schulleiter schon zeigen wirst, wo der Hammer hängt, und vor allem dass du die Herrin über den Hammer bist. Und dem Türken sagst du, dass Deutschland auf seinen Schwager wartet, und dass du die Premiere von seinem ersten abendfüllenden Porno besuchen wirst. Er kann dich vielleicht nicht wählen, aber er hat Freunde und Verwandte, die dich wählen könnten.«

»Die Kinobesucher nicht zu vergessen!«

»Ja, auch die. Alles Stimmen. So gewinnt man Wahlen; ansonsten sehe ich schwarz für uns.«

»Du meinst wohl, du siehst schwarz-gelb.«

»Im wahrsten Sinne des Wortes.«

Während ich mich an die Anweisungen meiner erfahrenen Genossen zu halten versuchte, braute sich eine dunkle Wolke über mir zusammen, von der ich nichts ahnte. Diese Wolke betraf mein Äußeres. Ich hatte mich so gekleidet, wie ich meinte, dass es für mein neues Amt passend wäre. Die Blicke, denen ich seitens meiner Parteigenossen häufig ausgesetzt war, jedenfalls häufiger als in meinem anderen Leben, definierte ich durch das bisher Erlebte als eine Mischung aus Neugier und Skepsis. Nie im Leben wäre ich darauf gekommen, dass es wohl auch meine Kleidung betraf. Es kam heraus, als eine Kollegin den Mut hatte, mich aufzuklären, sich sichtlich unbehaglich fühlend in ihrer Haut: »Du, ich muss was mit dir besprechen!«

Hui! Was hatte ich wieder falsch gemacht? Tausend Dinge gingen mir durch den Kopf. »Ja?«, fragte ich, mit einer leicht piepsigen Stimme.

»Man tuschelt über dich in der Fraktion.«

Das ist mir klar, mein Mädchen, das bekomme ich auch so mit! »Und was sagt man sich so?« Ich versuchte Selbstbewusstsein in meine Stimme zu legen.

»Man sagt, dass du zu schick bist. Wortwörtlich sagte ein Genosse gestern: Sie sieht aus wie eine CDU-Frau!«

»Und wie sieht der Genosse aus?«

»Wie wir alle.«

»Und was heißt ›wie wir alle‹?«

»Das heißt sozialdemokratisch.«

»…?«

Zu Hause, in der Freitagsrunde, machte ich meinem Ärger Luft: »Es wird getuschelt, ich sei zu schick! Ich würde aussehen wie eine CDU-Frau. Könnt ihr euch das vorstellen?«

»Natürlich können wir uns das vorstellen«, sagte Hilal, »aber zu deiner Beruhigung: Es stimmt nicht. Du siehst anders aus, schicker als die CDU-Frauen. Die sehen hausbacken aus, aber nicht schick. Wäre ja noch schöner, wenn nicht«, fügte sie hinzu, »wo ich doch deine Stilberaterin bin.«

»Du hast mir das alles eingebrockt«, schimpfte ich. »Du warst es, die mir gesagt hat, ich müsse mich angemessen anziehen. Und die mit mir auch noch einkaufen gegangen ist.«

»Was zickst du hier so rum? Natürlich habe ich das gesagt, und ich stehe dazu. Und ich habe recht«, fügte sie hinzu, »lass dich doch nicht von diesen Leuten verunsichern.«

»Was ist denn verkehrt an deiner Kleidung«, mischte sich jetzt Dilara ein. »Ich meine, wie laufen die anderen Frauen herum? Gibt es so etwas wie einen gemeinsamen Nenner bei deinen Genossinnen?«

Ich dachte nach. »Ich weiß nicht so recht«, antwortete ich zögernd.

»Dann schau mal genauer hin«, sagte Hilal. »Du hast die Leute doch vor deiner Nase.«

(Eine kleine Anmerkung: Inzwischen identifiziere ich einen Sozialdemokraten auf den ersten Blick. Das ist eine

Frage der Erfahrung. Genau wie die Metzgereifachverkäuferin nach 20 Berufsjahren genau 200 Gramm Hackfleisch auf die Waage wirft und nicht 170 oder 210.)

»Wie geht es meinem schwarzen Schaf bei den Roten?«, fragte Hilal ein paar Wochen später. »Meckern deine Parteifreunde immer noch über dein Aussehen?«

Ich zuckte mit den Schultern. »Mir ist nach diesem Gespräch mit der Kollegin nichts mehr zu Ohren gekommen. Aber ich merke natürlich, dass sie mich sehr kritisch anschauen.«

»Hast du auch mal kritisch ›gegengeschaut‹? Weißt du jetzt, wodurch sich sozialdemokratische Kleidung auszeichnet?«

Ich grinste. »Nun, ich habe verstanden, dass wir in unserem Äußeren das Proletarische mit dem gesellschaftlich Akzeptierten zusammenbringen müssen. Die Kleidung darf nicht zu elegant sein, das würde gegen das Sozi-Selbstverständnis verstoßen, aber auch nicht zu ungepflegt, dann würden wir von den anderen nicht mehr ernst genommen werden.«

»Mein Gott«, sagte Hilal, »die Quadratur des Kreises, würde ich behaupten, dann hängt ihr armen Sozialdemokraten ja kleidungstechnisch zwischen Baum und Borke.«

»Nicht nur kleidungsmäßig«, warf Alfred boshaft ein, aber Hilal interessierte sich im Moment nicht für politische Analysen, sondern für die Übersetzung des Sozialdemokratischen in die Sprache der Kleidung. Deswegen fuhr sie fort:

»Soll heißen: Ihr hängt zwischen Chanel und C&A, oder zwischen H&M und Hugo Boss. O.k. Ich habe verstanden und fasse zusammen: Aus der Synthese divergierender Vorstellungen entsteht der sozialdemokratische Schick.« Sie dachte nach und ein Lächeln glitt auf einmal über ihr Gesicht: »Jetzt entschlüssele ich auch das Outfit deiner männlichen Genossen«, sinnierte sie weiter. »Ich habe bei den Talkshows immer gedacht, warum tragen die Typen diese unmöglichen Kombinationen: karierte Jacke mit gestreiftem Hemd und gemusterter Krawatte, gestreifte Jacke mit gemustertem Hemd und karierter Krawatte oder gemusterte Jacke mit kariertem Hemd und gestreifter Krawatte.«

»Hör auf«, schrie Ahmet, »ich bekomme vor Lachen keine Luft mehr.«

»In Ordnung«, sagte Hilal, »ich setze diese Reihe nicht fort, ich wollte sowieso zur Beinkleidung übergehen. Da sehen wir Jeans. Immer nur Jeans. Jeans und karierte Jacke scheint die sozialdemokratische Damit-kann-man-nichts-falsch-machen-Kombination zu sein. Oben bürgerlich, unten proletarisch, wenn ich das mal ins Politische übertragen darf.«

Hilal grübelte sichtlich. »Wisst ihr, worüber ich gerade nachdenke?«, sagte sie. »Über die Farbzusammenstellungen sozialdemokratischer Kleidung, die kann ich jetzt politisch nicht so richtig deuten, aber auch das wird schon seinen höheren Sinn haben, vor allem seinen politischen Sinn. Warum sonst sollte ein Mann eine indigoblaue Hose mit einer braun-grün-gelb karierten Jacke, einem rosagrundig gemusterten Hemd und einer roten Krawatte kombinieren? Ganz ohne Not und äußeren Zwang?«

»Glaubst du, dass es eine Korrelation gibt zwischen der politischen Weltanschauung und den Farbrezeptoren im menschlichen Auge?«, fragte Tante Gül. »Ich meine, diese Frage ist noch nie wissenschaftlich untersucht worden, aber die Hypothese drängt sich nach Hilals Beschreibung geradezu auf.«

Dieser Frage wurde auch diesmal nicht nachgegangen, da den Anwesenden nicht klar war, ob Gül sie ernsthaft stellte oder nur ihrem CDU-Alfred zuliebe.

»Was ist denn mit den Frauen?«, fragte Tante Semra. »Schließlich kann Lale ja nicht in Jeans und karierten Jacken herumlaufen.«

»Für Lale wird die Sache schwer«, sagte Hilal, »weil es bei

den Frauen nicht diese organisch gewachsenen Sozi-Basics gibt. Aber wahrscheinlich muss auch sie bei der Zusammenstellung ihrer Garderobe die Versöhnung des Proletarischen mit dem Zeitgeist im Auge behalten.«

»Und wie funktioniert das?«, fragte Tante Semra, die immer mehr Gefallen an dieser Diskussion fand, da auch sie – wenn auch in einer anderen Kategorie als Hilal – zu den schicken Frauen der Familie gehörte.

»Nun«, Hilal dachte nach, und in ihrem Gesicht konnte man diese Mischung aus Faszination und Ekel sehen, »wahrscheinlich muss sie das modische ›Geht gar nicht‹ zum ›Geht sehr wohl‹ umpolen. Aber das ist nicht zu verwechseln mit einem geschickt eingesetzten Stilbruch wie Socken in Sandalen.«

»Nur bei Frauen natürlich«, warf Tante Gül ein, »bei Männern wäre das ja schon wieder sozialdemokratischer Schick.«

Alle lachten, und ich war mir jetzt vollkommen sicher, dass sie bei Alfred Punkte sammeln wollte. Meine Tante! Für einen Moment spielte ich mit dem Gedanken, die beiden aus dem Freitagscafé auszuschließen.

»Wie wäre es, wenn du es mit Bequemschuhen unter klassischen Kostümen versuchst, oder mit einem überdimensionalen und zur Kleidung nicht recht passenden Tuch um den Hals?«, sagte jetzt Hilal nach der grundlegenden Analyse der Situation. »Du kannst auch viel Rot tragen. Rot ist eine gefährliche Farbe, jetzt nicht politisch, da ist sie ja genau die richtige für dich, aber stylingmäßig. Rot zieht alle Blicke auf sich, deswegen muss die Kleidung mit Liebe zum Detail zusammengestellt, ja geradezu komponiert werden. Wenn du nicht aufpasst, kannst du schneller sozialdemokratisch aussehen, als dir lieb ist.«

»Ach, das ist doch alles nicht dein Ernst, Hilal. Was mache ich jetzt bloß?«

»Wie? Was mache ich jetzt?«, fauchte Hilal. »Du wirst den

von mir für dich eingeschlagenen Weg der Kleidung weiter gehen, meine Liebe.«

»Aber man redet über mich«, flüsterte ich unglücklich, »ich bin nicht integriert!«

»Es heißt doch immer, Integration sei keine Einbahnstraße«, sagte Dilara und grinste. »Wie wäre es, wenn sie dir ein bisschen entgegenkommen mit deinen High Heels und Designerblusen, schließlich trägst du ja kein Kopftuch. Oder wolltest du jetzt doch anfangen, in Bequemschuhen herumzulaufen?« Alle lachten.

»Nie und nimmer!«, sagte ich entschieden. »Ich gehe jetzt seit meinem sechzehnten Lebensjahr auf High Heels durchs Leben und ich möchte mit ihnen begraben werden!«

»Das ist doch mal ein Wort«, sagte Ahmet, »obwohl ich ja der Meinung bin, dass diese Absätze ungesund sind, und du irgendwann Rückenprobleme bekommen wirst.«

»Na und?«, parierte Dilara. »Die einen rauchen und saufen, meine Tante trägt High Heels. Irgendein Laster muss der Mensch schließlich haben!«

Blaue Pillen für rote Genossen

Hilals Frage, woher ich so gut über das Sexualleben meiner Bundestagskollegen Bescheid wisse, hatte ins Schwarze getroffen – vielmehr ins Blaue. Aber ich hatte ihr natürlich nicht verraten können, warum das so war. Es war nämlich so, dass einige von ihnen mich in die Geheimnisse bestimmter Problematiken eingeweiht und dann in einer geheimen und höchst wichtigen Mission eingesetzt hatten.

Es gibt viele Sorten von Männern: kluge und dumme, erfolgreiche und erfolglose, charmante und Kotzbrocken, Schmusekater und Choleriker, konstruktive und destruktive, sie mögen ganz unterschiedlich gestrickt sein, aber eine Sache ist ihnen allen gemeinsam: Potenz ist für sie von überragender Wichtigkeit. Sowohl die Potenz ihres kleinen Freundes als auch die Potenz im übertragenen Sinne. Als Psychologin habe ich Menschen in den unterschiedlichsten Lebenssituationen kennengelernt, glauben Sie mir, nirgends war die Verzweiflung so groß wie bei impotenten Männern, und das über alle kulturellen und gesellschaftlichen Schranken hinweg.

Ich dachte immer, durch meine therapeutische Tätigkeit hätte ich die Männer zur Genüge kennengelernt, bis ich in die aktive Politik einstieg. Dort begegnete ich einer ganz neuen Spezies, eben Männern in der Politik. Bei denen ging es nicht mehr allein um Potenz und Schein und Sein, bei denen ging es darum, durch Alchemie Schein in Sein zu verwandeln. Darum müssen wir bei Männern in der Politik nicht allein die Potenz betrachten, sondern den Potenzexponenten, das ist – mathematisch gesprochen – die Hochzahl einer Potenz. Die Politiker leben bekanntlich auf der Überholspur und sie leben dort gerne. Sie arbeiten 20 Stunden am Tag, an drei Orten gleichzeitig, sie schlafen nie, dafür schlafen sie umso mehr mit Frauen. Das schnelle Leben hält leider die Zeit nicht an, im Gegenteil, es nagt ganz schön an ihnen, und an bestimmten Körperteilen ganz besonders. Aus der Hochzahl Drei (für dreimal die Nacht) wird unmerklich eine Zwei, dann eine Eins und dann irgendwann sehr deutlich eine Null. Das bedeutete für die Betroffenen ein Drama und für mich Arbeit.

Aber alles der Reihe nach: Früher, ich meine ganz früher, so in den sechziger und siebziger Jahren, mangelte es in der Türkei an gewissen Konsumgütern. Deswegen schickten die Menschen »Wunschlisten« nach Europa, in unserem Fall nach Deutschland, wo es all die Herrlichkeiten gab, die auch Türken unbedingt besitzen wollten: Wundergeräte, die Cellulitis wegmassieren konnten oder Körperhaare entfernen, mobile Trockenhauben, deutsche Erfindungen wie den Büstenhalter mit dem Zauberkreuz, Badeanzüge mit hohem Lycra-Anteil, die, kaum dass man aus dem Wasser war, sofort am Leib trocken wurden, dazu Schokolade, viel Schokolade, am liebsten Schweizer Ursprungs und französische Kosmetika und Parfüms.

Mama erstellte vor ihren Türkeireisen jeweils eine ausführliche Einkaufsliste, und dann arbeitete sie fröhlich die Liste ab. Manchmal gefiel den Bestellern die bestellte Ware nicht, obwohl Mama doch haargenau das besorgt hatte, um was sie sie gebeten hatten. »Ich hatte mir das anders vorgestellt«, hieß es dann ganz banal.

Die ersten Jahre ärgerte sich Mama kolossal über dieses Benehmen, weil die Besteller allen Ernstes von ihr erwarteten, dass sie die Ware wieder mit nach Deutschland nahm und zurückgab. Mit den Jahren wurde sie immer gelassener. Wenn jemand meckerte, dann lachte sie und sagte: »Was soll's, dann muss ich diesen wunderschönen Herrenrasierer eben selber benutzen.«

Ab Mitte der achtziger Jahre liberalisierte sich der türkische Markt und die Bestellungen nahmen merklich ab, weil es auch in der Türkei endlich all die Wonderbras und Wunderbikinis und all die anderen wunderlichen Konsumartikel zu kaufen gab. Auch der private Import in die andere Richtung – von diversen Nüssen, Trockenfrüchten und ähnlichen Delikatessen – war irgendwann Vergangenheit, weil es inzwischen in Deutschland alles zu kaufen gab, was der Gaumen des Türken begehrte. Nur eine Sache blieb noch lange bestehen und wurde sehr ernst genommen: das war der Handel mit lebensrettenden Medikamenten, die es in der Türkei einfach nicht zu kaufen gab. Diese wurden dann sofort besorgt und zum Flughafen gefahren, wo man die Medikamente der nächsten Maschine mitgab.

Das funktionierte jahrzehntelang immer nur in eine Richtung. Deutschland war ein Flaggschiff der pharmazeutischen Industrie, folglich wurden Medikamente aus Deutschland in die Türkei geschickt. Bis mir irgendwann, Anfang der neunziger Jahre, auffiel, dass die Türkei vom Importland zum Exportland geworden war, was Medikamente anging – natürlich nicht im großen Stil, aber für den privaten Gebrauch. Es lebe der Kapitalismus! Und die Preispolitik der großen Pharmakonzerne! Überall in den Touristenzentren boten Apotheken auf einmal gängige Medikamente wohlfeil, die durch die Preiskalkulation der Pharmakonzerne in der Türkei viel billiger waren, ja sie kosteten nur einen Bruchteil dessen, was man in Deutschland bezahlen musste. Alle packten sich die Koffer voll mit Aspirin und Hautsalben bekannter deutscher und Schweizer Pharmakonzerne.

Die Medikamente waren nicht nur erheblich billiger, sondern auch rezeptfrei zu haben. Einmal im Urlaub in der Türkei gut gehamstert, konnte man das Jahr problemlos angehen, denn rezeptfrei waren ja nicht nur Schmerz- und Abführmittel, sondern auch diverse Verhütungs- und Potenzmittel. Das führte dazu, dass in den bekannten Urlaubsorten mehr Apotheken eröffneten als Speiselokale. Auch unsere Stammapotheke in Çeşme, einem kleinen Ferienort an der Ägäis, machte eine sichtbare Veränderung durch. Aus der unscheinbaren Apotheke, die all die Jahre »nur« eine Versorgungsfunktion gehabt hatte, wurde ein florierender Laden. Der Apotheker baute um, stellte neue Mitarbeiter ein und dekorierte sein Schaufenster mit den Top Ten der meistgefragten Mittel. Zum Vergleich der eigenen Dumping-Preise wies er auch die Ladenpreise in Deutschland, Frankreich und der Schweiz aus. Am Eingang machte ein Schild darauf aufmerksam, dass in dieser Apotheke nicht nur alle möglichen Fremdsprachen gesprochen, sondern auch die gängigen Kreditkarten akzeptiert wurden.

»Du wirst auf deine alten Tage noch ein reicher Mann«, sagte ich zu dem Apotheker bei einem Besuch.

Er lachte: »Dank deiner neuen Landsleute, meine Tochter.«

Einmal hatte ich sogar als Dolmetscherin fungieren dürfen. Es war morgens um neun Uhr, der Ferienort schlief noch, ich ging gerade zum Bäcker und hatte beim Vorbeigehen den Apotheker begrüßt, der seinen Laden aufmachte. Die Frau, die offensichtlich schon auf den Apotheker gewartet hatte, hatte ich mit Erstaunen wahrgenommen.

Auf einmal stand der alte Mann neben mir: »Kannst du mal gleich in die Apotheke kommen, wenn du hier fertig bist?«

»Was ist los?«

»Eine deutsche Kundin. Ich brauche deine Hilfe als Dolmetscherin.«

»Ich dachte, ›man spricht Deutsch‹ in deinem Laden.«

»Nicht um neun Uhr morgens, da bin ich alleine.«

»Ich komme gleich.«

Drinnen stand die Frau, die ich vor der Apotheke gesehen hatte.

»Sie will einen Schwangerschaftsfrüherkennungstest«, sagte der Apotheker, »das habe ich verstanden. Habe ich auch richtig verstanden, dass sie erst vor wenigen Stunden Geschlechtsverkehr hatte, und jetzt sofort festgestellt haben will, ob sie schwanger ist?«

Genauso war es, der alte Fuchs sprach zwar kaum Deutsch, dafür hatte er Lebenserfahrung.

»Sagst du ihr bitte, dass es auf der ganzen Welt keinen Schwangerschaftstest gibt, der vier Stunden nach dem Geschlechtsakt die Schwangerschaft feststellen kann. Sag ihr, der Körper müsse erst die Hormone produzieren, die dann im Schwangerschaftstest sichtbar werden.«

Ich übersetzte, die Frau brach in Tränen aus.

Der alte Apotheker schaute mich böse an: »Was hast du ihr denn gesagt, dass sie jetzt weint?«

»Was soll ich gesagt haben, ich habe nur übersetzt, was du gesagt hast. Sie sagt, sie weiß nicht, was sie jetzt tun soll.«

»Aber ich weiß, was wir tun können. Sag ihr, sie braucht nicht zu weinen, es gibt ein Medikament, das gebe ich ihr jetzt, damit wird sie erst gar nicht schwanger. Kennt sie das nicht? Die ›Pille danach‹.«

Ich übersetzte wieder, die Frau hörte auf zu schluchzen, dann fiel sie erst mir und dann dem alten Apotheker um den Hals.

»Immer das Gleiche«, brummte der Alte, »erst pimpern, dann Panik. Aber sag ihr, dass sie das nicht jeden Tag einnehmen kann, hörst du? Das ist nur für Notfälle. Wobei«, fügte er hinzu, »bei manchen Leuten der Notfall ein Dauerzustand ist.«

»Jeden Tag eine gute Tat! Für heute habe ich mein Pensum erledigt.«

Ich hatte also schon als Botin der guten Nachricht fungiert, aber ich ahnte ja nicht, dass mir wenig später sogar die Ehre zuteil werden würde, als Botin der Liebe zu fungieren, als Postillon d'Amour. Für wichtige Männer. Ja, dass mir geradezu die Aufgabe zufiel, für Deutschlands Wohlergehen zu sorgen, indem ich für das Wohlergehen von wichtigen Männern sorgte!

»Der Genosse bittet um Rückruf«, sagte meine Mitarbeiterin bedeutungsvoll, als ich ins Berliner Büro kam.

»Oh, welche Ehre, worum geht es?«

»Keine Ahnung, du sollst einfach zurückrufen.«

Ich wurde um ein kurzes Gespräch am Rande des Plenums vor der namentlichen Abstimmung gebeten.

»Aber gerne doch. Worum geht es denn?«, fragte ich neugierig.

»Das besprechen wir dann.«

Wozu so viel Geheimniskrämerei? Gespräche am Rande des Plenums vor namentlichen Abstimmungen sind eine Mischung aus Infobörse und Hinterzimmer und sehr üblich. Sie funktionieren nach dem »eh-da-Prinzip«. Alle Abgeordneten müssen zur namentlichen Abstimmung, also sind alle eh da. Man kommt halt ein bisschen früher ins Plenum, setzt sich so weit nach hinten, dass man niemanden stört, und bespricht die Dinge, die anstehen. Was liegt näher, als sich zur gegebenen Zeit im Trubel der Abstimmungen zu verabreden?

Ich traf mich mit dem lieben Genossen eine halbe Stunde vor der Abstimmung. Der Plenarsaal war noch gähnend leer, er würde sich jetzt nach und nach füllen.

»Hallo!«

»Ja, hallo.«

He, der Genosse war aber nervös. Der war doch sonst nie aufgeregt.

»Lale, fühlst du dich wohl in der Fraktion?«

»Ja, danke.«

»Gibt es etwas, was ich für dich tun kann?«

»Nein, vielen Dank, ich denke im Moment nicht …«

Wie ich dieses paternalistische Gehabe hasste! Mein Gegenüber hüstelte.

»Aber es gibt etwas, was du für mich tun kannst.«

»Nanu?«, fragte ich. »Fühlst du dich nicht mehr wohl in der Fraktion?«

Wir lachten zusammen ein etwas gezwungenes Lachen.

»Nein, in der Fraktion ist alles bestens. Es ist etwas Privates, worum ich dich bitten wollte. Ich habe gehört, dass Medikamente in der Türkei sehr günstig seien«, fing er an.

»Ja, das stimmt«, erwiderte ich, »viel billiger als hier.«

»Kaufst du dort viel ein?«

»Nicht wirklich, aber ich sehe die Touristen die Apotheken bevölkern.«

»Könntest du mir was mitbringen, wenn es dort so viel billiger ist?«

»Was denn?« Ich schwöre, ich dachte in dem Moment, er will Aspirin mitgebracht haben. »Was willst du denn?«, fragte ich naiv.

»Etwas gegen meine passageren Probleme.«

»Antidepressiva?«

»Wenn es so weitergeht, werde ich die wohl auch brauchen.«

»Was meinst du?«

Jetzt schaute er sehr konzentriert auf den Abgeordneten am Rednerpult: »Ich brauche Viagra.«

»Wie bitte?«

Jetzt, wo es ausgesprochen war, wirkte der Genosse erleichtert: »Ja, ja, du hast schon richtig gehört, ich brauche Viagra. Kannst du mir was mitbringen?«

»Warum nicht?«

»Das wäre echt nett. Ich bezahle es auch.«

»Das hoffe ich doch, oder hast du gedacht, ich finanziere dein Liebesleben?«

Der Genosse lachte: »Wann fährst du denn?«

»In zwei Wochen. Hältst du es noch so lange aus?«

»Ich habe noch etwas da, es ist mehr ein Vorrat, verstehst du?«

»Du hast dir einen Viagra-Vorrat angelegt? Dann sind deine Probleme wohl eher nicht passager, oder?«

»Nein! Doch! Ich meine, es wird schon vorbeigehen, aber im Moment kann ich es mir nicht leisten, impotent zu sein, verstehst du?«

»Nein. Ich höre hier ganz oft, dass die Abgeordneten behaupten, sie könnten es sich nicht leisten, krank zu sein, aber impotent?«

»Das ist eine lange Geschichte, das erzähle ich dir ein anderes Mal.«

»Bitte nicht, das interessiert mich dann doch nicht so genau.«

»Alle Kollegen, die ihre Stimme noch nicht abgegeben haben, möchte ich jetzt bitten, an die Urnen zu gehen«, hörten wir den Bundestagspräsidenten sagen.

»Jetzt müssen wir schnell abstimmen«, sagte der Genosse. »Ach ja, noch was, erzähl bitte niemandem etwas davon!«

»Aber nein, wie komme ich dazu?«

Nach der Abstimmung ging ich in mein Büro.

»Was wollte der Genosse denn?«, wollte meine Mitarbeiterin wissen.

»Ach, nichts Wichtiges.«

»Er tat aber sehr wichtig gestern am Telefon.«

»Ach, der tut doch immer wichtig.«

Ich hatte wie versprochen den Mund gehalten, aber anscheinend nicht mein impotenter Parteifreund. Denn zwei Tage später klingelte wieder mein Telefon. Es war ein anderer Genosse. Einer, der nicht nur wichtig tat, sondern auch wichtig war. Zumindest in den Augen vieler Sozialdemokraten. Auch er fing mit der »Fühlst-du-dich-wohl-Nummer« an. Anscheinend war diese Art des Gesprächsbeginns die Ouvertüre zu einer anderen, für die betroffene Person viel vitaleren Frage.

»Ich habe gehört«, er lachte gekünstelt, »dass du einem gemeinsamen Fraktionskollegen einen kleinen Gefallen tust. Das finde ich einfach großartig. So muss das sein bei uns Sozialdemokraten: einer für alle, alle für einen. Ich bin stolz auf dich!«

Er war stolz auf *mich*! Nach dieser unverdienten Gnade blieb mir nichts anderes übrig, als mich artig zu bedanken. Was würde jetzt folgen?

»Ich bin auch nicht mehr der Jüngste«, fuhr er fort, »körperlich meine ich, aber das Herz bleibt nun mal jung, nicht wahr? Und es entstehen Diskrepanzen zwischen Körper und Herz, die unerträglich sind. Ich fühle mich so jung, und so jung wie ich mich fühle, will ich auch sein.«

Nach diesem Bekenntnis entstand eine gewisse Stille in der Leitung. Ich konnte mich schwerlich noch einmal bedanken. Also: Wie jetzt reagieren? Es gab drei Möglichkeiten:

1. therapeutisch-professionell: Ich verstehe Ihr Problem.
2. empathisch-betroffen: Ich versteh dich, du Armer.
3. sozialdemokratisch-solidarisch: Kein Problem, Genosse, dafür sind wir da, um gemeinsam jedes Hindernis zu nehmen.

Ich konnte mich nicht entscheiden, und deswegen sagte ich gar nichts. Dafür sprach der Genosse immer weiter. Eigentlich war der Mann dafür bekannt, wenig zu reden, aber anscheinend hatte der mentale Druck die Blockade seiner Zunge gelöst: »Ich bin ein sehr bekannter Mann, jeder meiner Schritte wird von der Presse beobachtet. Vielleicht bilde ich es mir auch nur ein, jedenfalls kann ich es mir im Moment nicht leisten, gewisse Medikamente, die ich brauche, hier in Deutschland zu kaufen. Kurzum, auch ich brauche dieses Mittel für die Stärkung, das du dem Genossen aus der Türkei mitbringen willst.«

Er sagte tatsächlich »Stärkung«! Als ob er Buerlecithin flüssig meinen würde. Jetzt war es an mir, gekünstelt zu lachen: »Ja, natürlich, das ist doch keine Frage.«

Was wird das hier? Wie viele werden noch anrufen? Sitze ich in einer Fraktion der Impotenten? Ich hoffe nur, dass sich eure Impotenz nur auf die unteren Körperregionen beschränkt. Vielleicht bekomme ich Mengenrabatt, den gebe ich dann an euch weiter, in der Türkei kann man ja bekanntlich feilschen, nicht nur auf dem Basar, auch in der Apotheke.

»Ich danke dir! Ach ja, noch was, gewisse Journalisten hätten großes Interesse an diesem Gespräch, wie du dir denken kannst, also strengste Diskretion. Ich kann mich auf dich verlassen?«

»Ihr könnt euch alle auf mich verlassen!«

Zwei Wochen später war ich in Çeşme und erzählte Ahmet die Geschichte, aber nur die Geschichte. Natürlich wollte er sofort wissen, für wen die Bestellungen waren.

»Ich denke, es ist besser, wenn du die Namen nicht kennst.«

»Warum?«

»Erstens kommst du nicht in die Versuchung, sie weiterzuerzählen und zweitens hast du dann keine komischen Phantasien, wenn du die betreffenden Herren im Fernsehen siehst.«

»Was für Phantasien denn?«, fragte Ahmet.

»Na, die sitzen dann in den Talkshows, und du stellst sie dir vor, just im Moment, wo die Wirkung der mitgebrachten

Medikamente einsetzt, und du kannst sie dann nicht mehr ernst nehmen. Schlimmer noch: Du könntest die ganze Politik nicht mehr ernst nehmen.«

»Also gut«, sagte Ahmet mit vergnügter Stimme, »ich will gar nicht wissen, für wen das Zeug ist. Aber ich darf feststellen: Deutschland wird dir auf ewig verpflichtet sein, mein Herz.«

»Ich weiß nicht so recht«, erwiderte ich, »vielleicht wäre Deutschland besser gedient, wenn die Kollegen die Gelegenheit der Impotenz nutzen und ihre psychosexuelle Energie sublimieren würden. Die Energie würde neutralisiert und für politische Leistungen verwendet werden. Auf diese Art und Weise könnten zölibatär lebende Politiker ihre Libido ganz in den Dienst des Vaterlandes stellen.«

»Gewagte These«, sagte Ahmet. »Aber du gehst nicht so weit, ein Zölibat für alle Politiker zu verlangen, oder?«

»Das wäre vielleicht zu viel verlangt, aber in gewisser Weise die Nagelprobe. Dann wüssten wir, wer es wirklich ernst meint mit dem Herzblut für das Wohlergehen dieses Landes. Aber was soll's. Es ist nur eine Idee. Da die Jungen leider nicht in der Lage sind, ihren Frust zu sublimieren, muss ich ihnen auf die Beine helfen, um größeren Schaden vom deutschen Volk abzuwenden.«

»Wie pathetisch«, stellte Ahmet fest, »darf ich dich bitten, zu diesem Zweck nicht unsere Apotheke aufzusuchen? Der Alte wird dir dein Engagement für die Staatsinteressen Deutschlands nicht abkaufen, der denkt doch sofort, dass es für mich ist, und ich kann mich dann die nächsten 20 Jahre auf seine Scherze gefasst machen.«

»Natürlich gehe ich in unsere Apotheke, warum soll nicht unser alter Apotheker ein paar Lira daran verdienen? Jetzt mache ich ein Mal einen Großeinkauf. Du kannst ja mitkommen und deutlich zum Ausdruck bringen, dass die Ware nicht für dich bestimmt ist.«

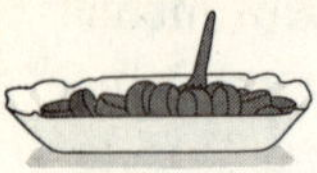

Es war Urlaubszeit und in der Apotheke ging es zu wie in einem Bienenkorb. Der Apotheker begrüßte uns mit großem Hallo: »Jetzt schaut doch mal, wer in meine Apotheke kommt«, sagte er laut, »dieses Kind kenne ich, da hat sie noch in die Hose gemacht, und jetzt hat sie es bis zur Abgeordneten in Deutschland gebracht. Wir sind alle mächtig stolz auf sie.«

Alle Köpfe, die türkisch verstanden, drehten sich zu mir um. Ein wunderbarer Zeitpunkt, um nach Viagra zu fragen.

»Wir warten, bis es einigermaßen leer ist«, flüsterte mir Ahmet zu, »in der Zwischenzeit kannst du ja so tun, als würdest du dich für die Kosmetika interessieren.«

Ich schaute mal den einen Tiegel an, nahm mal die andere Tube in die Hand, Ahmet ließ sich den Blutdruck messen, dann ließ ich mir den Blutdruck messen, aber die Geschäfte gingen sehr gut an dem Tag, die Apotheke wollte sich nicht leeren.

»Wir können nicht den ganzen Nachmittag hier verbringen«, sagte ich, »ich gebe jetzt die Bestellung auf.«

Ich stellte mich an den Tresen und schaute den Alten an. »Du bist ja immer noch da«, sagte er. »Was brauchst du denn noch?«

»Viagra.«

»Hoho!« Er lachte. »Du ja wahrscheinlich nicht, und dein netter Ehemann sollte bei dem Blutdruck, den ich eben gemessen habe, das Zeug besser nicht nehmen! Wo ist er überhaupt?«

Ich drehte mich nach Ahmet um, aber er war nicht zu sehen, er hatte sich hinter einem Berg amerikanischer Vitaminpräparate versteckt.

»Nein, nicht für uns«, sagte ich tapfer, »es ist eine Bestellung aus Deutschland.«

»Hört ihr das?«, sagte der Alte ganz laut, an alle im Laden gewandt, »sie nimmt Medikamente mit. Das schätze ich an der deutschen Lebensart. Sie haben ein so wunderbares Demokratieverständnis, davon könnten sich unsere Politiker hier in der Türkei mal eine Scheibe abschneiden. Eine Abgeordnete kommt in meine Apotheke und nimmt eine Bestellung mit, einfach so, wie eine einfache Bürgerin, so richtig volksnah. Unsere Abgeordneten hier wären sich viel zu fein, eine Apotheke auch nur zu betreten, geschweige denn, um für andere Botendienste zu machen!«

Alle nickten anerkennend.

»Was brauchst du denn?«, fragte er, jetzt wieder ganz Fachmann. »Es gibt verschiedene Präparate, einmal natürlich das Original Viagra, das ist das Teuerste, dann gibt es Nachfolgepräparate, die heißen so ähnlich, alle was mit -gra am Ende, es ist der gleiche Wirkstoff, aber billiger.«

»Ich nehme das Original. Man hat bei mir Viagra bestellt, also nehme ich Viagra mit, nachher wirkt das andere Zeug nicht und ich bin schuld.«

»Unsinn! Ich sagte doch, es ist immer der gleiche Wirkstoff, aber wie du meinst, ihr seid ja reich in Deutschland. Und welche Dosis brauchst du? Es gibt Tabletten mit 25 mg, mit 50 mg und mit 100 mg.«

»Worin liegt der Unterschied? Je höher die Dosis, umso stärker die Erektion? Oder kann der Mann umso länger?«

Der Apotheker lachte: »Das denken die meisten Männer und wollen immer die höchste Dosis – viel wirkt viel, nicht wahr? Nein, nein, so ist es natürlich nicht. Das Alter des Patienten spielt die ausschlaggebende Rolle. Je älter der Mann, desto höher sollte die Dosis sein. Wie alt ist denn deine Kundschaft?«

»Ich nehme die höchste Dosis!«

»Ich verstehe.« Der Alte grinste spitzbübisch, dann zwinkerte er mir zu: »Was ist der Unterschied zwischen einem jungen und einem alten Mann?«

»Willst du wirklich meine gesammelten Erfahrungen hören?«

»Nein, ich meine physiologisch.«

»Keine Ahnung.«

»Ich sag es dir: Bei einem alten Mann sind die Körperteile, die bei einem jungen Mann weich sind, hart; und die Körperteile, die hart werden sollten, bleiben weich.«

Die Stimmung in der Apotheke wurde immer besser. Alle, die Türkisch verstanden, hörten zu. Jetzt mischte sich die junge Mitarbeiterin ins Gespräch ein: »Wollen Sie nicht lieber Levitra mitnehmen?«, fragte sie gutgelaunt. »Hilft bei dem gleichen Symptom, hat aber einen anderen Wirkstoff. Das Zeug kann man auch einnehmen, wenn man Alkohol getrunken hat, und bekommt am nächsten Morgen trotzdem keine Kopfschmerzen; wird von deutschen und skandinavischen Touristen bevorzugt gekauft, damit man nicht auf den einen Genuss verzichten muss, wenn man den anderen plant.«

Ich stand vor all den Herrlichkeiten und dachte nach: »Ja, dann machen wir doch am besten eine gemischte Tüte, ich nehme von jeder Sorte was.«

»Dann nehmen Sie auch das hier«, grinste die junge Apothekerin und zeigte mir noch eine Packung, »Cialis – wirkt bis zu 40 Stunden, etwas fürs Wochenende.«

Ich musste ein dummes Gesicht gemacht haben, so dass sie sich genötigt sah, mich aufzuklären.

»Keine Sorge«, beruhigte sie mich, »das gibt keinen Dauerständer über 40 Stunden, es wirkt innerhalb der 40 Stunden immer wieder, je nach Bedarf.«

»Ach so. Ja, dann packen Sie auch davon zwei Schachteln ein.«

»Damat«, Schwiegersohn, rief jetzt der alte Apotheker, und er meinte damit Ahmet, der immer noch in seinem sicheren Versteck hinter den Vitaminpillen steckte, »komm mal her, für dich habe ich auch etwas.« Er griff unter den Tresen und holte ein Einweckglas hervor. »Das ist für dich, Ahmet, türkisches Viagra, ägäischer Tannenhonig mit Johannesbrotsirup. Ich habe das selber angesetzt. Iss davon jeden Morgen zum Frühstück einen Esslöffel und nächste Woche glauben die Seismologen von Hongkong bis London, in Çeşme gebe es ein Erdbeben.«

Über die persönliche Freude der Genossen, das Leuchten ihrer Augen, wie das von Kindern bei der Bescherung, möchte ich nichts weiter sagen. Es sei ihnen gegönnt. Aber haben Sie in jenen Tagen nicht eine große Entspannung in der deutschen Politik bemerkt? Es hakte und klemmte auf einmal nichts mehr. Die Stärke gewisser deutscher Politiker übertrug sich auf die deutsche Politik, und die übertrug sich auf die ganze Gesellschaft, und das machte mich richtig, richtig glücklich. Man kann seinem Volk eben so oder so dienen.

Eine Reise ins Zentrum der Macht

Meine politischen Aktivitäten ließen Mama und Tante Semra in alten Zeiten schwelgen. »Weißt du noch?« Die eine begann, die andere stimmte ein. Dabei wurden sämtliche sozialistischen Sprüche von Papa wiederholt, die alten Damen kicherten, und dann kamen die unweigerlichen Fragen: »Sag mal, fallen bei deinen Sitzungen auch solche witzigen Sätze?« »Müsst ihr dem Vorsitzenden auch im Stehen zuhören?« »Muss euer Lebensstil auch nach der Weltanschauung ausgerichtet werden?«

Ich hatte von den Kantinen des Bundestages erzählt, und dass dort alle zusammen essen würden.

»Dürft ihr als Sozialdemokraten bestellen, was ihr wollt?«, fragte Mama interessiert, »oder wird von euch erwartet, dass ihr das Billigste nehmt, das Volksgericht sozusagen?«

»Mama, ich verstehe dich nicht.«

»Was gibt es da nicht zu verstehen? Ihr könnt doch nicht Filetsteak essen, während das Volk nur Kartoffeln bekommt.«

»Oder ihr müsst dafür sorgen, dass alle Filetsteak essen können«, ergänzte Tante Semra, »das hat jedenfalls dein seliger Vater immer gesagt.«

»Ich weiß.«

»Und? Hältst du dich auch dran?«

»Irgendwie schon; ich esse jedenfalls viel öfter Folienkartoffeln als Filetsteak.«

»Nicht so«, drängelte Tante Semra, »andersherum: Sorgst du dafür, dass alle Filetsteak essen können?«

»Auch die Vegetarier?«

»Lass mal«, sagte Mama zu Tante Semra, »sie nennt sich Sozialdemokratin, aber sie schafft das mit der sozialen Gerechtigkeit nicht, deswegen versucht sie jetzt komisch zu sein.« Dann zu mir gewandt: »Aber eins sage ich dir, dein Vater dreht sich im Grab herum, wenn du im Bundestag sitzt und das mit der sozialen Gerechtigkeit nicht hinbekommst!«

»Wahrscheinlich rotiert er schon seit Monaten wie eine Schiffsschraube«, murmelte ich.

»Was hast du gesagt?«

»Nichts, Mama.«

Aber Mama gab keine Ruhe: »Ich muss mal mit eigenen Augen sehen, was du überhaupt die ganze Woche in Berlin so machst, mit allem Drum und Dran, auch diese Kantine. Manchmal habe ich das Gefühl, dass du nicht objektiv berichtest.«

»Was heißt das denn?«

»Das heißt, dass deine Mama nach Berlin will, und ich auch«, übersetzte Tante Semra.

Mama und Semra lagen mir schon lange in den Ohren, zusammen nach Berlin zu fahren, versprochen war es ja.

»Wir müssen auch Gül und Alfred fragen«, sagte Mama, »es wäre sehr unhöflich, sie von dieser gemeinsamen Reise auszuschließen.«

»Ja«, sagte Tante Semra, »wo doch der arme Alfred seinerzeit von den eigenen Parteifreunden so schlecht behandelt worden ist. Jetzt kannst du ihm beweisen, wie nett die Sozialdemokraten sind und dass deine Partei eindeutig die bessere ist.«

»Ich zweifle am Erfolg dieser Mission, aber ich werde ihn trotzdem einladen.«

»Ahmet muss natürlich auch mit«, sagte Mama, »war der überhaupt mal in Berlin, seitdem du gewählt worden bist?«

»Nein.«

»Dann wird es höchste Zeit, wo er doch wirklich interessiert ist an der Politik.«

Daran bestand kein Zweifel, natürlich wollte Ahmet brennend gerne das politische Berlin sehen, aber es gab da ein kleines Problem, weshalb er mich noch nicht besucht hatte: Er macht sich das Reisen furchtbar schwer, ja man könnte geradezu von einer neurotischen Beziehung zum Reisen sprechen.

Es geht schon mit dem Kofferpacken los. Da Ahmet ein hohes Sicherheitsbedürfnis hat, muss so viel in den Koffer, dass er für alle Lebenslagen gewappnet ist. Es könnte kalt sein, es könnte warm sein, vielleicht gibt es einen feierlichen Anlass, vielleicht werden wir auf eine Jagdgesellschaft eingeladen, vielleicht zu einem Picknick, vielleicht trifft man zufällig die Queen in Berlin, die uns spontan zum Five o'Clock Tea einlädt. Da keine dieser Möglichkeiten endgültig auszuschließen ist, muss Ahmet furchtbar viel mitnehmen, wohl wissend, dass bei den letzten Reisen einige der genannten Ereignisse nicht eingetreten sind, wir zum Beispiel noch nie spontan von der Queen eingeladen worden sind. Die Ungewissheit, welche der Gelegenheiten endgültig auszuschließen sind, macht ihn noch unruhiger, weil es den Konflikt – was mitnehmen und was nicht – weiter festigt.

Das Kofferpacken ist aber noch die kleinste Hürde, die ein Reiseneurotiker nehmen muss. Es bleiben die Fragen: Werden die Maschinen pünktlich starten? Klappen die Anschlüsse? Wie verkrafte ich den Jetlag? Nun, auf der Strecke Köln – Berlin gibt es keine Anschlussflüge und auch der Jetlag hält sich in Grenzen, aber Ahmets Organismus ist so sensibel, dass er bereits die leichte Zeitverschiebung spürt, die durch den Flug knapp 500 Kilometer Richtung Osten entsteht. Er braucht mindestens einen Tag, um zu sich zu kommen. Und das ist schlecht, wenn man nur zwei bis drei Tage bleiben will.

Die Liste der Unwägbarkeiten geht unterdessen ohne Rücksicht auf Ahmets seelische und körperliche Verfassung weiter: Wie wird es im Hotel sein? Was ist, wenn die Buchung nicht geklappt hat, und wir auf der Straße schlafen müssen? Das Schlafen an sich ist ein gewichtiges Thema bei dem Abenteuer Verreisen. Eigentlich kann Ahmet nur in seinem eigenen Bett schlafen, unter Einhaltung bestimmter Bedingungen, die da sind: der Raum muss schalldicht sein – wenigstens muss dieser Zustand weitgehend angestrebt werden –, weiterhin grabesdunkel, und er muss eine bestimmte Temperatur haben. Dazu kommen diverse Anforderungen an das Bettzeug, wobei das Kopfkissen eine herausgehobene Rolle spielt. Ahmet kann nur auf einer bestimmten Sorte von Kopfkissen schlafen, und diese Art von Kopfkissen gibt es definitiv nicht in Hotels, weil die Hotels den Mainstream der schlafenden Gäste bedienen müssen und dadurch auf Gäste mit Sonderwünschen keine Rücksicht nehmen.

Also stellt sich beim Kofferpacken die Frage, ob Ahmet zu dem üblichen Schlafequipment wie Ohrstöpsel und Schlafbrille auch das eigene Kopfkissen mitnimmt, wobei diese Entscheidung bei Flugreisen mit dem restlichen Inhalt des Koffers kollidiert, weil er seine erlaubten 20 Kilo bereits gut und gern eingepackt hat. Auch für vier Tage. Auch für Berlin. Meine Versicherung, dass es kurz nach der Wende in Berlin bei bestimmten Konsumgütern wohl gewisse Engpässe gegeben hat, die aber jetzt – wie ich aus eigener Beobachtung bestätigen kann – völlig überwunden sind, und wir dadurch auch in Berlin einfache Dinge für den Alltag bekommen können, lässt er nicht gelten. Er muss alles dabei haben, bevor er losfährt. Natürlich auch seine kleine Reiseapotheke. Ob Berlin oder Botswana, es macht keinen prinzipiellen Unterschied.

»Hast du an die Chinintabletten gegen Malaria und die Gegengifte bei Schlangenbissen gedacht?«

Diese lustige Frage meinerseits wurde von Ahmet mit

Nichtachtung bestraft. Neurotiker mögen es nicht, wenn man sich über sie lustig macht.

Dazu kommt die Frage der Hygiene. Trotz mehr als fünfundzwanzigjähriger Bemühungen, Ahmet davon zu überzeugen, dass normale Hotelzimmer normalerweise normal sauber sind, ist der Geist seiner Mutter allgegenwärtig. Schwiegermutter selig trieb jede Hotelleitung in den Wahnsinn, indem sie verlangte, dass das Zimmer vor ihren Augen noch einmal geputzt wurde. Wobei sie mit anpackte, was bei Leitung und Personal zu noch größeren Irritationen führte. Auch Ahmet ist der Meinung, dass Hotelzimmer, egal wie viele Sterne sie auch haben mögen, voller Dreck und Bakterien sind. Ich habe ihm allerdings unter Androhung größtmöglicher Strafen verboten, das Zimmer noch einmal vor unseren Augen reinigen zu lassen.

Dazu kommen wahre Kolonien von Zimmermädchen, Taxifahrern, Kellnern und anderen Dienstleistern, die in der fremden Stadt nur darauf warten, Ahmet übers Ohr zu hauen. Obwohl die Erfahrung dem Spruch »Die meisten Sorgen, die ich mir gemacht habe, sind nicht eingetreten« recht gibt, ist Ahmet jedes Mal, wenn wir eine Reise unternehmen, sehr ungehalten.

Trotz dieser Hürden schafften wir es ein paar Monate später – so lange dauerten allein die Terminabstimmungen –, uns an einem schönen Herbsttag auf den Weg zu machen, um nach Berlin zu fliegen. Die Reisegruppe war inzwischen auf acht Personen angewachsen. Neben den bereits angekündigten Gästen hatten sich auch noch Lukas und Dilara zu uns gesellt.

Mama hat auch so eine kleine Reisemacke. Bei ihr betrifft es die Angst, die Maschine zu verpassen, so dass sie immer vier bis fünf Stunden vor Abflug am Flughafen sein muss.

Ihr Credo lautet: »Die Maschine wartet nicht auf uns; wir müssen auf die Maschine warten.«

So war es auch dieses Mal. Mama hatte darauf bestanden, kurz nach dem Frühstück aufzubrechen, obwohl die Maschine erst um 14 Uhr losfliegen sollte. »Zu Hause würdet ihr auch nur warten«, meinte sie, »da können wir doch gemeinsam am Flughafen warten. Ich spendiere auch das Mittagessen.«

Ahmet schwieg. Er war mit seinen Gedanken bereits bei all den Unzulänglichkeiten, die eintreten würden. Sie traten aber nicht ein; es ging alles gut, was gut gehen konnte. Wir bekamen in der Maschine nicht die schlechtesten Plätze, sie startete pünktlich, wir mussten auch nicht in Hannover notlanden. Der Taxifahrer schien ein guter Mensch zu sein, denn er fuhr uns ohne Umwege zum Hotel, wo wir unsere reservierten Zimmer beziehen konnten. Auch hier war also nichts schiefgegangen.

»Wow! Ihr habt echt ein tolles Hotel ausgesucht!«

»Wetten, dass das Tante Lale war?«

»Wohnst du immer hier, wenn du in Berlin bist?«, fragte Dilara.

Ich hatte inzwischen meine Wohnung aufgegeben, weil ich durch das Zusammenleben mit Ahmet gewisse Ansprüche an Ordnung und Sauberkeit stellte, denen ich selber aber beim besten Willen nicht genügen konnte. In meiner Wohnung sah es die meiste Zeit aus wie bei Hempels unterm Sofa. Da ich eh nur ein Bett zum Übernachten brauchte, wohnte ich während den Sitzungswochen inzwischen immer im Hotel.

»Nein, normalerweise lebe ich bescheidener, dieses schöne Hotel habe ich extra für die Tage mit euch gewählt.«

»Wegen Onkel Ahmet, nicht wahr?«, grinste Dilara.

»Nein, wegen euch allen.«

»Lass mal schauen, wie die anderen Zimmer aussehen, wenn die auch so schön sind, haben wir es echt gut erwischt.«

Beim Abendessen waren alle bester Laune.

»Wann ist denn die Fraktionssitzung? Hast du uns schon angemeldet?«, fragte Ahmet, der schon die ganze Zeit von diesem Programmpunkt träumte.

»Wer möchte denn definitiv mit zur Fraktionssitzung, ich meine außer Ahmet?«

»Also, ich möchte auch mit«, sagte Alfred.

»Ich auch«, sagte Lukas.

Mama wollte nicht. Erstens, sagte sie, hasse sie Menschenansammlungen und zweitens habe sie im Laufe ihrer Ehe genügend Agitation durch Papa erfahren. »Die Russen haben ein Sprichwort: ›Jeder hat in seinem Leben sein Fass Wodka zu trinken‹, das heißt, jeder hat nur ein bestimmtes Maß, was er ertragen kann. Und mein Fass an politischen Reden war schon leer, bevor dein Vater selig gestorben war. Ich will in diesem Leben nie wieder politisch überzeugt werden. Aber ihr könnt mir ja erzählen, wie es gewesen ist«, fügte sie versöhnlich hinzu.

Auch die anderen drei Damen der Reisegruppe winkten bei dem Thema Fraktionssitzung ab.

»Was machen wir in der Zeit?«, fragte Dilara.

»Museumsbesuche«, sagte Tante Gül.

»Wir sind ziemlich klischeehaft, oder?«, meinte Mama. »Die Männer interessieren sich für die Politik, die Frauen machen auf Kultur.«

»Ich interessiere mich zwar sehr für die Politik«, sagte Dilara, »aber nicht für die Fraktionssitzung, für die interessieren sich eigentlich nur Onkel Ahmet aus politischen und Alfred aus nostalgischen Gründen. Und Lukas geht nur mit, um sich wichtig zu machen.«

»Ja, dann kommt ihr drei morgen zum Reichstag. Ich bin schon sehr früh weg, weil ich noch Sitzungen und Arbeitsgruppe habe, deswegen verabschiede ich mich jetzt auch und gehe ins Bett.«

Ahmet schloss sich mir an, und wir gingen auf unser Zimmer.

Geschafft! Diese Reise klappte ja wie am Schnürchen. Mein geliebter Reiseneurotiker, der bis jetzt nichts zu meckern gehabt hatte, legte sich nach einigen nicht weiter erwähnenswerten Kritiken an Bett und Bettzeug auch hin. Gute Nacht! Ich drehte mich auf die Seite und wollte gerade wegschlummern, da hörte ich ein Flüstern.

»Lale?«

»Was ist?«

»Schläfst du schon?«

»Ja, fast.«

»Ich kann nicht schlafen!«

»Warum?«

»Es ist so heiß hier, ich kann kaum atmen!«

»Es ist nicht heiß hier.«

»Wenn ich es doch sage, ich ersticke!«

»Wir haben Oktober, und in diesem Zimmer ist es nicht heiß.«

»Ich muss vergessen haben, die Heizung runterzudrehen. Es wird viel zu viel geheizt, in Berlin kennen sie wohl das Wort ›Energiesparen‹ nicht.«

»Dann steh auf und dreh die Heizung runter.«

Ahmet stand auf, er hatte sich wegen der »Hitze« bereits seines Schlafanzuges entledigt, in Unterhosen lief er zum Heizkörper. »Was ist das denn? Der Heizkörper ist kalt. Kannst du mir sagen, warum es dann so heiß ist in diesem Zimmer?«

»Keine Ahnung, außerdem ist es gar nicht heiß.«

Ahmet knipste die Lampe an und stand einen Moment lang nachdenklich im Zimmer. »Vielleicht hilft es, wenn ich lüfte.«

Er machte das Fenster einige Minuten auf, stellte es dann auf Kippe und legte sich wieder hin.

»Ist jetzt alles o. k.?«, murmelte ich.

»Ich glaube ja.«

Schön. Endlich Ruhe, endlich schlafen … Ich spürte die Bettschwere.

»Lale?«

»Was ist denn schon wieder?«

»Es ist immer noch heiß im Zimmer, das offene Fenster hilft nicht weiter. Ich muss Durchzug machen.«

Ahmet stand wieder auf, öffnete das Fenster sperrangelweit und ging dann zur Tür, die er ebenfalls aufmachte. Dann trat er auf den Flur.

»Schätzchen« – jetzt war auch ich wach und saß im Bett –, »was machst du da im Flur?«

»Ich warte, dass das Zimmer abkühlt.«

»Erstens ist dieses Zimmer nicht heiß, ja nicht mal mehr warm, zweitens ist es Mitternacht, und ich bin wirklich müde, und drittens solltest du nicht in Unterhosen auf dem Hotelflur herumlaufen. Das könnte leicht missverstanden werden.«

Ich ließ mich wieder ins Bett fallen, kuschelte mich in meine Decke und lächelte mein Schätzchen versöhnlich an: »Komm jetzt ins Bett.«

Er schaute mit einem entsetzten Gesichtsausdruck zurück: »Ich ersticke hier, verstehst du?«, Ahmet fasste sich an den Hals, um mir die fehlende Sauerstoffzufuhr zu demonstrieren. »Ich kriege gleich einen Herzinfarkt, und du machst dir Gedanken über meine Unterhosen!«

»Hoffentlich kannst du den vorbeikommenden Hotelgästen glaubhaft machen, dass es dir im Zimmer zu heiß war. Es ist nämlich inzwischen eiskalt hier.«

Ich legte seine Decke auf meine. »Du brauchst sie ja nicht, und mir ist kalt.«

»Ja, nimm sie ruhig, wer braucht bei dieser Bullenhitze schon eine Decke.«

Die Zimmertür stand sperrangelweit offen, das Fenster ebenso, Ahmet stand halb im Flur. In Unterhosen. Im Durchzug. Und atmete tief ein und aus.

»Sollen wir einen Arzt rufen?«

»Wozu? Davon kühlt das Zimmer auch nicht ab.«

»Willst du die ganze Nacht auf dem Flur verbringen? Inzwischen müsste es dort wärmer sein als in diesem Zimmer.«

»Du hast keine Ahnung, du hast wirklich keine Ahnung, ohne Durchzug heizt sich dieses Zimmer in Nullkommanichts wieder auf. Ich nehme an, dass die Heizungsrohre durch eine der Wände laufen. Morgen müssen wir sofort umziehen.«

Ich gab einen Gluckser von mir, was Ahmet völlig zu Recht als Lachen deutete: »Jetzt lachst du auch noch. Wenn ich heute Nacht ersticke und du wachst morgen früh als Witwe auf, lachst du nicht mehr.«

»Wenn gleich irgendein Typ vorbeikommt und dich erschlägt, weil er dich für einen Lustmolch hält, wache ich morgen früh auch als Witwe auf. Komm jetzt rein und mach die Tür zu, morgen lassen wir uns ein anderes Zimmer geben.«

»Und was mache ich heute Nacht?«

»Heute Nacht setzt du dich ans offene Fenster und lauschst Berlin. Und wenn du bis morgen früh nicht erstickt bist und ich keine doppelseitige Lungenentzündung habe, zeige ich euch das politische Berlin.«

Ahmet musste die Nacht überlebt haben, denn er schlief noch wie ein Baby, als ich am nächsten Morgen das Zimmer verließ, folglich nicht als Witwe, sondern als Ehefrau. Da hatten wir beide noch mal Glück gehabt.

Ich hatte ab acht Uhr durchgehend Sitzungen. Als ich gegen drei vor dem Fraktionssaal stand, liefen auch die »Herren« ein. Ich hatte sie nach hinten platziert, von wo sie dem

Sitzungsverlauf lauschen konnten. In Erwartung dessen, was jetzt kommen würde, hatte Ahmet ganz rote Wangen. Schon nahm alles seinen sozialistischen Gang, der Fraktionsvorsitzende eröffnete die Sitzung, das politische Thema der Woche wurde kurz eingeführt, und es meldeten sich eine Reihe von Fraktionsmitgliedern zu Wort. Der parlamentarische Geschäftsführer notierte alles. »Wir haben zu dem Thema 33 Wortmeldungen«, fasste er zusammen, »habe ich jemanden übersehen?« Das war nicht der Fall, und der erste legte los.

Nach den ersten fünf, sechs Wortbeiträgen nahm der Lärmpegel im Fraktionssaal merklich zu. Der Fraktionsvorsitzende schimpfte ein wenig, wodurch es im Saal vorübergehend ein wenig leiser wurde, aber dann schwoll der Lärm wieder an. Nach dem zehnten Wortbeitrag verließ eine Reihe von Abgeordneten den Saal, und nach dem zwanzigsten Wortbeitrag war nur noch die Hälfte der Leute übriggeblieben. Ich drehte mich nach hinten um, auch Alfred war gegangen. Aber Ahmet und Lukas saßen noch da und harrten tapfer der Dinge, die da kommen würden. Ich schlenderte zu den beiden: »Wo ist denn Alfred?«

»Er hat gesagt, er kennt das zur Genüge, deshalb hat er Tante Gül angerufen und trifft sich jetzt mit den Damen im jüdischen Museum.«

»Und wie gefällt es euch?«

»Guuut!«, sagten beide wie aus der Pistole geschossen. Immerhin.

Gerade fragte der Fraktionsvorsitzende, ob jemand seinen Wortbeitrag zurückziehen wolle. Das war aber nicht der Fall und heiter ging's weiter.

»Ich verstehe das nicht«, meinte Ahmet, »warum melden sich alle zu Wort, um alles, was schon gesagt worden ist, noch einmal zu wiederholen? Es ist doch alles hinlänglich diskutiert worden, warum muss es wieder und wieder ausgesprochen werden?«

Lukas lachte: »Onkel Ahmet, kennst du nicht den berühmten Spruch: ›Es ist zwar alles gesagt worden, aber nicht von allen.‹?«

»Aber inzwischen sind wir bei der zwanzigsten Wiederholung des gleichen Inhalts.«

»Psst!«, sagte ich, »leise, sonst schimpft der Fraktionsvorsitzende mit uns, ich setze mich lieber wieder auf meinen Platz.«

Irgendwann waren alle 33 Redner dran gewesen, und der Vorsitzende schloss den Tagesordnungspunkt ab. Im Saal waren nur noch ein paar Unerschütterliche übriggeblieben.

»Wollt ihr mal raus, einen Kaffee trinken?«, fragte ich meine beiden Süßen.

»Ja, dürfen wir das?«

»Ahmet, nimm dir einfach die Abgeordneten zum Vorbild.«

»Ich dachte, weil wir Gäste sind, müssten wir höflicher sein.«

Im Foyer machte Ahmet seinem Erstaunen Luft: »Von den 33 Wortbeiträgen waren doch mindestens 20 identisch«, meinte er. »Erst geht es so los, dass du denkst, er wird sich nicht wiederholen, und dann sagt er: ›Wie meine Vorredner bereits ausführten‹ und wiederholt haargenau den gleichen Inhalt. Und dann kommt der nächste, der feststellt, seinem Vorredner in allen Punkten zuzustimmen, und dann legt er los mit ›… und möchte noch einmal wiederholen, dass …‹. Es ist wie das Kinderspiel ›Ich packe meinen Koffer‹, bei dem muss der nächste zwar das wiederholen, was der Vorgänger eingepackt hat, aber – und das ist der entscheidende Unterschied – er muss etwas *Neues* hinzufügen. Er sagt dann: ›Ich nehme eine Hose *und ein Hemd* mit, der dritte eine Hose, ein Hemd und vielleicht eine Zahnbürste. In der Fraktion ist es so, dass der erste alles aufzählt, was man in den Koffer tun muss, und die nächsten 20 sagen, dass sie das für sehr notwendig halten, und wiederholten ihrerseits alles noch einmal.«

»Na, so ganz stimmt es nicht«, widersprach ich, »es gab auch welche, die inhaltlich eine andere Position bezogen haben.«

»Ja, aber entschuldige, das war auch vice versa, die haben sich auch wiederholt.«

»Es tut mir leid, dass wir als Fraktion deine Erwartungen nicht erfüllt haben«, sagte ich etwas spitzer als ich eigentlich wollte, »aber so ist nun mal Politik, entweder vertrittst du die eine Meinung oder die andere.«

»Ich hatte gehofft, ihr würdet inhaltlich diskutieren.«

»Was haben wir denn deiner Meinung nach gemacht, du Jeck, gesungen?«

»So was Ähnliches«, sagte Ahmet, jetzt ebenfalls spitz, »was ich heute Nachmittag gehört habe, waren alles altbekannte Gassenhauer.«

»Jetzt zankt euch nicht«, beschwichtigte Lukas. »Wollen wir wieder reingehen?«

»Na klar«, erwiderte Ahmet, »vielleicht kommt ja der Höhepunkt noch.«

Die Fraktionssitzung ging gegen sieben Uhr zu Ende, und wir trafen den Rest der Familie im Restaurant.

»Sei mir nicht böse, dass ich aus der Sitzung gegangen bin«, sagte Alfred zu mir, »aber ich musste feststellen, dass sich in all den Jahren nichts verändert hat. Fraktionssitzungen sind immer gleich. Immer die gleichen Selbstdarsteller, die sich zu Wort melden, um dann minutenlang zu reden und nichts zu sagen. Jedenfalls nichts von Belang. Durch einzelne Personen, die den Fraktionssaal mit einem Theatersaal verwechseln, kann so eine Sitzung manchmal einen gewissen Unterhaltungswert erreichen, aber heute war es nicht der Fall, da bin ich gegangen. Und im jüdischen Museum war es überwältigend«, fügte er hinzu. »Wie war es denn bei euch noch?«

»Es gab wohl eine Menge Abgeordnete, die deine Meinung teilen«, scherzte Lukas, »jedenfalls waren wir mit die letzten Mohikaner.«

Mama war sehr neugierig, ob sie mit ihren Hypothesen richtig gelegen hatte: »Und? Wie waren die Reden? Wie oft ist die Welt neu erschaffen worden? Bildung für alle! Wohlstand für alle! Erste Klasse Bahnfahren für alle!«

Lukas lachte: »Du hast es fast getroffen, nur das mit der ersten Klasse für alle haben sie nicht verlangt.«

»Kein Wunder«, antwortete Mama, »das war ja auch eine Spezialität von Opa Burhan.«

Papa, bekanntlich bekennender Sozialist, fuhr immer nur erste Klasse Bahn. Und wenn jemand ihn darauf ansprach, sagte er, als bekennender Sozialist sei es nicht seine Aufgabe, in der zweiten Klasse zu fahren, sondern dafür zu sorgen, dass alle die erste Klasse nehmen könnten.

Alfred lachte: »Wohlstand für alle? Auch das scheint bei allen Parteien ähnlich abzulaufen. Und wie ist dein Kommentar, Ahmet?«, Alfred zwinkerte Ahmet vergnüglich zu.

Ahmet zwinkerte zurück.

»Er hatte völlig falsche Vorstellungen«, sagte ich, »er hat eine tiefergehende politische Diskussion erwartet, aber Fakt ist, die Fraktionssitzung ist so etwas wie die wöchentliche Zusammenkunft einer Familie.«

»Und wer ist der Vater?«, fragte Dilara, der wegen ihrer Probleme mit Ali immer zuerst der Vater einfiel.

»Wer schon? Der Fraktionsvorsitzende natürlich. Die Abkürzung ›FV‹ hat die Doppelbedeutung: Fraktionsvorsitzender oder Fraktionsvater. Und er ist ein ziemlich autoritärer Papa. Er liebt keinen Widerspruch, und er denkt, wenn er schimpft oder tadelt, dann kann er so für Ruhe und Ordnung in der Familie sorgen.«

»Genau wie mein Vater.« Dilara nickte. »Der denkt das auch.«

»Als gute Familientherapeutin möchte ich hier doch anmerken, dass die Aufmerksamkeit nicht auf die Probleme einzelner Familienmitglieder zu richten ist, sondern auf die Beziehungen und die kommunikativen Spielregeln. Wenn dein Vater cholerische Symptome entwickelt, dann ist er der Symptomträger für die Kommunikationsschwierigkeiten in eurer Familie, und beim Fraktionsvorsitzenden ist es genauso.«

»Hört, hört«, sagte Alfred anerkennend.

»Gelernt ist gelernt«, konterte ich. »Therapie ist mein Handwerk.«

»Ich schlage vor«, sagte Dilara, »ich gebe das, was du eben gesagt hast, meinem Vater weiter und du deinem Fraktionsvater.«

»Das können wir machen«, antwortete ich, »aber es hätte keinen Erfolg, weil wir beide Teil des Systems sind.«

»Du machst es dir aber einfach«, höhnte Dilara, »du hast Schiss, dem Fraktionsvorsitzenden die Meinung zu geigen, und entschuldigst dich damit, dass du Teil des Systems bist. Ich habe keine Angst, meinem Vater die Meinung zu sagen!«

»Und – ändert sich dadurch was an seinem Verhalten?«

Dilara wechselte das Thema: »Sag uns lieber, wer die Mutter ist.«

»Wenn wir nicht von der liebevollen Mutter reden, sondern von der treuen Hausfrau, dann gehört dieser Part ganz sicher dem parlamentarischen Geschäftsführer.«

»Der Typ heute, der die ganze Zeit mit seinem Ohr am Mund vom Chef hing?«, fragte Lukas.

»Exakt der. Er tut alles, damit es dem FV gut geht; so wie die fleißige Hausfrau putzt und kocht und bügelt und ihrem Ehegatten den Rücken freihält, so erledigt der PGF alles, damit der FV sich den wichtigen Dingen des politischen Lebens widmen kann.«

Dilara jubelte: »Das ist ja genau wie bei uns zu Hause, meine Mutter ist bei uns die parlamentarische Geschäftsführerin. Ich hätte doch in die Fraktionssitzung mitkommen sollen. Und was sind so für euch die wichtigen Dinge des Lebens? Bei uns zu Hause heißt die Philosophie: viel Zaster, null Laster. Ich halte dagegen und behaupte, besser ist viel Zaster, viel Laster!«

»Nicht in den höchsten politischen Kreisen. Da geht es um die Umsetzung des politischen Willens und die Gestaltung der Gesellschaft.«

»Aha«, sagte Dilara, »und das ist die Aufgabe vom Fraktionsvater?«

»Ja, indem er die Fraktion zusammenhält und dafür sorgt, dass sie mit einer Meinung auftritt, die dann legislativ umgesetzt werden kann.«

»Das geht doch gar nicht, wenn es wie in einer Familie ist«, kicherte Dilara, »eine Familie ist nie einer Meinung.«

»Eine Fraktion anscheinend auch nicht«, sagte Lukas. »Quod erat demonstrandum.«

»Was habt ihr noch alles?«, fragte Dilara. »Ich meine so an Familienmitgliedern?«

»Wir haben alles in der Fraktion, alle Typen, die in einer Familienkonstellation anzutreffen sind: die keifende Schwiegermutter, den besserwisserischen Onkel, das enfant terrible, das in der letzten Woche wieder mal was angestellt hat …«

»Wie geht das denn bei euch?«

»Nicht wie bei dir, liebe Dilara, indem man die Nacht nicht nach Hause kommt. Bei uns handelt es sich zum Beispiel um Zeitungsinterviews, die nicht der Fraktionslinie entsprechen. Diejenigen, die diese Interviews geben, gleichen Kindern, die ihren Eltern widersprechen. Dann gibt es die Musterkinder, die vom Papa öffentlich gelobt werden und uns anderen als leuchtendes Vorbild dienen sollen, die dann wiederum von denen, die auch mal gelobt werden wollen, beklatscht werden. Du siehst, es ist alles da, was das Herz einer Familientherapeutin begehrt. Sogar ein naseweises Mädchen wie du ist mit dabei, die alles besser weiß und alle nervt.«

»Und welche Rolle hast *du*?«, fragte Mama leicht besorgt.

»Ich bin das Pflegekind.«

»Du meinst ein Adoptivkind?«

»Nein, Adoptivkinder hat man für den Rest seines Lebens an der Backe kleben, Pflegekinder sind mit Rückgaberecht versehen.«

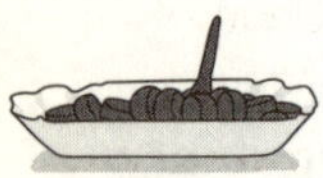

Am nächsten Tag war der Besuch im Reichstag angesetzt. Diesmal wollten alle mitkommen. Tante Semra war ganz aufgeregt: »Meinst du, ich kann mit Kopftuch gehen? Ich will dir politisch nicht schaden!«

»Wie wäre es, wenn du das blöde Kopftuch zur Feier des Tages mal zu Hause lassen würdest«, fragte Mama, die die Gelegenheit, über das Kopftuch zu reden, sehr gern wahrnahm.

Alfred, unser intellektueller deutscher Neuerwerb, verspürte den Drang, sich einzumischen, schließlich hatte er sich jahrzehntelang für Toleranz und das friedliche Zusammenleben eingesetzt: »Liebe Latife, es steht Semra doch frei, sich so zu kleiden, wie sie es für richtig hält … vielleicht bist du ein wenig streng mit deinem Urteil.«

»Nein«, unterbrach ihn Mama sofort, »ich bin keinesfalls zu streng, der Kopf muss frei sein, damit der Geist frei ist, bei Männern und Frauen gleichermaßen.« Sie schaute jetzt nachdenklich auf Tante Semras Kopftuch. »Ich habe Semra schon vorgeschlagen, das Tuch so zu binden, dass wenigstens die Ohren frei sind. Ihre muslimischen Freunde, von denen sie sich diesen Floh ins Ohr hat setzen lassen, behaupten ja immer, dass die Haare bedeckt sein müssen, von Ohren ist nicht die Rede.«

»Du musst mit dem Kopftuch kommen«, sagte ich schnell zu Tante Semra, um diese leidlich bekannte Diskussion nicht weiter in die Länge zu ziehen. »Es wird mir nicht schaden, im Gegenteil. Du bist ja nur Gast, da stört das Kopftuch überhaupt nicht, ja, es ist ein Zeichen unserer Öffnung und Toleranz.«

»Bist du sicher?«

»Ganz sicher. So etwas streichelt die Sozi-Seele.«

Tantchen war beruhigt.

»Ich will endlich sehen, wo du arbeitest«, meinte Mama, »können wir dein Büro besichtigen?«

»Ja, natürlich. Es gibt allerdings ein kleines Problem.«

»Welches denn?«

»Ich fürchte, wir passen da nicht alle rein. Es ist einfach zu eng. Im Büro sitzen schon zwei Mitarbeiterinnen und zwei Praktikanten. Wir platzen aus allen Nähten.«

Alle lachten, als hätte ich einen guten Witz gemacht, niemand glaubte ernsthaft, dass das Büro einer Bundestagsabgeordneten so klein sein könnte. Mama hielt es gar für eine billige Ausrede. »Willst du uns dein Büro nicht zeigen?«, argwöhnte sie.

»Darf ich alle hereinbitten in meinen persönlichen Palast der Republik«, sagte ich deswegen mit einer kleinen Genugtuung in der Stimme, als wir endlich vor meiner Tür standen. Mama trat als Erste ein, dann Tante Semra, Tante Gül und Alfred, und dann ging nichts mehr, es gab einen Stau.

»Geht bitte durch in mein Zimmer, damit die anderen auch rein können«, rief ich von draußen. Ich folgte als Letzte. Drei winzige zusammenhängende Räume, in denen jetzt zwölf Personen standen, denn als die Gäste kamen, waren die Anwesenden aus Höflichkeit aufgestanden. »Verteilt euch bitte auf die Zimmer, und wer genug gesehen hat, geht wieder raus«, rief ich.

Zehn Minuten später waren alle wieder draußen.

»Das habe ich mir aber anders vorgestellt«, sagte Mama.

»Das sind ja die reinsten Kaninchenställe! Ich habe wirklich gedacht, wir würden uns alle gemütlich hinsetzen und vielleicht einen Kaffee trinken. Hast du uns nicht erzählt, du hättest ein schönes Büro?«

»Ich habe das große Los gezogen, mein Zimmer hat Ausblick.«

»Das glaubt mir kein Mensch«, sagte Lukas, »alle denken, dass du in Berlin ganz bräsig in deinen Zimmerfluchten sitzt. In jeder Anwaltskanzlei ist es schicker.«

»Natürlich ist's in jeder Anwaltskanzlei schicker, wir sind ja auch keine Anwälte, wir sind einfache Volksvertreter.«

»Das glaubt mir kein Mensch«, wiederholte Lukas.

»Jetzt gehen wir runter, und dann machen wir eine nette Führung durch den gesamten Komplex, das wird euch versöhnen.«

»Hier ist ja die Hölle los«, sagte Tante Semra, als wir von meinem Büro im Paul-Löbe-Haus hinüber in den Reichstag schlenderten, »so viele Menschen, ich habe mir das Leben im Bundestag anders vorgestellt, irgendwie ruhiger und diskreter.«

»Ich bekomme Platzangst«, sagte Mama, die Menschentrubel hasste.

»Aber, aber, das ist doch gerade die demokratische Errungenschaft: Das Volk soll sehen, wie seine Vertreter arbeiten!«

Aber mein flotter Spruch änderte nichts an der Tatsache, dass es wirklich zum Bersten voll war. Unzählige Menschen zogen einzeln, gruppenweise mit Führern oder mit ihren Wahlkreisabgeordneten an uns vorbei. Ich weiß nicht, ob es an der speziellen Zusammensetzung meiner Besuchergruppe lag oder an dem Kopftuch meiner Tante, jedenfalls erregten wir einiges Interesse, und bei einigen Genossen sogar den Wunsch, als interkulturelle Mediatoren aufzutreten, und das aus folgenden Gründen:

Erstens: Wenn Türken miteinander reden, wirkt es für Nicht-Türken so, als würden sie sich streiten. Sie wissen schon: laut mit viel Gestik und so.

Zweitens war ich als Kopftuchfresserin bekannt, niemand traute mir eine Kopftuchtante zu. Als wir da nun so im Reichstag herumstanden und miteinander sprachen, kamen einige Genossen wohl auf die Idee, ich würde mich gerade mit einer Kopftuchträgerin streiten.

»Kann ich irgendwie vermitteln?« Eine Genossin, eine ausgewiesene »Integrationsexpertin« der Partei, lächelte uns an.

»Eh? Wobei?«

Sie deutete leicht mit dem Kopf auf Tante Semra.

»Falls es irgendwie ein Missverständnis gegeben hat.«

Zwinkerte sie mir zu, oder bildete ich mir das nur ein?

»Ja, bei uns in der Familie gibt es dauernd Missverständnisse, aber keine Ahnung, ob Sie uns dabei helfen können.« Dilara lächelte zurück.

»Oh, darf ich bekannt machen?« Ich sprang ein. »Meine Familie, sie wollten unbedingt die große Politik erleben.«

»Oh!« Mehr brachte die Genossin nicht heraus.

»Das ist unsere Kopftuchoma«, sagte Dilara, »aber sie ist sehr o.k.«, fügte sie entschuldigend hinzu.

»Und die einzige Kopftuchträgerin der Familie«, ergänzte ich noch.

Nachdem die Genossin schnell etwas murmelnd verschwunden war, ärgerte sich Tante Semra: »Ich habe gleich gesagt, ich bleibe lieber zu Hause, wenn ich dir Ärger bereiten sollte.«

»Aber nein, du hast mir überhaupt keinen Ärger bereitet, im Gegenteil, du hast meinen Ruf entschieden korrigiert. Schau mal, wie sie alle zu uns rüberschielen. Dein Kopftuch wird jetzt in Windeseile die Runde machen, und ich werde den Ruf los, eine heimliche Kemalistin zu sein, die die SPD unterwandert.«

»Denkt man das wirklich über dich?«, fragte Dilara.

»Es gibt immer wieder Gerüchte in der Richtung.«

»Und was machst du dagegen?«

»Siehst du doch, ich nehme Tantchen mit in den Reichstag!«

Der nächste Kollege blieb eigentlich nur stehen, weil er mir gratulieren wollte. »Herzlichen Glückwunsch«, sagte er, »ich habe gehört, du bist jetzt die Islambeauftragte der Fraktion.«

»Ja, danke.« Alle bekamen große Ohren. Ich hatte die Sache mit der Islambeauftragten zwar Ahmet erzählt, aber nicht den anderen. Vor allem Mama nicht, weil ich genau wusste, welche Diskussionen kommen würden. Und prompt ging es auch los.

»Was höre ich da?«, sagte Mama. »Du bist Islambeauftragte?«

»Ja, Mama, ich bin seit einer Woche die Islambeauftragte meiner Fraktion.«

»Was heißt hier Islambeauftragte«, regte sich Mama, die lupenreine Kemalistin, sofort auf. »Du bist Politikerin, was hat denn Politik mit Religion zu tun?«

»Mama, Deutschland ist ein säkulares Land, kein laizistisches wie Frankreich oder die Türkei, deswegen ist in diesem Land die Politik religionsfreundlich.«

»Und warum haben sie *dich* zur Islambeauftragten gemacht?«, regte sie sich weiter auf. »Du bist doch gar nicht so fromm.«

»Sei doch froh, dass deine Tochter überhaupt einen Job in der Fraktion bekommen hat! Nein, das war nur Spaß, Mama. Fakt ist, dass in Ermangelung frommer Muslime die Wahl auf mich gefallen ist. Ehrlich gesagt war die Auswahl auch nicht besonders groß. Genaugenommen bin ich die einzige Muslima, vielleicht keine im klassischen Sinne fromme, aber eine bekennende, da hat man halt mich ausgewählt. Außerdem ist das ein politischer Job und kein theologischer.«

»*Elhamdulillah*, gelobt sei Gott, wir sind alle Muslime«, sagte Mama, »aber das sollte doch eine private Angelegenheit bleiben.«

»Und was musst du so machen?«, fragte Tante Semra neugierig, sie war ja unsere Vorzeigefrau in Sachen Religion.

»Ich muss mit den Vertretern islamischer Gruppierungen reden und dafür sorgen, dass in unserem Land ein zeitgemäßer Islam politisch etabliert wird.«

»Was willst du machen?«, bellte Mama, die nur »politisch« und »Islam« gehört hatte. »Du willst den politischen Islam etablieren? Nein, dafür habe ich gar kein Verständnis, dafür habe ich dich nicht großgezogen, dass du meine Ideale verrätst!«

»Mama, ganz ruhig! Es geht nicht um den politischen Islam, der Islam soll nur die gleichen Rechte bekommen wie die anderen Religionsgemeinschaften. Das finde ich wichtig und richtig, und das ist eine politische Entscheidung, alles klar?«

»Ich finde es gut, dass du Islambeauftragte geworden bist«, meinte Lukas. »Du bist ein muslimischer Freigeist und kannst die gebotene Distanz zu diesen ganzen muslimischen Verbänden und Vereinen halten, sie sind dir alle gleich lieb – oder gleich nicht lieb. Aber niemand kann dir vorwerfen, du würdest mit dem einen oder anderen Verein fraternisieren.«

Zwanzig Meter weiter begegneten wir dem nächsten Genossen. Er lobpreiste mich. »Es ist so schön, dass wir Ihre Frau in der Fraktion haben«, sagte er zu Ahmet, »wir lieben sie alle.«

»Und warum?«

»Wie – warum?«

»Warum lieben Sie meine Frau?«

Der Kollege dachte nach. »Erstens ist es schön, eine Türkin in der Fraktion zu haben … Und dann hilft sie uns allen sehr. Sehen Sie, sie gibt uns immerzu heiße Tipps im Umgang mit Türken. Wir wissen doch gar nicht, wie man das am besten macht, wenn man eine Einladung zu Türken bekommt und wie man sich bei Moscheebesuchen verhält. Wir fragen sie auch, wenn wir einen türkischen Verein besuchen. Wir wissen doch gar nicht, welcher Verein gefährlich ist und welcher nicht.«

»Ich wusste gar nicht, dass meine Frau alle türkischen Vereine im Bundesgebiet kennt«, sagte Ahmet, »und dass sie auf der Gehaltsliste des Verfassungsschutzes steht, wusste ich auch nicht.«

»Aber …« – der Kollege war leicht irritiert –, »sie hilft uns immer.«

»Ja, was bleibt ihr auch anderes übrig. Guten Tag.«

»Hoi, hoi, hoi, Onkel Ahmet«, sagte Dilara, »so unhöflich kenne ich dich gar nicht, bist du eifersüchtig, dass Tante Lale von allen geliebt wird?«

»Quatsch«, erboste sich Ahmet, »ich ärgere mich, dass Lale in eine bestimmte Rolle gedrängt wird. Auskunftsbüro für Türkenangelegenheiten! Das ist so … so …«, er suchte nach Worten, »so unpolitisch. Das ist genau das, was ich befürchtet habe, die Türkin für die Türken. Schuster bleib bei deinen Leisten!«

Einfach unpolitisch – das war der schlimmste Vorwurf, den Ahmet aussprechen konnte. Aber zu früh, denn bei dem nächsten Kollegen wusste er gar nicht mehr, was er sagen sollte. Dieser Kollege teilte meinen Angehörigen ungefragt mit, wie sehr er sich freue, dass ich mich um meine Landsleute kümmern würde.

»Welche Landsleute meinen Sie denn?«, fragte Ahmet kühl.

»Die Migranten«, antwortete der Kollege, bass erstaunt, dass Ahmet das nicht wusste.

»Na, so was«, erwiderte Ahmet, »und ich dachte die ganze

Zeit, sie würde sich um ihren Wahlkreis kümmern. Sie ist ja permanent auf irgendwelchen Veranstaltungen in Köln unterwegs.«

»Ja, um die muss sie sich natürlich auch kümmern«, bestätigte der Kollege eilfertig, »aber sie kümmert sich auch um die Migranten.«

»Und um wen kümmern Sie sich? Ausschließlich um die Bio-Deutschen in Ihrem Wahlkreis, während sich meine Frau um fünfzehn Millionen Menschen zu kümmern hat? Wie unpolitisch!«

»Du wiederholst dich«, flüsterte ich. »Jetzt gehen wir essen.«

Ich hatte die Kantine ausgesucht, in der ich fast jeden Mittag war, weil alle so neugierig darauf waren. Auch dort war es zum Bersten voll, vor der Essensausgabe hatten sich lange Schlangen gebildet, in der alle brav mit ihren Tabletts warteten.

»Das hätte deinem Vater gefallen«, jubelte Mama, nachdem sie mitbekommen hatte, dass dort alle anstanden, Minister genauso wie Praktikanten. »Er nannte das die Überwindung der sozialen Schranken. Schade, dass er das nicht mehr miterleben durfte.« Sie wischte sich heimlich eine Träne aus den Augenwinkeln.

Das Thema beim Mittagessen waren dann die aktuellen Begegnungen mit meinen Fraktionskollegen.

»Ach, Tantchen«, sagte Dilara, »ich konnte es heute wieder einmal feststellen. Du bist die Alibitürkin deiner Partei.«

»Ich finde, sie ist eher der Vorführwagen der Partei für gelungene Integrationspolitik«, entgegnete Lukas. »Sie hat es immerhin in den Bundestag geschafft.«

»Und was ist mit all denen, die nicht in den Bundestag kommen?«

»Um die muss sich dann unsere Tante kümmern, damit sie es wenigstens in den Landtag schaffen.«

»Integration, Integration, ich kann es nicht mehr hören«, sagte Mama, »hoffentlich wissen die Betroffenen auch, dass sie integriert werden sollen.«

»Integration ist kein Thema für die Betroffenen«, sagte Lukas frech, »sie ist ein Thema für Politiker und Medien.«

»Integration ist genauso überflüssig wie eine Stillschule«, sagte Dilara. »Kein Mensch braucht so was. Ich meine, welcher Säugling will schon verhungern? Hallo? Wer möchte nicht reich und anerkannt sein? Und dazugehören? Ich kann es jedenfalls nicht mehr hören, dass ich integriert werden muss.«

»Es geht auch nicht um dich«, entgegnete Lukas, »du bist tatsächlich der Säugling, der die Brust annimmt. Aber es soll auch andere geben. Und solange die Medien täglich hanebüchene Storys liefern über die Säuglinge, die die Brust verweigern, sprich über die kulturell desintegrierten Migranten, müssen Politiker aller Parteien zeigen, dass sie sich um dieses Thema kümmern.«

»Wobei du nicht nur phantastisch integriert bist, sondern mit deiner Art zu reden bei der Jungen Union sehr gut aufgehoben wärst«, ergänzte Dilara und schaute Lukas geradewegs in die Augen.

»Hey, hey, hey«, sagte Alfred, »es ist nichts Ehrenrühriges daran, in der Jungen Union zu sein!«

»Ja, aber es hat das Image vom glattgescheitelten Karrieristen«, entgegnete Mama entschuldigend, »außerdem ist unsere Familie traditionell immer schon links gewesen. Ehrlich gesagt, können wir uns nicht vorstellen, dass einer von uns bei der JU Mitglied wird.«

»Ich habe dagegen nie verstanden, warum ihr SPD-Anhänger seid«, sagte Alfred, »ich finde, ihr seid eine sehr wertkonservative Mittelschichtfamilie.«

»Das sind wir, lieber Alfred«, sagte Mama, »aber wir kommen aus der Türkei, und dort wählen Menschen wie wir traditionell links.«

»Und die anderen? Die sozial schwachen?«

»Die wählen konservativ.«

»Verkehrte Welt!«, stellte Alfred fest.

Zwei Tage später ging es wieder zurück nach Hause. Und wieder waren wir viel zu früh am Flughafen, wegen … Sie wissen schon.

»Und, wie war es für euch?«, fragte ich, »Wie hat euch das politische Berlin gefallen?«

Interessant, hochinteressant, superinteressant – insgesamt war das Urteil über die Reise positiv.

»Wie war es denn für dich, Alfred?«, fragte Tante Semra, »so die ganze Zeit bei der Konkurrenz?«

Alfred lachte: »Die Sozis sind völlig in Ordnung«, meinte er, »und wir auch!«

Die jungen Leute hatten ihren Spaß gehabt, vor allem abends und nachts war Berlin sehr interessant gewesen. Ahmet schwieg, er hatte sich am meisten auf Berlin gefreut, das wusste ich.

»Ahmet, du sagst ja gar nichts. Wie fandest du unseren Ausflug?«

Ahmet wartete einen Moment, bevor er antwortete, man sah ihm an, dass er nachdachte: »Vielleicht hätte ich nie nach Berlin kommen dürfen, so hätte ich meine Ideale weiterhin für bare Münze halten können. Aus der Nähe betrachtet, verliert vieles an Glanz«, fuhr er fort, »man darf eben nicht zu nahe dran, wenn man sich die Illusion erhalten will. Es ist wie bei der Bauchtänzerin.«

»Der Bauchtänzerin?«

»Ja. Ich sage immer, eine Bauchtänzerin darf nicht zu nahe an die Zuschauer ran, und sie darf nicht zu lange tanzen, damit die Illusion des Glanzes erhalten bleibt. Wenn man mit der Wirklichkeit konfrontiert wird, erkennt man, es ist alles sehr viel banaler als in unseren Vorstellungen. Die Bauchtänzerin erscheint bei richtiger Beleuchtung und aus der richtigen Entfernung wie eine Lichtgestalt. Ihre Augen sehen aus wie Sternschnuppen, ihre Haare wiegen sich wie ein Weizenfeld, sie hat ein wunderschönes Kostüm an, und ihre Bewegungen sind erotisch und feenhaft zugleich. Die Musik klingt geheimnisvoll und fremd, und ihr Tanz entführt uns in die unbekannten Sphären von Tausendundeiner Nacht. Es ist wie ein Traum. Dann verbeugt sie sich und verschwindet hinter dem Vorhang, und wir sind verzaubert ob ihrer Schönheit und Eleganz. Sollte sie uns allerdings während des Tanzens zu nahe kommen, sehen wir Dinge, die wir lieber nicht gesehen hätten. Dass sie Cellulitis hat und ihr wunderschönes Kostüm geflickt ist. Und wir sehen Schweißränder unter den Achseln. Und ihre Augen, die von weitem wie Sterne geglänzt haben, sind mit widerlichem Perllidschatten in Blau umrandet. Und ihr wogendes Haar entpuppt sich als Perücke. Und wenn sie zu lange tanzt, ist auch der Zauber weg, dann hören wir, dass die Musik von einem Kassettenrecorder kommt, der scheppert und jault. Und wir sehen, dass die Bauchtänzerin eigentlich immer dieselben Figuren tanzt, und was einem beim ersten Hinsehen erotisch vorkam, ist bei der sechsten Wiederholung nur noch peinlich. Und daran musste ich die letzten Tage immer denken; genau diese Assoziationen habe ich nach meiner Begegnung mit der Politik in Berlin.«

Ahmet atmete tief aus nach diesem langen Monolog. »Schade um meine Illusionen«, murmelte er noch.

»Vielleicht sollten sich Politiker von Bauchtänzerinnen coachen lassen«, schlug Tante Semra vor, »von den Guten!«

»Nur von den Guten«, bestätigte Ahmet, und er lächelte schon wieder.

Abweichler überall

Die Konflikte, die seit Jahren in der SPD und in der Familie von Nihal vor sich hindümpelten, gewannen in Berlin durch die Agenda 2010 und in Köln durch die Pubertät von Dilara immer mehr an Brisanz. Hüben wie drüben wurde rebelliert, hüben wie drüben waren die Ziele der Rebellierenden gleich: mehr innerparteiliche bzw. innerfamiliäre Demokratie, mehr Transparenz bei Entscheidungen, größere Beteiligung der Basis. Hüben wie drüben versuchten die Mächtigen die Rebellion zu übersehen, schönzureden oder die Rebellierenden im Zaum zu halten, während diese lautstark protestierten, und so mancher versuchte seinen Protest mit Taten zu unterstreichen. Da die werte Leserin und der werte Leser die politischen Ereignisse in Berlin aus den Medien verfolgen konnten, werde ich mich auf die Abweichler in Köln konzentrieren. Eigentlich gab es hier nur eine einzige Abweichlerin: Dilara.

Nach der Geschichte mit der Heiratsanzeige, zeigte sich Ali noch seltener im Familienkreis. Von Ahmet mit der eindeutig von ihm geschickten Mail konfrontiert, hatte Ali die Anzeige als »Spaß« deklariert und Ahmet der Humorlosigkeit bezichtigt.

»Was ist das für eine Art von Humor?«, hatte Ahmet gefragt, »wenn zig Frauen ihren ganzen Mut zusammennehmen, voller Hoffnungen bei einem wildfremden Mann anrufen, um dann zu erfahren, dass sie verarscht worden sind?«

Ali hatte mit den Schultern gezuckt.

Einige Wochen später klingelte abends in Berlin das Telefon. Auf dem Display erschien unsere Nummer – komisch, denn im Gegensatz zu den Spekulationen meiner Kollegen führte Ahmet abends keine Kontrollanrufe durch.

»Hallo, schöner Mann, hatten Sie Sehnsucht nach mir?«

»Ja, das auch«, sagte Ahmet, »aber der eigentliche Grund meines Anrufs ist: Wir haben Besuch bekommen.«

»Deswegen rufst du mich um Mitternacht an?«

»Dilara ist hier.«

»Dilara?«

»Ja, sie ist mit Sack und Pack zu uns gekommen; sie hält es anscheinend zu Hause nicht mehr aus, und da sind wir ihr eingefallen.«

» …?«

»Hallo? Bist du noch dran?«

»Natürlich bin ich dran, aber ein wenig geschockt. Was sagen denn Nihal und Ali?«

»Noch gar nichts, sie ist ja erst vor einer halben Stunde eingetroffen. Die Frage ist doch, was machen wir jetzt mit ihr?«

»Erst einmal ein Bett anbieten, schätze ich. Was ist mit Azizas Zimmer?«

»Sie hat sich schon einquartiert.«

Als ich am Freitag nach Hause kam, hatte Dilara nicht nur Azizas Zimmer bezogen, sondern unsere gesamte Wohnung vereinnahmt. Bereits an der Haustür bekam ich den Umfang mit. Im Flur lagen Schuhe und Taschen. An der Garderobe hingen mehrere Jacken und Mäntel. Dilara hatte sich sichtbar häuslich eingerichtet. Die Schneise der Verwüstung zog sich weiter ins Wohnzimmer und von dort in die Küche.

»Hallo, ist denn keiner zu Hause?«

Aus dem Schlafzimmer trat ein blasser Ahmet.

Hier muss ich vielleicht ein wenig innehalten, und eine weitere Eigenschaft Ahmets ausführen. Ahmet ist ein ordentlicher Mensch, mit den Kriterien Normalsterblicher gemessen, ist er weit mehr als ordentlich. Er ist ein außerordentlich ordentlicher Mensch, weil er weit über dem eingeordnet werden muss, was gemeinhin als Ordnung verstanden wird. Darüber hinaus ist er – siehe seine Vorbehalte gegen Hotelzimmer – auch ein überaus sauberer Mensch. Seine Ahnenreihe mütterlicherseits lässt sich auf Hygieia, die Göttin der Sauberkeit, zurückführen. Es muss die mütterliche Linie sein, weil meine Schwiegermutter wie gesagt die gleiche Leidenschaft für Sauberkeit hatte. Man kann prima mit Ahmet auskommen, wenn, ja wenn man sich zu Hause an seine Regeln hält.

Ich bin der lebende Beweis dafür, dass das möglich ist. Ich halte es schon mehr als 25 Jahre mit ihm aus, indem ich mich seinen Vorstellungen von Sauberkeit und Ordnung unterwerfe. Aber nicht nur ich. Auch Kater Anton. Ahmet hat unserem Kater Anton beigebracht, nicht auf den Küchentresen und den Esstisch zu springen, wenn dieser gedeckt ist. So steht der Kater vor einem gedeckten Tisch, auf dem leckere Fleisch- und Fischgerichte aufgetragen sind, und begnügt sich damit, den Geruch tief zu inhalieren, und mit einem höflichen Maunzen auf seine schwer zu ertragende Situation aufmerksam zu machen.

Oder die Sache mit dem weißen Sofa. Ich wollte ein weißes Sofa, und der Kater ist schwarz. Ahmet hat dem Kater beigebracht, sich auf dem weißen Sofa nur auf eine bestimmte Decke zu legen. Mit Erfolg. Der schwarze Kater und das weiße Sofa haben seit mehreren Jahren eine friedliche Koexistenz.

Außerdem hat Ahmet alle türkischen Imbissbudeninhaber im Umkreis von zehn Kilometern, die im Besitz einer Kundentoilette sind, dazu gebracht, ihre Toiletten mit Seifenspendern und Papierhandtüchern auszustatten. Eine

Leistung, die das Gewerbeaufsichtsamt so in der Form nicht fertigbringen würde, weil das Amt mit Bestrafung arbeitet, während Ahmet als erfahrener Pädagoge mit Lob und positiven Reizen agiert. »Mir geht das Herz auf, wenn ich auf Ihre Toilette gehe«, sagt er den Inhabern. Oder: »Ich empfehle sie überall weiter, weil sie so sauber sind!«

Zur Ehrenrettung von Ahmet muss ich hier festhalten, dass er von seinen Mitbewohnerinnen (also von Aziza oder mir) nie erwartet hat, dass wir uns aktiv an seinem System beteiligen, d. h. putzen oder waschen. Denn das könnten wir eh nicht so gut wie er. Das Einzige, was er erwartet, ist, dass die Mitbewohner keine Unordnung machen. Wenn er den Anblick der Unordnung nicht mehr ertragen kann, und er kann ihn *gar* nicht ertragen, dann macht er das Heinzelmännchen und räumt hinter seinen Mitbewohnerinnen auf. Wenn ich morgens aufgestanden und ins Bad gegangen bin, finde ich bei der Rückkehr ins Schlafzimmer meinen Pyjama schon ordentlich zusammengelegt, weil Ahmet den Anblick eines ausgezogenen und achtlos hingeworfenen Pyjamas nicht ertragen kann. Wenn die werte Leserin jetzt denkt: »Das ist doch wunderbar, so ein Heinzelmännchen wünscht sich jede Frau!«, dann kann ich nur sagen, alles hat seinen Preis. Denn erstens habe ich permanent ein schlechtes Gewissen, wenn ich den zusammengelegten Pyjama sehe, was dazu führt, dass ich selbst anfange, meinen Pyjama aufzuräumen, und zweitens muss ich mich permanent bedanken, weil das alles nicht selbstverständlich ist.

Es gibt noch viele andere Beispiele. Nehmen wir mal an, ich stehe in der Küche und putze Gemüse, und just in dem Moment betritt Ahmet den Raum. Dann beginnt folgender Dialog:

»Wie kannst du in dieser Unordnung kochen?«

»Was für eine Unordnung?«

»Die Gemüseschalen. Wieso legst du die Gemüseschalen nicht ordentlich auf eine Unterlage?«

»Ich schmeiße sie doch gleich weg.«

»Das ist doch kein Argument dafür, die leeren Schalen auf dem Tresen herumliegen zu lassen.«

Ich spüre, dass der Anblick ihm körperlich weh tut. Diesen Schmerz können nicht viele Menschen nachvollziehen. Eigentlich nur ich. Und jetzt würden wir eine Mitbewohnerin haben, die zwar durch ihre Besuche wusste, dass man bei uns vom Fußboden essen konnte, aber kaum nachvollziehen konnte, wie diese Ordnung und Sauberkeit zustande kamen. Wir kannten den Zustand von Nihals und Alis Haus. Obwohl Nihal nicht berufstätig war, war es bei ihr, mit Ahmets Kriterien gemessen, unordentlich und schmutzig. Ich betone: mit Ahmets Kriterien gemessen. Ich denke mal, für die allermeisten Menschen wäre der Haushalt von Nihal und Ali völlig o. k. Bei uns galten halt die Ahmetschen Gesetze.

Und genauso war es. Während Anton sich weiterhin auf seine Decke legte und geduldig wartete, bis sein Napf gefüllt wurde, dehnte sich Dilara aus. Es war dem physikalischen Ausdehnen von Materie vergleichbar, nachdem der Druck reduziert wurde. So gut Ahmet die seelische Entfaltung Dilaras fand, so schlimm fand er ihre Unordnung.

Ahmet machte eine ausladende Bewegung: »Schau dich doch um, wie es in unserem Heim aussieht. Das ist nicht mein Zuhause!«

Es war nichts Dramatisches passiert, es lag nur alles herum. Keine wirklich schlimme Unordnung, um Gottes willen; nein, hier mal ein Glas, dort mal ein Buch, auf dem Stuhl eine Jacke, daneben eine Tasche.

»Du musst mal Azizas Zimmer sehen, es sieht aus, als hätte eine Bombe eingeschlagen!«

»Jetzt lass mal die blöde Ordnung beiseite, erst müssen die familiären Probleme gelöst werden.«

»Aber nicht auf Kosten meiner Nerven. Ich muss doch nicht die Erziehungsfehler von Ali und Nihal ausbaden.«

»So kenne ich dich gar nicht, du bist doch sonst ein Pädagoge mit Leib und Seele.«

»Ja, der bin ich, aber ich bin auch ein Mensch, und ich habe meine Schwächen. Und dazu zählt mein Ordnungssinn.«

»Waren Nihal und Ali schon hier?«

»Natürlich waren sie hier, mehrfach und mit dem ganzen Repertoire bis zur simulierten Ohnmacht. Trotzdem waren sie nicht erfolgreich. Dilara weigert sich, mit ihnen nach Hause zurückzukehren. Sie sagt, sie sei über 18 und könne dort leben, wo es ihr gefällt.«

»Freu dich doch, dass es ihr bei uns gefällt.«

»Gut, ich freue mich.«

Es vergingen weitere Wochen. Dilara indes kostete nicht nur ihre neu gewonnene Freiheit aus, schlimmer noch, sie stellte das Ahmetsche System in Frage.

»Onkel Ahmet, halt doch mal die Luft an«, sagte sie, wenn Ahmet sie zum zwanzigsten Mal ermahnte, ihre Sachen wegzuräumen, »ich finde das völlig o.k., dass auch mal Sachen liegenbleiben. Wenn du meine Meinung hören willst, ist die Ordnung in dieser Wohnung nicht normal; so wie ihr lebt doch kein Mensch!«

»Anscheinend doch«, erwiderte Ahmet, »wie du jetzt seit genau vier Wochen mitbekommst, gibt es Menschen, die so leben, wir zum Beispiel.«

»Die beiden schweben durch diese unwirkliche Wohnung«, erzählte sie Mama und Tante Semra, »immer in Sorge, dass was schmutzig wird. Sie sollten sich freuen, dass ich da bin, ich bringe wenigstens ein bisschen Leben in die Bude, wo Aziza doch in New York ist.«

»Nimm Rücksicht auf Onkel Ahmet«, ermahnte sie Tante

Semra, »überlege mal, er macht dein Zimmer sauber, er wäscht deine Wäsche. Hat dein eigener Vater je so etwas gemacht?«

Dilara nickte schuldbewusst, machte aber auf ihre Art munter weiter. Dann gab es den ersten großen Krach. Dilara hatte auf dem berüchtigten weißen Sofa einen Granatapfel gegessen. Als Ahmet und ich nach Hause kamen, sah er als Erstes die Spritzer auf dem Bezug und stellte sie zur Rede: »Konntest du nicht aufpassen?«, schrie er. »Die Granatapfelflecken gehen nie mehr raus!!«

»Ich habe doch aufgepasst!«, schrie Dilara zurück, »ich habe eine Serviette genommen, sogar zwei Servietten, aber Granatapfelkerne spritzen nun mal, das ist ihnen quasi inne.«

»Nimm dir ein Beispiel an Anton«, sagte Ahmet, jetzt ganz Pädagoge, »der Kater achtet mehr auf das weiße Sofa als du!«

»Der Kater hat ja auch keinen selbständigen Verstand, der macht nur, was du sagst. Ich bin ein denkender Mensch. Du stellst sogar das fundamentum inconcussum der Aufklärung in Frage. Bei Descartes heißt es: ›Cogito, ergo sum‹, ›Ich denke, also bin ich‹. Aber bei dir heißt es immer nur ›Lavo, ergo sum‹, ›Ich wasche, also bin ich‹.«

Ahmet sah, dass ich das Lachen unterdrückte, um seine Autorität nicht zu gefährden. Als wir beide allein waren, klagte er: »Es ist natürlich saukomisch, wenn man das einmal miterlebt und sich ansonsten in der Weltgeschichte herumtreibt wie du. Du kommst Freitagabend an, hast deine eigenen Termine, und Montag früh bist du wieder weg. Ich sage es ganz offen: Ich fühle mich nicht wohl. Diese ganze Geschichte ist nichts für mich. Ich weiß nicht, wo mir der Kopf steht. Dieses Familiendrama, dieses unordentliche Kind, seit über einem Monat ist hier die Hölle los.«

»Nimm es doch mit Humor.«

»Mal schauen, ob du nachher immer noch deinen berühmten Humor hast, wenn Nihal und Ali kommen. Du weißt, wie sehr ich Gebrülle und Gekreische hasse, und seit Wochen findet all das in meinem Haus statt.«

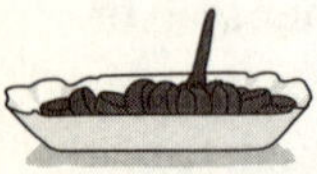

Für den späten Nachmittag war eine Familienkonferenz angesetzt. Eigentlich sind wir eine spontane Familie, die sich ad hoc zusammen telefoniert. Dieser Vorfall nun hatte unsere gemütlichen Zusammenkünfte in eine internationale Krisenkonferenz verwandelt. Schon die Frage, ob dieses Treffen als eine bilaterale oder multilaterale Konferenz verstanden werden müsse, wurde von bestimmten teilnehmenden Delegationen als Unterstellung interpretiert und löste weitere Krisen aus, immer neue Unstimmigkeiten verlangten immer neue Ressortabstimmungen, Detailfragen führten zu Einwänden der Unterhändler, und folglich hatte sich der Termin immer weiter hinausgezögert.

Heute Abend war es endlich soweit: Zu der entscheidenden Konferenz traten nicht nur Nihal und Ali an, sondern auch alle anderen Familienmitglieder: Mama, Tante Semra, Hilal mit Friedrich und natürlich auch Tante Gül als Oma. Sie brachte Alfred mit. Die beiden waren extra aus Wiesbaden angereist.

Schon beim Eintreten betonte Alfred, dass er sich in keiner Weise in die Familienangelegenheiten einmischen wolle und lediglich Tante Gül begleitet habe. Er wolle die Rolle des neutralen UN-Beobachters, was sofort zu Protesten führte, weil ihm die Neutralität nicht abgenommen wurde. Armer Alfred, er ahnte wohl nicht, dass er mitten drin war in der Familie. Mitgegangen, mitgefangen; ein bisschen Familie gab es bei uns nicht.

Die internationale Konferenz verwandelte sich nach wenigen Minuten in ein ausgewachsenes Familiendrama mit

Starbesetzung: Nihal als mater dolorosa, wobei sie statt der heimlichen Tränen heute Abend mit voller Kraft weinen durfte, Ali als Megamacho, Tante Semra in der Rolle der Verständnisvollen, Mama noch schnodderiger als sonst. Ahmet war der Gastgeber, Hilal übernahm die Rolle der Furie.

»Ich will nicht mehr zu Hause wohnen«, sagte Dilara und schaute Ali an, »ich bin volljährig und ich habe es so satt, ewig Rechenschaft ablegen zu müssen, wo ich gewesen bin, mit wem ich zusammen war, immerzu werde ich kontrolliert. Von dir, Papa, und von Mama auch, weil du sonst sauer bist auf sie.«

»Was ist denn so schlimm daran?«, fragte Ali, »ich mache mir als Vater eben Sorgen um meine Tochter. Latife Hanım, das müsstest du doch am Besten verstehen, du machst dir doch auch dauernd Sorgen um alle.«

Das stimmte, allerdings hatten Mama und Ali unterschiedliche Zielgruppen und Phantasien. Während Mama sich Sorgen um alle Familienmitglieder machte, egal welchen Geschlechts, und bei der kleinsten Verspätung böse Verkehrsunfälle vor ihrem geistigen Auge sah, und schon mal die Telefonnummern der nächstliegenden Krankenhäuser bereitlegte, machte sich Ali nur um die weiblichen Familienmitglieder Sorgen und sah sie in den Lotterbetten von Wüstlingen liegen.

»Aber im Gegensatz zu dir verlange ich keine Rechenschaft von den Menschen, wenn sie wieder auftauchen, ich freue mich nur, dass sie gesund zurückgekehrt sind.«

»Ich finde, dass ich auf meine Tochter aufpassen muss«, widersprach Ali. »Wie heißt das alte deutsche Sprichwort? Junge Mädchen sind schwerer zu hüten als ein Sack Flöhe.«

»Wie du schon selbst sagst, lieber Ali«, entgegnete ich, »ist das ein altes deutsches Sprichwort, mit Betonung auf *alt*. Dilara ist über 18. Eigentlich sollte ich nicht mal Mädchen sagen, sondern junge Frau, die muss sich schon selber hüten.«

»Ihr setzt Dilara diese Flausen in den Kopf«, schnaubte Ali

los. »Es macht euch wohl Spaß, meine Tochter gegen mich aufzuhetzen! Der da« – er machte eine Kopfbewegung Richtung Ahmet – »hat sich über meinen kleinen Streich mit der Heiratsanzeige geärgert, und das ist die Retourkutsche. Und nebenbei kann die Frau Abgeordnete einen auf liberal machen. Aber nicht auf meine Kosten, hört ihr, nicht auf Kosten meiner Tochter! Und du hast dem Ganzen zugestimmt«, schnaubte er weiter und schaute diesmal Mama an. »Von dir als alte türkische Frau hätte ich mehr Moral erwartet, mehr Respekt vor den türkischen Sitten, aber ihr seid ja gar keine richtigen Türken mehr!«

Es trat ein Moment der Stille ein. Eigentlich hätte jetzt jeder von uns etwas sagen können. Aber gerade weil wir richtige Türken sind, mussten wir unbedingt Mama den Vortritt lassen bei der Antwort. Weil sie die Älteste im Raum war. Abgesehen davon hätte sie es uns sehr übelgenommen, wenn sie ihre Verteidigung nicht selbst hätte in die Hand nehmen können; das war nun weniger türkisch, sondern mehr Latife.

Mama hob mit eiskalter Stimme an: »Erstens einmal, wenn du auch nur eine Spur in der türkischen Kultur verwurzelt wärest, wüsstest du, dass du mich nicht duzen darfst. Wer bist du, dass du mich duzt? Nicht mal mein eigener Schwiegersohn duzt mich. Also ›Sie‹, wenn du mit mir redest, hast du verstanden? Zweitens kennen wir in unserer Familie solche Probleme wie ›Mädchen, die von zu Hause weglaufen‹ nicht. Das sind Gastarbeiterprobleme, und erst mit deiner Person haben solche Probleme Einzug gehalten in unsere Familie, wie wir überhaupt mit Verhaltensweisen konfrontiert werden, die mehr als merkwürdig sind.«

»Ich bin nicht von zu Hause weggelaufen«, sagte Dilara, »ich bin über 18 und kann leben, wo ich will.«

»Halt den Mund!«, sagte Mama. »Ich rede mit deinem Vater.«

Dilara wollte noch etwas sagen, aber ein Blick von Mama, und sie verstummte augenblicklich.

»Formulieren wir es neutral: Deine Tochter will nicht mehr in deinem Haus leben, und du machst andere dafür verantwortlich. Hast du mal darüber nachgedacht, warum sie nicht mehr mit euch leben möchte? Nach deiner Logik wart ihr eine glückliche Familie, es war alles gut, und dann haben wir aus lauter Bosheit deine Tochter dazu gebracht, von zu Hause wegzulaufen. Soll ich dir mal was sagen, Ali? Du bist einfach nur primitiv. Und all dein Geld und deine beruflichen Erfolge sind nicht der Rede wert. Du bist vielleicht ein Wesir geworden, aber kein Mensch!«

Mama nickte, und ich fragte mich, ob sie damit andeuten wollte, dass die Rede zu Ende war, oder ob sie sich selbst zustimmte. Alfred flüsterte Tante Gül was ins Ohr, wahrscheinlich wollte er eine Übersetzung der auf Türkisch gehaltenen Rede. Ansonsten war es ganz still im Raum.

Ali blickte sich um: »Denken hier alle so wie diese Alte?«, fragte er. »Wenn ja, dann kann ich ja gehen.« Er schaute sich um, niemand widersprach. »Nihal, wir gehen!« Ali stand auf, alle Augen richteten sich auf Nihal. Sie erhob sich.

»Wollt ihr nicht wenigstens zum Essen bleiben? Ich hatte türkische Pizza geholt.« Das war Ahmet. »Zur türkischen Kultur gehört auch die Einhaltung der Gastfreundschaft unter allen Umständen«, murmelte er mehr zu sich selbst, aber natürlich hatten ihn alle gehört.

Mit einem unflätigen Fluch verließ Ali unser Wohnzimmer und Nihal folgte ihm.

»Was meinst du mit ›Du bist ein Wesir geworden, aber kein Mensch‹, Oma Latife?«, fragte Lukas. Es war unglaublich, der Junge versuchte in jeder Situation seine Bildung aufzustocken.

»Das ist ein sehr berühmtes osmanisches Gleichnis«, sagte Mama, erheblich ruhiger als vor drei Minuten. »Ein Mann hatte einen nichtsnutzigen Sohn, und er sagte zu ihm: ›Aus dir wird kein Mensch!‹ Irgendwann verließ der Junge sein Dorf, er ging in die Hauptstadt und fand Unterschlupf am

Hof des Sultans. Und er stieg immer weiter auf und brachte es bis zum Wesir des Sultans. Und als er da saß, auf seinem Posten, fiel ihm sein alter Vater ein, der ja immer behauptet hatte, aus ihm würde kein Mensch werden. Und er schickte Soldaten los, um seinen Vater zu suchen und in den Palast des Sultans zu bringen. Und siehe, die Soldaten wurden fündig und brachten den Vater und warfen ihn vor die Füße des thronenden Wesirs. ›Na, alter Mann‹, sagte der Wesir, ›weißt du, vor wem du im Staube liegst? Vor deinem Sohn, aus dem angeblich kein Mensch werden würde. Siehe: Aus mir ist ein Wesir geworden!‹ Der alte Mann blickte hoch. ›Sohn, ich habe nie behauptet, dass aus dir kein Wesir werden kann, ich habe immer gesagt, aus dir wird kein Mensch. Und ich habe recht behalten!‹«

»Coole Geschichte«, sagte Lukas anerkennend.

Jetzt ging die Diskussion erst richtig los: »Dilara kann nicht bei euch bleiben«, sagte Mama zu mir. »Du bist die meiste Zeit nicht da, und es ist Ahmet nicht zuzumuten, dass er Dilaras Unterhosen wäscht und ihren Dreck wegräumt.«

»Es ist schon eine Unverschämtheit, dass Nihal gegangen ist, bevor eine Entscheidung getroffen worden ist«, erboste sich Hilal. »Von Ali hätte ich nichts anderes erwartet, aber Nihal …«

»Die verlässt sich darauf, dass wir schon eine Lösung finden«, sagte Tante Gül, »nicht wahr? Nihal ist das kleine Mädchen, und wenn Probleme entstehen, dann werden sie entweder vom Ehemann gelöst oder von der Mama. Ich würde ja vorschlagen, dass sie zu mir zieht, aber dann müsste sie nach Wiesbaden, und das so kurz vor dem Abitur …«

»Wie ist es?«, fragte Hilal. »Willst du zu uns ziehen? Ich habe schon zwei, deren Dreck ich wegmachen muss, da kommt es auf eine mehr oder weniger nicht an.«

»Das wäre eine denkbare Lösung«, sagte Mama, und ich sah es ihrer Nasenspitze an, dass sie innerlich glühte angesichts der Tatsache, dass ein Problem mit drei Unbekannten und vier möglichen Lösungswegen zu knacken war. Ich sah so richtig ihr Gehirn arbeiten. »Aber birgt diese Lösungsmöglichkeit nicht weitere Konflikte? Lukas könnte sich eingeengt fühlen, und Friedrich hätte noch ein Kind am Hals.«

»Sie ist unsere Nichte«, sagte Friedrich in seinem schlechten Türkisch, aber wir alle verstanden ihn.

»Das ist sehr großzügig von dir, Friedrich«, sagte Mama, »aber Semra und ich haben das zu Hause ausdiskutiert, und wir sind beide zu dem Schluss gekommen, dass Dilara bis zum Abitur bei uns beiden am besten aufgehoben ist. Danach«, mit einer Kopfbewegung Richtung Dilara fuhr sie fort, »kannst du machen, was du willst.«

Dilara schluckte. Mama und Tante Semra waren nicht die coolen Leute, bei denen sie vorerst wohnen wollte, und ihre gemeinsame Wohnung war nicht ihr Traumdomizil. Von einem Aufenthalt bei uns hatte sie sich wesentlich mehr Freiheiten und Spaß versprochen, aber sie wagte nicht, zu widersprechen.

»Ja, was meint ihr denn?«, fragte Mama.

»Also ich bin einverstanden.« Das war Ahmet.

Ich lachte mir ins Fäustchen, da war der Kelch ja noch einmal an ihm vorbeigegangen, ein schmutzender Teenager, für den gekocht und gewaschen werden musste. Aber Mama hatte recht, Ahmet war die letzte Person, der man diese Aufgabe aufbürden konnte, auch ohne seinen Putzfimmel.

Tante Gül nickte auch: »Das ist sehr großzügig von euch beiden, ihr übernehmt meinen Job, das werde ich euch nie vergessen.«

»Das hoffe ich doch sehr, Gül«, sagte Mama, »dein Schwiegersohn ist ein unmöglicher Mensch, deine Tochter ist schwach und du musst dich mit 65 Jahren noch einmal verwirklichen. Aber all das kann nicht auf dem Rücken meiner Kinder, besonders meines Schwiegersohnes ausgetragen werden. Sei realistisch: Es ist sonst niemand da, der Dilara aufnehmen könnte. Aber irgendjemand muss sich um sie kümmern. Wir werden uns schon zusammenraufen, nicht wahr, mein Kind?«

Dilara schaute betreten drein, es gab keine Alternative, bis auf die, nach Hause zurückzugehen, und das wollte sie auf keinen Fall: »Ich denke, es ist sehr nett von euch, dass ihr mich aufnehmen wollt.« Ihre Unterlippe zitterte.

Mama konnte alles ab, nur keine Rührung: »Ist schon gut«, sagte sie schroff, »und gewisse Regeln müssen natürlich eingehalten werden, das ist wohl klar.«

»Welche?«, fragte Dilara ein wenig ängstlich, schließlich wollte sie nicht vom Regen in die Traufe.

»Nun, du ziehst nicht in eine Pension ein, sondern wir sind eine Familie. Wir essen nach Möglichkeit gemeinsam, wir müssen wissen, wo du abends hingehst und wann du nach Hause kommst. Bei eventuellen Verspätungen benachrichtigst du uns …«

»Ich weiß«, ergänzte Dilara, »sonst stirbst du vor Aufregung.«

»Wunderbar!«, lachte Mama. »Wenn Menschen ihre gegenseitigen Schwächen respektieren, steht dem harmonischen Zusammenleben nichts mehr im Wege.«

Grüße aus der Parallelgesellschaft

Die Geschichte fing damit an, dass in die Nachbarschaft eine türkische Familie einzog. »Weißt du, dass ihr seit neuestem türkische Nachbarn habt?«, fragte Dilara, die jetzt ab und zu vorbeikam. »Ich habe ihren Sohn in der Bahn kennengelernt.«

»Wie das denn?«

»Ich habe ihn angequatscht, weil er so einen coolen iPod hatte, und dann sind wir ins Gespräch gekommen. Als wir ausgestiegen sind, hat er mir gezeigt, wo sie wohnen, und ich habe ihm erzählt, wo ihr wohnt. Es würde mich gar nicht wundern, wenn sie bald aufkreuzten! Aber vielleicht erwarten sie auch, dass ihr den Anfang macht.«

Dann allerdings hätten sie sich gedulden müssen, da sie es aber kaum abwarten konnten, uns kennenzulernen, warfen sie die türkische Etikette über Bord und standen schon am gleichen Abend bei uns vor der Tür. Ahmet, der noch gar nicht über die Geschichte informiert war, öffnete nichtsahnend die Tür und wurde von einer kleinen, aber dafür umso fülligeren Frau mit den Worten: »Hallo, wir sind die neuen Nachbarn. Wir kommen zwar unangemeldet, aber nicht mit leeren Händen«, überrannt, die ihm gleichzeitig eine riesige Schale mit Gebäck in die Hand drückte. Diese Schale war das Symbol für den Beginn einer Nachbarschaft, die vom kalorischen Standpunkt aus gesehen eine gewichtige werden würde. Das wusste ich damals natürlich alles noch nicht, als Ahmet dastand, wie vom Donner gerührt. Er war gerade dabei »Danke, wir kaufen nichts«, zu sagen, als ich dazueilte, weil mir Dilaras Geschichte wieder einfiel.

»Ahmet, das sind unsere neuen Nachbarn! Bitte treten Sie doch ein.«

Die kleine füllige Frau und ihr großer, ebenfalls fülliger Ehemann ließen sich das nicht zweimal sagen; sie waren schon bei uns in der Wohnung, während Ahmet immer noch mit der Schale an der Tür stand.

»Zieht man bei euch die Schuhe aus?«, fragte die füllige Frau – sie war schon zum »Du« übergegangen –, »wenn ihr keine Gästehausschuhe habt, hole ich schnell unsere, wir wohnen ja um die Ecke ... Da ist Gebäck drin«, sagte sie jetzt zu Ahmet und zeigte auf die Schale, »süß und salzig, selbstgebacken, wir haben euch ja so überfallen, da dachte ich, ich bringe was mit, einen Tee werdet ihr ja für uns haben.«

Ahmet stellte die Köstlichkeiten ab, es ging ihm alles ein bisschen schnell. »Vielleicht sollten wir uns erst einmal vorstellen: Ich heiße Ahmet, das ist meine Frau Lale.«

»Wissen wir doch schon«, sagte die füllige Frau, »als uns unser Sohn erzählte, dass ihr hier wohnt, wussten wir natürlich gleich, wer ihr seid. Ich bin Ceylan, das ist mein Mann Mehmet, aber alle sagen Memo, ihr könnt ihn Memo nennen.«

Memo hatte noch keinen Ton von sich gegeben, auch jetzt nickte er nur kurz. Ceylan lief durch unsere Wohnung.

»Seitdem wir das Haus gekauft haben, bin ich ganz neugierig, wie andere wohnen; ihr habt ja nur eine Wohnung, reicht das so für euch quadratmetermäßig?«

»Danke, wir sind zufrieden«, sagte Ahmet.

»Wir haben knapp 300 Quadratmeter«, fuhr Ceylan fort, »ich habe jetzt schon das Gefühl, dass es bald zu eng wird. Ihr wisst ja, wie das ist; man zieht ein, dann denkt man, das Haus sei zu groß, aber nach ein paar Tagen ...«

»... und ein paar Einkäufen«, brummte Memo, er war also nicht taubstumm, diese Frage hatte sich erledigt.

»Ach, Memolein«, lachte Ceylan, »er meint die neuen Möbel, aber die alten hätten wir nicht mitnehmen können. Wo war ich stehengeblieben?«

»Bei den 300 Quadratmetern«, meinte Ahmet.

»Ach so, ja, dann denkt man, die Wohnung ist schon wieder zu klein. Wie viele Quadratmeter habt ihr?«

»Weniger«, sagte Ahmet, »entschieden weniger.«

»Ja, dann erzählt mal, wie es dazu gekommen ist, dass ihr in unsere Nachbarschaft gezogen seid«, sagte ich.

Das Stichwort war gefallen, in der nächsten Stunde berichtete uns Ceylan ausgiebig, wie sie an dieses Haus gekommen waren. Ich ging zwischendurch raus, auch auf die Gefahr hin, Teile der Geschichte zu verpassen, aber im Nachhinein sollte sich herausstellen, dass meine Befürchtungen überflüssig gewesen waren, denn die Ereignisse rund um den Hauskauf sollte ich noch Hunderte von Malen hören. Vielleicht ist das ein wenig übertrieben, aber einhundert Mal war es bestimmt. Bis jetzt. Und wir sind immer noch Nachbarn. Das heißt, es besteht eine gewisse Wahrscheinlichkeit, dass es doch noch Hunderte von Malen werden.

Doch zurück zum Einstandsbesuch. Inzwischen kenne ich natürlich die Stimme von Memo, aber ob ich an dem Abend mehr gehört habe als seinen einmaligen Einwurf mit den Möbeln, kann ich nicht beschwören. Ceylan bestritt circa 90 Prozent der Unterhaltung, wobei sie von Thema zu Thema sprang und immer wieder betonte, wie glücklich sie sich schätzen könnten, türkische Nachbarn bekommen zu haben.

»Wisst ihr«, fuhr sie fort, »zu Deutschen haben wir keinen privaten Kontakt, und ihr?«

»Wir suchen unsere Freunde nicht nach ihrer Herkunft aus«, erwiderte Ahmet, »es kommt doch auf den Menschen an.«

»Natürlich!« Ceylan stimmte Ahmet sofort zu. »Es kommt auf den Charakter des Menschen an, nicht wahr? Und außerdem gibt es überall gute und schlechte Menschen, bei den Türken genauso wie bei den Deutschen und bei den Italienern, ich hatte auch eine sehr nette italienische Kollegin, mit der waren wir sogar in der Türkei. Aber wir finden einfach keinen Zugang zu den Deutschen – ein paarmal habe ich meine deutschen Kolleginnen mit ihren Partnern zu uns zum Essen eingeladen. Geschmeckt hat es ihnen ja – wie sie selbst sagten –, aber es wollte keine rechte Stimmung aufkommen. Memo spricht ja auch wenig Deutsch …«

Bis jetzt sprach Memo auch nur wenig türkisch, aber vielleicht fremdelte er noch ein bisschen.

Ceylan erzählte dann von ihrer Arbeitsstelle. Wie sich herausstellte, war sie bei einer bekannten Versicherung als Angestellte tätig.

»Beruflich habe ich überhaupt keine Probleme mit den Deutschen. Ich bin ja auch hier aufgewachsen und habe bei der Versicherung die Lehre gemacht. Finanziell sind wir auf mein Gehalt überhaupt nicht angewiesen, Memos Geschäfte gehen sehr gut, nicht wahr, Memo? Aber mir würde die Decke auf den Kopf fallen. Auf der anderen Seite gefällt mir die Arbeit nicht mehr, ich will mich selbständig machen, wenn mir mein Memo« – dabei schaute sie ihren Memo ganz neckisch an – »bloß ein bisschen Kapital bereitstellen würde. Er ist der großzügigste Mann auf der Welt – neben deinem natürlich …«

»Oh, nein«, unterbrach ich Ceylan, »da irrst du dich, Ahmet ist definitiv nicht der großzügigste Mann der Welt.«

Ahmet nickte lachend. Ceylan war für einen kurzen Moment aus dem Redetritt, dann setzte sie wieder an: »Ich will ein Geschäft eröffnen. Ich dachte da an Kunst oder Mode, vor allem aus der Türkei, in der Türkei gibt es ja so tolle Künstler und Modemacher, Frauen, schwule Männer, die müsste man in Deutschland verkaufen, da täte man auch gleich ein gutes Werk, denn so verdienen die da ja nichts. Ich trau mir das zu, und ich schaffe es immer, die gesellschaftlichen Aufgaben, die Memos Position mit sich bringt, mit meiner Arbeit zu vereinbaren, nicht wahr, Memo? Also warum nicht Kunst- und Modeimport! Die Transporter hätten wir ja schon, nicht wahr, Memo?«

Memo gab ein Grunzen von sich, was allgemein als Zustimmung interpretiert wurde.

»Was transportieren Sie denn?«, fragte Ahmet, aber da sprang Ceylan ein:

»Alles, praktisch alles. Habt ihr denn noch nie von Memos Transportunternehmen gehört? Eines der größten Transportunternehmen in Deutschland! Das gehört Memo und seinem Kompagnon.«

»Wir sind schon lange nicht mehr umgezogen«, sagte ich vorsichtig.

»Was machst du denn beruflich?«, fragte Ceylan jetzt Ahmet. »Deine Frau kennen wir ja aus der Presse ...« Sie zwinkerte mir zu.

»Ich bin Lehrer!«

»Ach, das ist ja interessant, übst du den Beruf auch weiterhin aus? Immerhin ist deine Frau ja Abgeordnete?«

»Wie du ganz richtig sagst, ist meine Frau Abgeordnete, nicht ich. Deswegen bin ich natürlich weiterhin als Lehrer tätig.«

»Ja, natürlich, so muss das auch sein.« Ceylan stimmte Ahmet sofort wieder zu. »Außerdem: Was für ein Glücksgefühl muss es sein, mit Kindern zu arbeiten! Ich wäre ja auch gerne Lehrerin geworden, ein richtiger Frauenberuf, sagte meine Mutter, werde Lehrerin, dann hast du nachmittags frei und kannst dich um deinen Haushalt kümmern, und dann die langen Ferien, aber dann hat es doch nicht sollen sein.«

»Es ist wirklich ein schöner Beruf«, sagte Ahmet, »aber bei all den Vorzügen, die draußen auf der freien Wildbahn diesem Beruf unterstellt werden, hat er doch einen Nachteil: Er hat keine gleitenden Arbeitszeiten, und ich muss relativ früh aufstehen«, dabei schaute er ziemlich unverschämt auf seine Uhr.

Diesen undezenten Hinweis konnte nicht einmal Ceylan übersehen. »Oh, jetzt sind wir viel zu lange geblieben«, sagte sie, »dabei sollte es nur ein Einstandsbesuch sein. Die Schale hole ich später ab, wir wohnen ja nur um die Ecke.«

Der Spruch »wir wohnen ja nur um die Ecke« sollte uns die nächsten Jahre begleiten wie ein Fluch, und Ceylan zum integralen Bestandteil unseres Lebens werden. Aber das wussten wir zu dem Zeitpunkt noch nicht – sonst hätten wir es vielleicht erwogen, doch die Dienste von Memo in Anspruch zu nehmen.

Als das ungleiche Ehepaar gegangen war, schaute Ahmet mich ratlos an: »Für welche Sünden bestraft uns der Herr mit diesen Nachbarn?«

»Wieso Nachbarn? Der arme Memo hatte doch keine Karten im Spiel. Konzentrier dich auf Ceylan. Überhaupt – was sich so manche Eltern bei der Namensgebung denken. Der passt zu ihr wie die Faust aufs Auge.«

Ahmet lachte: »Vielleicht war sie als Kind ja ein richtiges Ceylan, ein Rehkitz.«

»Unsere Bambi!«

»Hör auf! Nachher verspreche ich mich noch und nenne sie Bambi.«

»Da wird sich unsere Ceylan freuen, darauf kannst du dich verlassen!«

Schon am nächsten Tag war sie vorbeigekommen, um die Schale abzuholen und uns gleich für Samstag zum Essen einzuladen.

»Ja, seid ihr denn schon eingerichtet?«

»Alle unsere Freunde wollen das neue Haus sehen, die platzen vor Neugier. Da lege ich gerne noch eine Nachtschicht zusätzlich ein.«

»Wann sollen wir denn da sein?«

»Ihr könnt kommen, wann ihr wollt. Ab 15 Uhr wird der erste Tee serviert.«

Ceylan hielt Wort: Sie hatten privat keinen Kontakt zu Deutschen, wie sich am Samstag herausstellte. Der neugierige Freundeskreis war wirklich sehr türkisch: Ceylans türkische Eltern, Memos türkischer Kompagnon mit Gattin, weitere türkische Geschäftsleute mit Gattinnen, der Direktor einer türkischen Bank mit Gattin, ein türkischer Restaurantbesitzer mit Gattin, ein türkischer Arzt mit Gattin. Es war noch ein türkisches Ehepaar da, wobei mit der Profession dieses einen Mannes anscheinend kein Staat zu machen war, denn die beiden wurden uns als »alte Freunde der Familie« vorgestellt.

»Und wer sind wir?«, flüsterte mir Ahmet ins Ohr.

»Wir sind die türkischen Nachbarn. Ich weiß allerdings nicht, ob die türkischen Nachbarn heute Abend eingeladen wären, ohne deine türkischstämmige Abgeordnetenehefrau.«

»Ich schätze, du hast recht.«

»Jetzt, wo alle da sind, zeigen wir euch erst mal das Haus«, unterbrach Bambi unser Geflüster.

»Ja, dann wollen wir mal schauen, was sich Memo und Ceylan geleistet haben.«

Bambi schritt voran, die Gäste folgten im Gänsemarsch. Die Führung war fast professionell, denn Bambi nannte die Namen der Geschäfte, in denen das Interieur besorgt wor den war, sogar Details wie die Herkunftsländer der Klokacheln wurden erwähnt. Ich fühlte mich abwechselnd wie bei einer Aufführung von Lehars Lustiger Witwe und Mary Poppins. Wir stiegen die Treppen hoch und wieder runter, Zimmertüren wurden aufgemacht und wieder zugemacht, begleitet von Ahs und Ohs. Lob und Bewunderung waren zu hören bei jeder Tür, die sich öffnete. Ich hatte längst die Orientierung verloren.

»Rechnet ihr mit viel Logierbesuch?«, fragte Ahmet angesichts der vielen funktionsfreien Zimmer. Die Frage blieb unbeantwortet, ja sie stieß auf kühle Resonanz, da sie als leise Kritik verstanden wurde.

Die anderen Gäste wiederholten im Minutenabstand den türkischen Segensspruch für ein glückliches Wohnen: »*Güle güle oturun.* ›Möget ihr lachend hier wohnen‹«, oder: »*Vallahi çok güzel, güle güle oturun.* ›Ich schwöre, es ist sehr schön, möget ihr lachend hier wohnen‹.«

»Jetzt kommt mal in den Garten«, sagte Bambi, »Ihr müsst euch unseren Barbecue-Platz ansehen.«

Es gehört für wohlhabende Türken zur Grundausstattung, einen kleinen Grillplatz im Garten zu haben. Aber beim Barte des Propheten! Das war kein Grillplatz, das war ein professioneller Outdoor-Dönerladen. Neben einer riesigen eingemauerten Grillstelle ragte ein Spieß in die Luft, rings herum waren Sitzplätze und Tische angeordnet. Jeder Dönerbudenbesitzer hätte sich die Finger nach diesem Equipment geleckt. Bambis Mann hatte wirklich was springen lassen.

Hier muss ich ein wenig ausholen zu einer zugegebenermaßen kühnen ethnopsychologischen Deutung. Aber ich bin nun mal Psychologin, und ich glaube an das kollektive Unbewusste. Und ich bin der felsenfesten Überzeugung, dass den Türken das Grillen genetisch gegeben ist: Die Urtürken als ein Reitervolk haben schon in den Steppen Mittelasiens gegrillt. Ja, ich gehe sogar so weit und stelle die kühne These auf, dass die Türken die Erfinder aller Burgerstuben sind. Erst haben sie das Fleisch unter dem Sattel mürbe geritten und dann gegessen, als Tatar sozusagen, und irgendwann, als das zu eintönig wurde, haben sie das Fleisch auf das Feuer geworfen und fertig war die Mahlzeit. Und als sie nach Anatolien gekommen sind, war das ihre Mitgift, und sie haben allen Völkern und Stämmen Anatoliens das Grillen beigebracht. Seitdem grillen alle Menschen, die irgendwie irgendwann was mit Anatolien zu tun hatten. Der Dönerspieß ist eine spätere Erfindung, sie fällt in die Zeit, als die Türken in Anatolien sesshaft wurden das vertikale Grillen erfanden.

Meinen Sie, es macht uns Spaß, immer nur Gegrilltes zu essen? Wir wollen gar nicht grillen, aber wir *müssen*. Es ist wie ein Zwang, Tag und Nacht, sommers wie winters, die Reichen in ihrem Garten, die weniger Reichen auf irgendwelchen Wiesen, wenn es sein muss auch vor Schloss Bellevue. Ich bin mal an einem Feiertag am Berliner Tiergarten vorbeigefahren. Dunkle Rauchschwaden erhoben sich über der Grünanlage, und weil auch der Verkehr sich staute, fragte ich den Fahrer, ob irgendwas passiert sei.

»Das, was an jedem freien Tag passiert, wenn es nicht regnet«, antwortete er, »die Türken grillen.«

»Aber, wir sind hier genau vor dem Sitz des Bundespräsidenten!«

»Ja, und? Meinen Sie, das stört die Türken?«

Nein, wahrhaftig nicht. Wahrscheinlich grillen die Türken selbst in Washington vor dem Weißen Haus. Da gibt es auch eine schöne große Wiese.

Meines Wissens gibt es unter den Türken auch so gut wie keine Vegetarier, und wenn, dann werden sie ausgiebig bedauert. »Dürfen Sie kein Fleisch essen?«, wird man gefragt, weil niemand freiwillig auf Fleisch verzichten würde, oder nur wenn es um Leben und Tod geht. Oder man sucht nach Alternativen: »Aber Hack dürfen Sie doch essen, oder? Sollen wir Ihnen ein paar Würste auf den Grill werfen? Durch die vielen Gewürze sind Würste gar kein richtiges Fleisch mehr.« Für ganz Radikale grillen Türken Gemüse, streng nach bestimmten Regeln: nach dem Fleisch, auf demselben

Rost, damit die armen Vegetarier wenigstens das Aroma vom Grillfleisch genießen können.

»Im Sommer müsst ihr jedes Wochenende kommen«, sagte Bambi, »dann grillen wir praktisch jeden Tag.«

Irgendwann fanden wir uns vor dem Kamin in der Wohnhalle wieder, der zu Ehren dieses Festtages brannte. Die malerische Wirkung war leider ein wenig eingeschränkt, denn wir hatten Ende Mai, und es war hell und warm draußen.

»Das war doch Parallelgesellschaft vom Feinsten«, sagte Ahmet auf dem Heimweg.

»Mit Betonung auf *vom Feinsten*. Die Herrschaften heute Abend sollten mal im Fernsehen gezeigt werden, nicht immer nur die dicken Kopftuchfrauen aus Kreuzberg.«

»Dick waren die Frauen aber auch.«

»In Gucci und Pucci nennt sich das ›starke Frau mit Kurven‹!«

»Hast du das aus deinen Frauenzeitschriften?«

»Yes. Wie heißt der Spruch? ›Zeitungsleser wissen mehr.‹«

»Und blond«, sagte Ahmet nach einer kleinen Pause, »hast du das gemerkt? Alle Frauen waren blond.«

»Mein lieber Ahmet, für Südländerinnen ist blond ein Statussymbol; schon die alten Römerinnen pflegten sich Perücken machen zu lassen aus den blonden Haaren der germanischen Sklavinnen.«

»Und woher hast du *das*?«

»Aus dem Lateinunterricht.«

Bambi kam jetzt fast täglich zu uns, irgendein Vorwand ließ sich immer finden. Es war sehr leicht, sich über sie lustig zu machen, über ihre durchsichtige Angeberei, über ihr kitschiges Zuhause, ihre überkommenen Moralvorstellungen, ihre Koch- und Backmanie oder ihr übertriebenes Interesse am Leben anderer. Gleichzeitig aber war die Frau von einer Vitalität, die jedem Normalsterblichen den Atem raubte. Sie schien Energie für drei zu haben: Haushalt, Beruf und sehr viele soziale Kontakte, die sie auch täglich pflegte. Sie schien praktisch jede und jeden aus der türkischen Community zu kennen. Da sie gleichzeitig neugierig wie des Schneiders Weib war, hatte sie auch zeitnah alle Informationen aus der Gesellschaft.

»Was gibt es Neues von Bambi?«

Die Antworten erregten immer Heiterkeit: Sie war mit Memo shoppen gewesen und hatte sich einen Trenchcoat für 1000 Euro ausgesucht. »Da sagte Memo: ›Weißt du, Täubchen, bevor wir für Stoff so viel Geld ausgeben, legen wir noch 2- bis 3000 Euro drauf und kaufen dir einen Trenchcoat aus Pelz.‹ Ich sage: ›Memo, nicht dass mir dann Tierschützer Farbspritzer drauf machen.‹ ›Ach was‹, sagt Memo, ›die Zeiten, in denen man sein Geld nicht zeigen durfte, sind vorbei, gegen so einen schönen Pelzmantel kann sogar unsere sozialdemokratische Nachbarin nichts haben!‹« Bambi kicherte: »Was sagt ihr dazu?«

»Hat Memo wirklich soviel geredet?«, fragte Ahmet. »Wenn ja, dann muss es ihm ernst sein mit dem Pelzmantel, dann solltest du ihm den Gefallen tun und den Mantel nehmen.«

Bambi kicherte weiter: »Hab ich doch schon, wird heute Abend geliefert, dann zeige ich ihn euch.«

»Ihr wohnt ja nur um die Ecke!«, ergänzte Ahmet.

Ceylan und Memo hatten einen Sohn, einen in jeder Hinsicht unauffälligen Siebzehnjährigen. Für Ceylan war er der Größte, und sie war der festen Überzeugung, dass ihr Sohn ein Traum sei, nicht nur für alle jungen Mädchen, sondern auch für alle Schwiegermütter.

»Also, wir bekommen jetzt schon Avancen von Familien mit Töchtern im heiratsfähigen Alter«, sagte sie irgendwann und schaute uns so komisch aus den Augenwinkeln an.

»Aber Ceylan, wer denkt denn heutzutage bei einem Siebzehnjährigen an Heirat? Entschuldige, aber das ist dummes Zeug.« Ahmet echauffierte sich.

Ceylan, die sonst sofort einlenkte, blieb diesmal stur: »Aber nein, Ahmet, das siehst du zu kurz; Murat ist in den Augen aller guten Familien eine sehr gute Partie, Memo hat ein großes Unternehmen, wir haben mehrere Häuser, Grundstücke, und er ist unser einziger Erbe.« Als sie Ahmets zweifelnden Blick sah, setzte sie noch hinzu: »Eine gute Familie sind wir außerdem.«

»Mag ja sein, dass ihr finanziell gut gestellt seid«, konterte Ahmet, »und dass ihr eine gute Familie seid, bezweifelt niemand«, fügte er noch versöhnlich dazu, »aber das spielt heute für die jungen Leute keine Rolle mehr. Die wollen sich verlieben. Und für die Eltern ist es doch nur wichtig, dass die Kinder glücklich und zufrieden sind.«

»Ich mache mir Gedanken um die Zukünftige meines Sohnes. Ich will eine Schwiegertochter aus einer guten Familie.«

»Ceylan«, sagte Ahmet und seufzte, »wie heißt das schöne türkische Sprichwort: *Insanoğlu kavun değil ki, kıçını koklayasın.* ›Der Mensch ist keine Honigmelone, dass du an seinem Arsch riechen und die Qualität feststellen kannst.‹ Aus den angesehensten Familien kommen manchmal die größten Nichtsnutze.«

»Ihr habt doch auch eine Tochter, ist es euch egal, wen sie heiratet?«

»Natürlich nicht, aber ich werde den Teufel tun und mich in die Heiratspläne meiner Tochter einmischen. Wobei das alles noch lange, lange hin ist; sie ist ja noch ein Kind.«

»Das alles geht schneller als du denkst, und irgendwann steht sie mit einem Idioten vor der Tür, dann möchte ich dich aber sehen.«

»Meine Tochter kommt nicht mit einem Idioten an!«, sagte Ahmet sehr bestimmt.

Aber Ceylan hatte noch einen letzten Pfeil in ihrem Köcher, einen besonders vergifteten, wie sie meinte: »Und was ist, wenn sie mit einem Deutschen kommt?«

Das Gift wirkte bei uns nun gar nicht, aber das wusste Ceylan noch nicht. »Kommt auf den Deutschen an«, gab Ahmet zurück.

»Mir ist die Familie wichtiger als die junge Frau selbst«, behauptete Ceylan noch einmal fest. »Übrigens«, fügte sie hinzu, »denken alle so.«

»Sag mal«, meinte ich zu Ahmet, nachdem sie gegangen war, »war das der berühmte Wink mit dem Zaunpfahl? Vielleicht sollen wir ein wenig Interesse zeigen an Murat?«

»An dem geistig unterernährten Hähnchen? Meine Tochter und dieses Kerlchen?«

»Ahmet, du sprichst von dem Objekt der Begierde aller besseren Familien zwischen Berlin und Istanbul!«

»Was sich Mütter einbilden können, wenn es um ihre Söhne geht.«

»Oder Väter, wenn es um ihre Töchter geht.«

»Jetzt hör aber auf! Ich preise unsere Tochter nicht an wie Sauerbier; hat sie auch nicht nötig im Gegensatz zum Nachbarssohn, den seine Mutter mit Gewalt an die Frau bringen will. Ich bin sowieso gespannt, was Aziza zu unserer neuen Nachbarschaft sagt, wenn sie Weihnachten heimkommt.«

»So etwas Ähnliches wie ihr Vater, nehme ich an.«

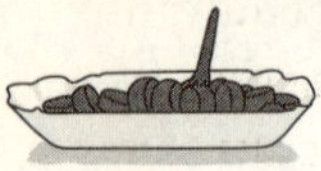

Ceylan ging uns mit ihrem Geschwätz gewaltig auf die Nerven, aber eins musste man ihr lassen: sie war wirklich fleißig und eine Macherin. Wie sie es packte, neben ihrer Berufstätigkeit die vielen Zimmer zu putzen und noch dazu jeden Tag zu kochen, war mir als Nichthausfrau ein Rätsel. Ob nun aus Mitleid oder Angabe – aber es sollte uns wurscht sein, entscheidend war, was hinten rauskam; und es kamen hinten sehr gute Sachen heraus, mit denen sie uns verwöhnte: Eintöpfe, Gemüsegerichte, Teigwaren, Kuchen, Nachspeisen. Kurzum: kulinarisch profitierten wir enorm von dieser Nachbarschaft. Nicht mal Tante Semra hatte zu ihren besten Zeiten so viel gekocht.

Dann führte sie uns in Welten ein, die mir bis dahin eher theoretisch bekannt gewesen waren. Zum Beispiel wurden wir dank Bambis Kontakten jetzt auch in andere türkische Villen eingeladen, wo uns eine Auswahl der selbsternannten türkischen High Society erwartete. Bei diesen Einladungen waren deutsche Gäste kaum zugegen, und wenn, beschränkte sich die Kommunikation mit ihnen auf das Animieren zum Essen: »Diese türkische Spezialität müssen Sie noch probieren, essen Sie ...« »Meine Grillmarinade ist nach einem Geheimrezept meiner Großmutter, greifen Sie zu ...« »Heute Abend gilt keine Diät ...« So oder so ähnlich lief der Großteil der Gespräche ab, so dass die meisten deutschen Gäste, abgefüllt wie eine Mastgans, etwas unglücklich dreinschauten.

»Es wird bei Ihnen sehr viel gegessen, nicht wahr?«, fragte ein deutscher Gast, der neben mir saß, bei einem dieser Abende. Er war schon etwas grün um die Nase.

»Ja, das ist ein klitzekleiner kultureller Unterschied. Wenn die Deutschen feiern sagen, meinen sie trinken; wenn die Türken feiern sagen, meinen sie essen, aber im Prinzip gibt es natürlich keinen Unterschied, weil beide Volksgruppen, was Spaß haben angeht, in der oralen Phase steckengeblieben sind.«

»Jetzt reden Sie aber wie eine Psychologin daher.«

»Ich bin ja auch eine!«

Aber den armen deutschen Gästen blieb auch nichts anderes übrig, als zu essen, da die Unterhaltung meist auf türkisch ablief, bis sich jemand daran erinnerte, dass auch deutsche Gäste am Tisch waren, und dann wandte man sich an sie und sagte herzlich, aber sehr bestimmt: »Essen Sie doch ...!« Deswegen blieben die deutschen Gäste auch nie sehr lange. Ich hätte furchtbar gern gewusst, ob sich der Zustand als »Alibi-Deutscher« genauso anfühlte wie als »Alibi-Türke«, aber ich traute mich nicht, die Leute zu fragen.

Nachdem sich die deutschen Gäste verabschiedet hatten, wurde darüber sinniert, wie wichtig diese Zusammenkünfte seien. »Es ist doch gut, dass wir auch Kontakt halten zu den Deutschen«, hieß es, nachdem sie weg waren, »habt ihr gesehen, wie gut es ihnen geschmeckt hat?«

»Wenn der Kontakt zu den Deutschen so wichtig ist, dann solltet ihr etwas pfleglicher mit den Leuten umgehen«, sagte ich frech, auch auf die Gefahr hin, von diesen orientalischen Gelagen ausgeschlossen zu werden. »Wenn sie nach einer Einladung bei euch einen Magendurchbruch haben, dann kommen sie so schnell nicht wieder.«

Bambi war auch sehr aktiv bei türkischen Frauenvereinen, machte mit bei Wohltätigkeitsbasaren für irgendwelche Krankenhäuser in der Türkei und war informiert über jeden türkischen Event in der Stadt, ob nun türkischer Ärzteball oder türkischer Damentee, sie war eingeladen und lud uns ihrerseits ein, mitzukommen.

»Ich habe gar nicht gewusst, wie viel so los ist in der Parallelgesellschaft«, sagte Ahmet. »Dank Bambi tun sich uns neue Galaxien auf.«

»Jeder Soziologe würde sich die Finger nach diesen Events lecken, du bist wie in einer Zeitmaschine, Damentees und Wohltätigkeitsbasare kenne ich noch aus meiner Kindheit in den sechziger Jahren, da ist Mama hingegangen, angemessen angezogen mit Perlenkette.«

»Heute würde deine Mutter zu so einer Veranstaltung nicht mehr gehen.«

»Aber nein, das fände sie viel zu altmodisch. Verrat ihr bitte nicht, dass ich mit Bambi solche Events besuche. Sie würde mich dafür verachten.«

Die Frauenveranstaltungen liefen immer nach dem gleichen Muster ab. Die Damen waren alle todschick gekleidet, es ging ganz gediegen los, sie unterhielten sich ein wenig über den neuesten Klatsch in der türkischen Community, dann über die türkischen Telenovelas, erzählten von ihren neuesten Einkäufen, und dazu wurde lecker gegessen. Aber an irgendeinem Zeitpunkt kippte dann das Ganze, ein Discjockey, der aus dem Nichts auftauchte, legte türkische Bauchtanzmusik auf, und alle Frauen fingen an zu tanzen, was schlappe zwei bis drei Stunden in Anspruch nahm. Nach wenigen Besuchen hatte ich das System geknackt, und ich verabschiedete mich wieder aus der Damenwelt der türkischen Parallelgesellschaft.

Dafür war jetzt Ahmet dran. Er begab sich tapfer in die Parallelgesellschaft, diesmal der einer Fahrschule. Hatte ich Ihnen erzählt, dass Ahmet keinen Führerschein hatte? Stirling Moss sagte einmal: »Es gibt zwei Sachen, von denen ein Mann nie zugeben wird, dass er sie nicht gut kann: Sex und Autofahren.« Ahmet entzog sich beim zweiten Punkt diesem Druck, indem er erst gar keinen Führerschein machte. Wie der Himmel es so fügte, hatte auch Ceylan keinen Führerschein. Über ihre Motive war uns nichts bekannt.

»Memo drängt mich dauernd dazu, den Führerschein zu machen. Er sagt: ›Mach ihn doch endlich, dann kaufe ich dir auch einen Flitzer. Von deinen Ausgaben fürs Taxi könnte ja eine vierköpfige Familie leben‹, aber irgendwie kann ich mich nicht aufraffen, in eine Fahrschule zu gehen«, klagte sie.

»Das ist ja ein Zufall«, sagte ich, »Ahmet hat auch keinen Führerschein.«

»Nein, ist das komisch.« Ceylan freute sich offensichtlich sehr. »Ich spüre immer stärker: Wir sind mehr als Nachbarn, wir sind Seelenverwandte, und haben jetzt noch eine Gemeinsamkeit mehr.«

»Musstest du ihr sagen, dass ich keinen Führerschein habe?«, moserte Ahmet, »die sieht das jetzt als eine Fügung des Himmels an.«

»Ich dachte, du hast dich bewusst gegen den Führerschein entschieden?«

»Es ist auch so, ich will nur nicht, dass sich Bambi eine Scheibe Gemeinsamkeit daraus schnitzt.«

Aber es war schon passiert. Bei jeder möglichen und unmöglichen Gelegenheit zwinkerte Bambi Ahmet zu und stellte fest, dass besonders vornehme, eigenwillige, sensible oder was auch immer für Leute keinen Führerschein hätten. Ahmet blieb nichts anderes übrig, als vornehm zu lächeln. Das ging einige Monate so, bis Ceylan eines Abends außer Atem zu uns kam: »Ich muss euch was sagen, aber es ist ein großes Geheimnis, ihr dürft es niemandem erzählen.«

»Ceylan, wem sollten wir denn deine Geheimnisse verraten?«, fragte Ahmet.

»Ich will nicht, dass es jemand zu früh erfährt, aber dir kann ich es sagen, Ahmet: Ich mache den Führerschein!«

Die Bombe war abgeworfen, an Ahmets Reaktion sollte sie eigentlich hochgehen. Aber Ahmet verhielt sich seltsam gleichgültig: »Ach was«, sagte er. »Ja dann viel Erfolg!«

Ceylan schaute so enttäuscht, dass ich mich gezwungen sah, an seiner Stelle die erwartete Emphase zu zeigen: »Das ist ja super!«, schrie ich. »Ceylan, das finde ich klasse, dass du das in Angriff nimmst! Lass dich umarmen. Wie weit bist du denn?«

Ceylan blieb nicht lange bei uns, das Geheimnis musste noch einigen anderen Leuten unter Schwüren, es nicht weiterzuerzählen (am besten auf den Kopf der Liebsten, also der Kinder und des Ehemanns und den Bart des Propheten), mitgeteilt werden. Sie kam jetzt jeden Tag und berichtete von ihren Fortschritten. Leider war es ihr nicht möglich gewesen, das Geheimnis zu wahren, so dass inzwischen alle wichtigen Leute informiert waren, aber das, sagte sie, sei ja der Antrieb, es zu schaffen.

»Ich dachte, dass besonders sensible und eigensinnige Leute keinen Führerschein haben? Zählst du nicht mehr dazu?«, fragte Ahmet spitz.

»Natürlich zähle ich dazu«, antwortete Ceylan, »sonst hätte ich ja nicht so lange gewartet damit.« Und dann schaute sie Ahmet vielsagend an, als dämmerte ihr etwas: »Sag mal, Ahmet, willst du nicht mitmachen? Wir könnten doch gemeinsam den Führerschein machen.«

»Ich habe keine Lust!«

Ceylan mochte intellektuell Ahmet das Wasser nicht reichen, aber sie hatte eine Menge weibliche Intuition, und sie erkannte, dass der männliche Stolz ein wenig umschmeichelt werden wollte.

»Ach, komm doch, der Fahrlehrer ist sehr nett; es ist eine türkische Fahrschule«, wie hätte es auch anders sein können, »und alle Schüler sind Türken, es ist eine lustige Truppe, es wird dir gefallen.«

»Ach nö«, sagte Ahmet, aber es klang nicht mehr ganz so entschieden. »Was meinst du denn?«, fragte er mich, nachdem die Frau Nachbarin gegangen war.

»Ich finde, du solltest es versuchen«, hörte ich mich sagen, »was hast du schon zu verlieren außer ein paar Euro? Dir ist doch sonst egal, was die Leute denken.«

»Meinst du wirklich?«

»Ja, ganz sicher, und wenn du nur ein paar lustige Stunden in der türkischen Fahrschule verbringst.«

Bambi war außer sich vor Freude, dass Ahmet mitkam. »Es sind doch eine Menge einfacher Menschen in dieser Fahrschule«, sagte sie, »da ist es ganz gut, wenn man noch ein bekanntes Gesicht aus den eigenen Sphären dabei hat.«

Die türkische Fahrschule hatte sich als ein Biotop für verschiedenste Türken entpuppt, die nicht in der Lage gewesen wären, an einer normalen Fahrschule erfolgreich zu sein:

- türkische Frauen, die nicht nur kein Deutsch konnten, sondern auch kaum Lesen und Schreiben – diese Gruppe war die ehrgeizigste, weil es ihr erstes Erfolgserlebnis sein würde,
- halbstarke türkische Jungs, die wegen irgendwelcher Vergehen den Führerschein verloren hatten und jetzt noch einmal in die Prüfung mussten – diese Gruppe war die coolste, die Jungs saßen mit Sonnenbrillen im Raum,
- türkische Männer, die als Importschwiegersöhne nach Deutschland geholt worden waren und jetzt die Theorieprüfung ablegen mussten, um ihre Führerscheine anerkennen zu lassen. Das waren die Besserwisser, obwohl sie keine Ahnung hatten von den deutschen Straßenverkehrsregeln,
- Kopftuchfrauen, die nur mit einer türkischen Fahrlehrerin fahren durften, weil sie nicht mit einem Mann allein in einem abgeschlossenen Raum sein durften, und das Auto nachweislich ein abgeschlossener Raum war. Wenn die Fahrlehrerin mit einer anderen Schülerin unterwegs war und die Kopftuchschülerin doch mit einem männlichen Lehrer fahren musste, dann musste halt der Ehemann mitkommen. Diese Gruppe war die isolierteste, sie huschten rein, sie huschten wieder raus, und waren auch kaum bei den gemeinsamen Veranstaltungen zugegen.
- Und dann gab es eine Gruppe, zu der auch Ceylan zählte; das waren die, die einfach lieber unter Türken waren.

Die Mitglieder dieser Gruppe waren die Initiatoren der sozialen Events, auch beim Theorieunterricht. Denn nach

Ahmets Berichten war der Theorieunterricht der türkischen Fahrschule so ähnlich organisiert wie der türkische Damentee. Erst wurden die neuesten Geschichten aus der türkischen Community ausgetauscht, dann wurde gegessen und getrunken, und an der Stelle, an der beim Damentee die Frauen anfingen zu tanzen, setzte der Theorieunterricht ein. Nach knapp vier Wochen wusste Ahmet zwar noch nicht viel über die bundesdeutsche Verkehrsordnung, aber dafür umso mehr über das Leben seiner Mitschüler.

»Es passieren die lustigsten Dinge in der Parallelgesellschaft,« berichtete er abends. »Jetzt erzählte uns eine Mitschülerin in der Fahrschule …«

»Erzähl mir lieber von deinen Fortschritten.«

»Tja, da gibt es leider noch nicht so viel zu erzählen, weil wir im Unterricht doch viel plaudern und lachen, außer diesen orthodoxen Frauen, für die ist ja alles Sünde, auch das Lachen in Gegenwart von Männern.«

»Und was machen die, wenn ihr lacht?«

»Die schauen sich immer nur die Verkehrsschilder und die Kreuzungen auf der Tafel an.«

Ahmet kugelte sich vor Vergnügen, wenn er erzählte, wie die Ehemänner der Kopftuchfrauen manchmal Kontrollbesuche im Theorieunterricht machten, um zu sehen, ob ihre Ehefrauen beim Erklären der Vorfahrtsregelung nicht fremdgingen. »Sie reißen die Tür auf und stehen plötzlich im Raum«, erzählte er, »und dann schauen sie sich um, ganz Ehren-Rambo.«

»Und was macht ihr?«

»Der Fahrlehrer ist geübt, glaube ich, er zuckt nicht mit der Wimper, die coolen Jungs schauen ganz cool über ihre Sonnenbrillen, und Ceylan und die anderen Frauen verdrehen die Augen. Ceylan ist nicht auf den Mund gefallen, die sagt dann ganz schnippisch die Meinung.«

»Was sagt sie denn?«

»›Ehrenkontrolle! Halten Sie bitte Ihre Ausweise bereit!‹ Letztens meinte sie zu einem Ehemann: ›Wenn Ihnen die Fahrschule nicht sicher genug ist für Ihre Frau, sollten Sie sie besser zu Hause selber unterrichten!‹ Alle lachten, nur der Fahrlehrer nicht, weil er die Kundschaft nicht verärgern will.«

Bei allem Spaß in der Fahrschule: Der Konkurrenzkampf zwischen Ceylan und Ahmet trieb meinen Mann zu Höchstleistungen und brachte Talente ans Tageslicht, von denen nicht einmal Ahmet gewusst hatte, dass sie in ihm schlummerten. Kein Mensch hatte je geahnt, dass Ahmet ein Naturtalent war, was das Autofahren anging. Er, der sich jahrelang mit dünnsten Argumenten vor dem Führerschein gedrückt hatte, fuhr wie ein junger Gott über Bundesautobahnen, über Landstraßen und kurvte elegant durch den Großstadtverkehr.

»Siehst du mal«, sagte ich, »du hättest all die Jahre nicht auf den Führerschein verzichten müssen, denn du kannst gut Auto fahren. Du solltest Bambi dankbar sein, dass sie dir die Chance ermöglicht hat, deine Begabung auszuleben.«

»Sie geht mir trotzdem riesig auf die Nerven mit ihrem Halbwissen und ihrer Angeberei.«

»Nächste Woche wird es erst richtig lustig: Bambi weiß, dass Aziza über die Weihnachtsferien nach Hause kommt. Sie hat schon vorgeschlagen, dass der begehrteste Junggeselle zwischen Berlin und Istanbul sich um sie kümmert.«

»Und Dilara will auch in der Zeit bei uns wohnen, Bambi wird vor Mitleid schmelzen, angesichts der Menschendichte in unserer Wohnung.«

»Wir können ihr ja vorschlagen, dass Aziza und Dilara in zwei der zahlreichen Gästezimmer übernachten.«

»Sei vorsichtig mit dem, was du sagst, denn dieses Angebot wäre für Bambi so verlockend, dass sie glatt einschlagen würde. Stell dir mal vor: zwei hübsche Mädchen zur Auswahl für ihren Sohn.«

»Ja, die Mädchen würden sich geradezu um ihn schlagen, und die Eltern gleich mit!«

»Kennst du den türkischen Ausdruck *müşteri kızıştırmak* nicht? Jeder gute Händler animiert seine Kundschaft, um den Wert seiner Waren zu steigern.«

Gewiefte Straßenverkäufer beschäftigen meist ein oder zwei Leute, die als potentielle Kunden auftreten und vor den Augen der wirklichen Kunden zwei, drei Stück einer Sache auf einmal kaufen, die sie später wieder heimlich zurückbringen. In Geschäften, bei denen es um traditionell teure Waren wie Teppiche geht, tritt der Mitarbeiter dann auf, wenn der eigentliche Kunde zögert. Er kommt in den Laden und will just den Teppich, über den der echte Kunde gerade nachdenkt. Der Besitzer setzt so dem möglichen Käufer die Pistole auf die Brust: Wenn er nicht sofort zugreift, wird er den Teppich an den anderen geben.

Die gute Ceylan dachte wirklich, dass die Nummer auch bei uns ziehen würde. Sie hatte ihren Plan, ihren nichtssagenden Sohn, mit Papas Geld und Mamas Mundwerk geschmückt, an die Frau zu bringen, nicht aufgegeben. Und mit Aziza und Dilara waren gleich zwei junge Frauen da, die ihrer Ansicht nach »verrückt« sein müssten nach ihrem Sohn. Ihm die beiden hübschen jungen Mädchen aus der Nachbarschaft, aber – noch wichtiger – aus guter Familie – zuzuführen, erschien ihr doch sehr verlockend.

»Samstagabend seid ihr bei uns!«, sagte sie, und das war keine Einladung, das war eine Feststellung. »Wir wollen feiern, dass eure Tochter wieder da ist.«

»Ich weiß nicht, ob die Mädchen nicht schon was vorhaben.« Kaum ausgesprochen, sah ich die Panik in Ceylans Augen und bemerkte ihre Intention – oder sagt man: Hintergedanken? »Ich rede mal mit den beiden«, fügte ich versöhnlich hinzu.

Ich muss gestehen, dass in dieser Frage – die Einladung anzunehmen oder nicht –, in der Familie unterschiedlichste

Meinungen herrschten. Ich muss ebenfalls gestehen, dass ich gemeinerweise einfach Gast dieses Schauspiels sein wollte, wie Ceylan versuchen würde, ihr »unterernährtes Hähnchen« und unsere Tochter zu verkuppeln. Ahmet regte sich allein über diese Idee von Ceylan schon so auf, dass er meinen Wunsch, die Einladung anzunehmen, unmoralisch fand: »Du weißt genau, warum sie uns einlädt«, empörte er sich, »und willst trotzdem dahin.«

»Genau *deswegen* will ich hin. Glaubst du im Ernst, dass deine geschwollenen Reden von der Freiheit des Individuums bei ihr Gehör finden? Sie muss erleben, dass ihre Vorstellungen und ihr Sohn für selbstbewusste Mädchen eine Lachnummer sind.«

»Ja, für dich sind sie eine Lachnummer, für die Frau ist das bitterer Ernst.«

»Deswegen müssen wir ihr den Zahn ziehen.«

Aziza und Dilara folgten ihrer strikten Ideologie, »wir machen nur das, was uns Spaß macht«, und da sie der Meinung waren, dieser Abend würde keinen Spaß machen, waren sie auch nicht gewillt, der Einladung Folge zu leisten. Gegen sieben Uhr machte ich mich fertig und gab meine Resolution bekannt: »Ich gehe zu Ceylan und Memo zum Abendessen. Wer möchte, kann mich begleiten, wer nicht, kann zu Hause bleiben.«

Bei Dilara siegte der Pragmatismus: »Komm, wir gehen mit, es ist auf jeden Fall sehr lecker«, sagte sie.

Daraufhin schlossen sich auch Aziza und Ahmet der kleinen Besuchergruppe an, wobei Ahmet mir in regelmäßigen Intervallen nonverbale Zeichen der Missbilligung sendete.

Ceylan hatte einen wunderbaren Tisch gedeckt, vielleicht ein bisschen altmodisch mit Damasttischdecke und Kristallkelchen, aber das Ganze strahlte einen gewissen Reichtum aus. Sie hatte Murat zwischen die beiden Mädchen platziert, so dass sich seine Chancen verdoppelten. Wenn es die eine nicht würde, könnte es die andere werden, es blieb ja alles in der Familie. Die Mädchen aßen und tranken, sie beteiligten sich auch munter am Gespräch, allein der arme Murat, das Objekt der Begierde, blieb stumm. Zum Leidwesen von Ceylan erregte ihre Küche ein weitaus regeres Interesse als ihr Sohn. Die Mädchen waren begeistert von den leckeren Speisen.

Nach circa zwei Stunden hielt Aziza freundlich ihre Abschiedsrede:

»Wie heißt das schöne türkische Sprichwort: *Türkün karnı doyunca, gözleri kapıyı ararmış.* ›Wenn der Türke satt ist, suchen seine Augen die Tür.‹ Wir müssen leider weg, ich bin ja nur 14 Tage hier und muss noch viele Leute besuchen. War aber nett, Sie kennengelernt zu haben.«

Ceylan machte noch einen letzten Versuch: »Wollt ihr beiden Murat nicht mitnehmen? Murat, was ist?« Sie versuchte, ihn mit den Augen zum Aufstehen zu bringen – nennt man das Psychokinese?

Aziza schaute Murat freundlich an: »Ich glaube nicht, dass er sich bei meinen Freunden wohlfühlen würde!« Und schon waren die Mädchen durch die Tür.

Meine Medizin aber hatte gewirkt; Ceylan schnitt das Thema von der »guten Partie Murat« nie wieder an. Wenigstens nicht in unserer Gegenwart.

Metamorphosen

Es gibt Phasen im Leben von Familien und in der Politik, die das Gefühl vermitteln, die Zeit sei stehengeblieben. Phasen, die mal als angenehm erlebt werden, mal als todlangweilig. In Berlin hatten wir die große Koalition, in Köln verlief alles nach bekannten Mustern. In Berlin hießen die Rituale: Regierung contra Opposition, Reden contra Gegenreden, Anträge contra Gegenanträge. Der Status quo war eine träge Masse, die nur schwer bewegt werden konnte.

In der Familie kämpften die Alten gegen die Jungen, die Frauen gegen die Männer, die Fortschrittlichen gegen die Konservativen. Allerdings sorgten in der Familie Sympathie und Antipathie, alte Leichen im Keller und neue Seilschaften für wechselnde Koalitionen, die sich nicht an Legislaturperioden halten mussten. Aber auch hier bewegte sich alles sehr langsam, der Status quo, in der Familie als Harmonie getarnt, verlangte auch hier sein Recht.

Wenn aber irgendwann der Zeitpunkt kommt, wo nichts mehr passt wie ein zu eng gewordenes Kleid, wird es Zeit, dass ein Wind der Veränderung durch Familie und Gesellschaft weht und uns herausholt aus der stickigen abgestandenen Atmosphäre, die uns an der Weiterentwicklung hindert. Dann ist es auch egal, ob wir von einengenden Verhältnissen sprechen oder vom Reformstau. Während in Berlin die große Koalition zu einem zu engen Korsett geworden war, aus dem beide aussteigen wollten, verließen auch in Köln Familienmitglieder ausgetretene Pfade:

- Elmas sprang über ihren Schatten,
- Hilal sprang aus der Ehe mit Friedrich,
- Ali auf den Pfad des Opportunismus,
- Tante Gül und Alfred in eine gemeinsame Ehe,
- und ich sprang politisch über die Wupper.

Ich weiß nicht so recht, ob der letzte Punkt in die Systematik dieser Metamorphosen passt, aber mein Gefühl sagt ja, deswegen führe ich ihn mit auf.

Vom Saulus zum Paulus oder wer hätte das Elmas zugetraut?

Die familiären Metamorphosen nahmen ihren Anfang bei Elmas, ausgerechnet bei Elmas, über die wir alle immerzu die Nase gerümpft hatten. Dilara wohnte jetzt seit mehreren Monaten bei Mama und Tante Semra und es lief erstaunlich gut. Auf Nachfragen, ob sie ihre Eltern treffen würde, antwortete sie ausweichend und wechselte das Thema. »Ich finde es bei meinen Alten sehr gemütlich«, sagte sie. Kein Wunder bei Mamas Schlendrian.

Mama und Tante Semra nahmen die Sache mit ihrem »Pflegekind« sehr ernst: »Wir können nicht mal verreisen, solange wir Dilara bei uns haben und sie noch zur Schule muss«, sagte Tante Semra. »Das Kind muss morgens Frühstück haben und mittags ein warmes Essen.«

»Ja, es muss ja auch jemand da sein, der unauffällig kontrolliert, was die Kleine so macht«, sagte Mama. »Wenn du ein Kind sich selbst überlässt, dann verwahrlost es. Dilara hat – Gott weiß – genug durchgemacht bei Ali und Nihal.«

»Bist du sicher, dass du das unauffällig genug machst?«, fragte ich, »das mit der Kontrolle?«

»Das ist doch der Witz an der Sache, ich kontrolliere sie gar nicht. Dilara weiß aber zu jeder Zeit, dass ich da bin und kontrollieren *könnte*.«

»Außerdem weiß sie von deinem Herzleiden.«

»Ja«, grinste Mama, »und dass ich mich nicht aufregen darf.«

Das war natürlich eine Mischung wie Dynamit. Mama hatte seit längerem ein leichtes Herzleiden (das war wahr), und sie durfte sich seit neustem, seit Dilara bei ihr wohnte, um genau zu sein, laut ihrer eigenen Aussage nicht aufregen. Das hatte ihr Arzt angeblich strengstens untersagt. »Wenn Sie sich bei Ihrem schwachen Herzen aufregen, gnädige Frau, dann ist es eine Frage von Sekunden, und Ihr Herz schlägt nicht mehr!« Das hatte sich sehr dramatisch angehört. Wir hatten alle sehr betroffen zugehört, und niemand hatte es gewagt, den Wahrheitsgehalt dieser Worte anzuzweifeln. So schwebte ihr Zustand wie ein Damoklesschwert über unseren Köpfen.

»Weißt du, Mama«, sagte ich, »dass es mir viel besser geht, seitdem Dilara bei euch wohnt? Du hast keine Zeit mehr, *mich* zu kontrollieren.«

»Siehst du aus wie jemand, der jemals kontrolliert worden ist? Ich habe mir nur Sorgen um dich gemacht, das tue ich auch heute noch, aber du merkst es nicht, weil du nicht mal dazu Zeit hast! Du denkst mehr an Hartz IV und die politischen Folgen als an deine Mutter und die Folgen ihres Herzleidens.«

»Und du denkst mehr an Dilara, und das ist für alle Beteiligten besser. Trifft sie sich denn wenigstens regelmäßig mit Nihal?«

»Nihal war seit dem Auftritt bei euch nicht mehr bei mir.«

»Du meinst Abtritt! Die beiden haben sich selbst disqualifiziert.«

Ich sprach Hilal darauf an: »Sag mal, siehst du Nihal ab und zu?«

»Wir haben ein paarmal telefoniert, sie ist stinksauer auf uns alle, weil wir uns bei der Dilara-Geschichte nicht auf ihre Seite gestellt haben.«

»Wie bitte? Wir haben das Problem für sie gelöst. Wollten die eine Neunzehnjährige mit Gewalt nach Hause holen?«

»Sie denken sowieso, dass ihr Dilara gegen die Eltern aufgehetzt habt.«

»Ja, dann müssen wir das so stehen lassen.«

Kurz darauf rief mich Mama an: »Bist du morgen Nachmittag in Köln? Wenn ja, würde ich dich herzlich bitten, bei uns vorbeizukommen, Elmas hat ihren Besuch angekündigt. Und wir brauchen Verstärkung!«

Nein, das war ja was! Wenn Elmas, die Mutter von Ali, jetzt bei Mama auflief, dann konnte man sicher sein, dass es Theater vom Feinsten geben würde. Wahrscheinlich würde sie Rotz und Wasser heulen, Mama beschimpfen und einen hysterischen Anfall bekommen, wenn sie nicht sowieso von Ali geschickt worden war.

»Ich muss wohl kommen. Wie willst du das sonst aushalten? Ich dachte, der Arzt hätte dir jede Art von Aufregung verboten.«

»Hast du eine Wahl, wenn Bürger in deine Sprechstunde kommen und über die Regierung schimpfen?«

»Nein, Mama.«

»Siehst du? Ich habe auch keine Wahl. Wenn man eine Aufgabe übernimmt, muss man zu allen Konsequenzen stehen. Elmas ist Dilaras Großmutter und sie darf doch wohl ihre Enkelin besuchen. Wenn es die Eltern schon nicht tun.«

»Kommt Tante Gül auch aus ihrem Liebesnest?«

»Ja, ja, sie weiß Bescheid, und sie bringt Alfred mit.«

»Ja wunderbar, dann bekommt Alfred mit der wildgewordenen Elmas endlich die türkische Kultur zu sehen, die ihm sicher noch im Kopf herumspukt.«

Als ich am nächsten Nachmittag bei Mama und Selma ankam, saß Dilara mit den drei Damen zusammen und diskutierte aufgeregt. Alfred hatte sich ein wenig absentiert und gab den neutralen Beobachter. Da er nichts verstand, übte er wahrscheinlich wieder sein Lieblingsspiel »Ich weiß, was du sagst, auch wenn ich dich nicht verstehe!« Alfred ging davon aus, dass Mimik und Gestik sowieso 90 Prozent einer Kommunikation ausmachten, und er nervte uns, indem er uns mit seinem Zusammengereimten aus aufgeschnappten Wörtern konfrontierte. Vielleicht langweilte er sich aber auch nur, und versuchte so, die Zeit totzuschlagen.

»Ich habe ein schlechtes Gewissen«, sagte Tante Gül, »ich hätte Elmas schon längst kontaktieren müssen, schließlich ist sie genauso Dilaras Großmutter wie ich.«

»Ja, da sagst du was Wahres«, entgegnete Mama, »aber seitdem du dich in dein Alfred-Kloster eingeschlossen hast, kreist dein ganzes Denken und Tun um ihn. Morgens Alfred-Exerzitien, mittags Alfred-Exerzitien, und abends wahrscheinlich auch.«

»Mama!«

»Ach, lass mich ausreden. Gül, nicht dass wir dir dein Glück nicht gönnen, aber ein bisschen näher am wirklichen Leben wäre auch nicht schlecht.«

Alfred indes schaute mit größter Anstrengung auf Mama. Er hörte permanent seinen Namen, aber – entgegen seiner bereits erwähnten Theorie, verstand er natürlich nichts. »Was meint Latife?«, fragte er freundlich.

»Oma Latife meint, ihr sollt endlich heiraten, damit Oma Gül den Kopf frei bekommt für andere Sachen«, sagte Dilara.

»Ach, tatsächlich?« Alfred zweifelte ein wenig an Dilaras Übersetzung.

»Ja, und weil Oma Gül ein schlechtes Gewissen hat gegenüber meiner anderen Oma, hat sie vorgeschlagen, dass ihr Elmas und ihren Mann zu euren Trauzeugen macht.«

»Wirklich?« Alfred war hocherfreut.

»Dilara, bitte!« Mama schüttelte den Kopf.

Dilara zuckte mit den Achseln. »War ein konstruktiver Vorschlag«, murmelte sie, während Tante Gül bei dem Wort »heiraten« errötete. Nicht zu fassen!

»Und was ist mit dir?«, fragte jetzt Mama Dilara. »Hast du mit deiner Großmutter gesprochen in der Zwischenzeit?«

Diese schüttelte den Kopf: »Sie ist sowieso immer auf Papas Seite, und du hast auch nichts gesagt.«

Gerade als Mama und Dilara darüber diskutierten, ob die eine die andere hätte auffordern sollen, ihre Großmutter anzurufen, klingelte es an der Tür.

»Ja, dann wollen wir das Ganze hier hinter uns bringen«, sagte Mama.

Tante Semra ließ Elmas ein. Sie war ganz gegen meine Erwartungen allein gekommen.

»Herzlich willkommen, Elmas Hanım!«

»Herzlich vorgefunden, Semra Hanım!«

Schwerfällig trat sie ins Zimmer. Ich wartete auf den Beginn ihrer Theatervorstellung, aber es geschah nichts dergleichen. Sie nahm Dilara in den Arm und atmete hörbar ein und aus. »Du kommst ja deine alte Großmutter nicht besuchen«, sagte sie, wobei sie Dilara nicht aus den Armen ließ, »deswegen musste ich zu dir kommen.«

»Oma, ich dachte …«

»Ich weiß, was du gedacht hast, deswegen bin ich ja auch gekommen.«

»Aber, Papa …«

»Dein Papa ist mein Sohn, du bist meine Enkelin, das sind zwei verschiedene Dinge. Du bist für mich genauso wichtig wie dein Vater.« Sie streichelte Dilaras Wangen. Niemand sagte ein Wort. »Ich wollte mich auch bei dir bedanken, Latife Hanım«, sagte sie zu Mama, »Gott vergelte es dir, dass du das Kind aufgenommen hast, so wissen wir sie wenigstens in sicheren Händen.«

Der Besuch von Elmas nahm eine ganz andere Wendung als erwartet. War das wirklich Elmas, die da sprach, oder ein Double, zur Verfügung gestellt vom europäischen Institut für Konfliktlösung?

»Dilara, geh mal ein bisschen raus«, sagte jetzt Elmas, »ich muss etwas Persönliches mit Latife Hanım besprechen.«

Dilara reagierte sofort, weil sie vom Auftritt ihrer Großmutter genauso überrascht war wie wir alle.

»Ich wollte nicht, dass sie mitbekommt, was ich euch zu sagen habe«, sagte Elmas. »Aber so ein junges Mädchen kostet auch Geld. Ihr könnt nicht die ganzen Kosten tragen, mein Mann und ich haben überlegt, dass wir euch was dazugeben.«

Tante Gül wurde ganz rot; sie hatte wohl bis jetzt nicht daran gedacht, sich an dem Unternehmen »Dilara« finanziell zu beteiligen.

»Aber das ist doch nicht nötig«, sagte Mama, »wir machen das sehr gerne.«

»Das wissen wir, trotzdem ist sie unser Enkelkind. Ihr müsst verstehen, dass wir das nicht so annehmen können. Ich habe schon mit Ali geschimpft«, fuhr sie fort, »er erzählt mir natürlich nichts, aber Nihal hat mir alles berichtet. Es gehört sich einfach nicht, wie er sich dir gegenüber benommen hat, Latife Hanım, schon aus Respekt vor deinem seligen Mann, der immer so nett war zu mir und zu meinem Mann, aber Ali sieht das nicht ein, er ist halt ein Dickkopf!« Sie lächelte entschuldigend.

»Wir werden das Finanzielle gemeinsam überlegen, Elmas Hanım!«, sagte jetzt Tante Gül zu Elmas, mit zitternder Stimme.

»Sie hat uns alle beschämt«, sagte ich am Abend zu Ahmet. »Ich meine, ich fahre zu Mama, weil wir alle ein Drama erwarten, und sie kommt und reicht uns voller Würde die Hand, ist bereit, Verantwortung zu übernehmen, weil ihr Sohn an der Stelle versagt. Gegen den Auftritt von Elmas ist der Gang von Heinrich IV. nach Canossa ein Morgenspaziergang gewesen.«

»Planst du jetzt die Gründung des Elmas-Fanclubs?«

»So ungefähr, und mit mir als erster Vorsitzender.«

Von Paulus zu Saulus oder wie George Clooney Friedrich schlägt

Der Stand von Hilals Ehe entsprach seit einigen Jahren einem freundlichen Status quo. Friedrich hatte sich zu einem netten Ehemann gemausert. Er ging brav seiner Arbeit als höherer Beamter nach, versorgte Frau und Kind, abends setzte er sich an seinen Computer oder las die Aufsätze in den Fachzeitschriften, die er abonniert hatte. Sein Alkoholkonsum hatte sich im Vergleich zu den Zeiten, als wir ihn kennengelernt hatten, drastisch verringert. Jedenfalls nahm ich das an, denn in unserer Gegenwart trank er nicht mehr literweise Bier; als Grund wurde offiziell eine »Bierallergie« angegeben. Niemand wusste, was eine »Bierallergie« eigentlich war, aber das war auch egal. Es gibt so viele Allergien, warum nicht auch eine Bierallergie? Damit hatte er sich endgültig seines Spitznamens »Prösterchen« beraubt. Er war nett zu seiner Frau, nett zu seinem Sohn und nett zu uns.

Kommen Sie mir jetzt nicht damit, dass »nett« eine nette Umschreibung eines nichtssagenden Zustandes ist: eine Folie für unsere Projektionen von einem funktionierenden Menschen. Und wenn es so wäre, es war ja nicht zum Schaden von Hilal. Was ist denn schlimm daran, mit einem Menschen verheiratet zu sein, bei dem sich alle einig sind: Der ist nett? Nun, Friedrich war gleichzeitig auch ein wenig – wie soll ich es ausdrücken? – langweilig. Er sah schon so aus wie jemand, den man Hunderte von Malen gesehen hat, wenn nicht ihn, so doch Leute wie ihn: dick und groß, bieder gekleidet. In der Familie hieß er: der deutsche Schwiegersohn. Dilara behauptete frech, dass die Straßenverkäufer und Marktschreier auf der ganzen Welt Friedrich sofort auf Deutsch anreden würden, weil er der Prototyp des Deutschen war. Man sollte ein paar Samen von Friedrich einfrieren, meinte Mama, nach einer globalen Katastrophe könnte aus diesen Samen wieder das deutsche Volk gezeugt werden.

Und wenn er anfing, etwas zu erzählen, dann konnte man nur hoffen, dass er zum Ende kam, bevor das Auditorium einschlief oder weglief.

Im Familienkreis war es Tante Semra, die mit ihrer Liebenswürdigkeit immer noch zuhörte, wenn alle schon längst weg waren, oder die wenigstens so tat, als würde sie zuhören. Wenn ich Tante Semra vor Friedrich sitzen sah, ganz entspannt, die Augen freundlich auf ihn gerichtet, hatte ich den Verdacht, dass sie weniger zuhörte, als vielmehr an ihre wilde Jugend dachte, oder an schöne Stunden mit ihrem seligen Mann, jedenfalls an etwas, was sie in gute Stimmung versetzte, während Friedrich dazu gleichmäßig rezitierte.

Dumm war er nicht, unser Schwager. Lukas hatte von ihm seinen scharfen Verstand geerbt, aber bei dem Jungen war das Temperament der Mutter hinzugekommen, während Friedrichs Temperament dahinplätscherte wie ein Zimmerbrunnen. So wunderte es mich gar nicht, dass es Hilal in dieser Ehe irgendwann öde wurde, nicht so öde, dass sie sich von Friedrich trennen würde, dafür war unsere Hilal viel zu klug oder zu berechnend, je nachdem, wie man es beurteilte. »Ich müsste mit dem Hammer geschlagen sein, wenn ich mich von Friedrich scheiden ließe«, pflegte sie zu sagen, »so einen zuverlässigen Mann, der mir auch noch alle Freiheiten lässt, finde ich nie wieder.«

Das sagte ihr Verstand; er gebot ihr, den Status quo zu erhalten. Aber die verstandesmäßige Zustimmung zu dieser Ehe reichte anscheinend mit der Zeit nicht mehr aus. Obwohl sie uns und sich selbst Friedrichs Tugenden immer wieder vor Augen führte, ließ sich die Veränderung der Verhältnisse nicht aufhalten. Zuerst nur verbal. Statt der Bestätigung ihrer Ehe hörten wir jetzt andere Töne von Hilal: »Die Ausschließlichkeit, mit der Beziehungen geführt werden, hindert uns an der Entwicklung unserer Kapazitäten«, sinnierte sie nun. »Wieso muss die Entscheidung für einen Mann eine Entscheidung gegen alle anderen Männer dieser Welt sein? Das ist inakzeptabel und schadet der Entfaltung unserer Möglichkeiten. Ich nehme Friedrich ja nichts weg, wenn ich erleben will, wie sich mein Dialog mit anderen Männern gestaltet.«

Zuerst war das nur Theorie, aber uns war klar, dass sich Hilal über die theoretischen Ausführungen an die Praxis heranrobbte, als eine Art Trockenübung sozusagen. Der Status quo war so öde geworden, dass Hilal anfing, sich in der restlichen Männerwelt umzuschauen. Deswegen war ich auch nicht besonders erstaunt, als meine Cousine mir unter vier Augen ganz aufgeregt erzählte, sie habe einen tollen Mann kennengelernt. Auf einer Dienstreise hatte Mr. Right im Flieger neben ihr gesessen.

»Der Nebenmann auf dem Nebensitz«, flachste ich.

»Es ist perfekt!« Hilal schwebte im siebten Himmel. »Erstens sieht er aus wie George Clooney, zweitens ist er in meiner Branche tätig, das heißt ich habe berufliche Berührungspunkte, drittens lebt er in Wien, und viertens ist er geschieden. Das heißt, ich muss nicht so viel lügen; ich fahre sowieso dienstlich relativ oft nach Wien und abends habe ich frei, nicht wahr? Da kann ich unbesorgt meinen George Clooney treffen.«

»Hauptsache du machst endlich deinen Freischwimmer, nach all den geistigen Trockenübungen.«

»Es ist tatsächlich so. Wie heißt es bei Wallenstein: ›Ich müsste die Tat vollbringen, weil ich sie gedacht, nicht die Versuchung von mir wies‹.«

»Das Spiel mit dem Ernst, durchtränkt von der Begierde. Denk dran, Wallenstein ist eine Tragödie. Wem darf ich alles was erzählen?«

»Bist du wahnsinnig? Zu niemandem ein Sterbenswörtchen!«

»Und warum erzählst du es mir?«

»Weil ich trotz allem das Gefühl habe, etwas Unrechtes zu tun, und ich brauche eine Mitwisserin.«

»Erleichtert das dein Gewissen?«

»Ganz klar: ja. Ich denke, immer wenn mich das schlechte Gewissen packt, kann ich es dir erzählen.«

»Wenn es dir hilft. Und was mache ich mit meinem Gewissen?«

»Sag dir: ›Das ist nicht mein Problem, das ist Hilals Problem‹.«

»Von mir aus, einverstanden.«

Ein klitzekleines flaues Gefühl blieb in meinem Magen, ein Gefühl, das ich versuchte, professionell auszuschalten. Meine Güte, ich war Therapeutin, und Hilal hätte auch meine Klientin sein können, dann hätte ich ihr Geheimnis ja auch unter der Schweigepflicht abhaken und in meinem therapeutischen Bauch verdauen müssen. Auf der anderen Seite, Hilal war nicht meine Klientin, Friedrich war mein Schwager.

Hilal indes blühte auf, sie war viel fröhlicher, viel weniger genervt, irgendwie entspannter als früher. Von ihrem Anspruch, mich bei zu starken Gewissensbissen als geistige Komplizin einzusetzen, machte sie keinen Gebrauch. Sie war allerdings viel auf Dienstreisen, und ab und zu bekam ich mit, dass die Reisen nach Wien führten.

Das ging circa ein Jahr so, in der Zeit warf mir Hilal einzelne Stichworte zu, die mich über ihren Seelenzustand unterrichten sollten. Sie liebte es, Zitate zu benutzen, so hatte sich folgender Code zwischen uns beiden eingebürgert: *Alles im grünen Bereich* bedeutete, ich bräuchte mir keine Sorgen zu machen. *Bestens* hieß, dass beide Männer glücklich waren. *Alles klar auf der Andrea Doria* war der Ausdruck der Superlative, dann war ihre Stimmung nicht zu toppen.

»Mein Leben straft die türkische Philosophie, eingeschmolzen in ihren Sprichwörtern, Lügen«, sagte sie. »Ich muss immer an die Weisheiten meiner Mutter denken: *Bir koltuğa iki karpuz sığmaz,* ›Man kann nicht zwei Melonen auf einmal tragen‹ oder *bir ipte iki cambaz oynamaz,* ›auf einem Seil können nicht zwei Tänzer tanzen‹. Und ich sage dir: Man kann nicht nur zwei Melonen tragen, es geht sogar sehr gut!«

»Meinst du nicht, dass du dir was vormachst? Es geht doch nur gut, weil Friedrich nicht Bescheid weiß; es ist eben keine klassische Ménage à trois. Das Sprichwort wäre nur dann wirklich widerlegt, wenn ihr alle drei voneinander wüsstet und ihr alle drei glücklich wärt.«

»Du analysierst zu viel.«

»Nein, das tue ich nicht, Friedrich lebt doch nur in der Illusion des Glücks. Und du und dein George Clooney, Ihr habt nur geklaute Stunden.«

»Du willst mir alles madig machen«, sagte Hilal, »ist nicht das Glück an sich schon eine Illusion?«

»Ich analysiere? Du philosophierst, und zwar so, wie es dir gut in den Kram passt.«

Ein paar Wochen später in Berlin. Meine Mitarbeiterin platzt in eine Sitzung: »Du sollst bitte sofort deine Cousine anrufen!«, flüstert sie mir ins Ohr.

»Sag ihr, das geht jetzt nicht, ich bin in einer Besprechung mit dem Außenminister!«

Fünf Minuten später war sie wieder da: »Sie sagt, du sollst sofort anrufen, wer sei schon der Außenminister, sie sei schließlich deine Cousine!«

Ich musste nicht mehr fragen, welche Cousine es war. Das konnte nur Hilal sein. Keinen Respekt vor einem Minister.

»Was gibt es so Unaufschiebbares?«

»›Alles Scheiße, deine Emma‹, würde ich sagen.«

»Was heißt das bitte?«

»Wien will eine Entscheidung von mir!«

»Ein Wiener Kongress der Beziehungen. Die Neuordnung Europas durch Fürst Clooney?«

»Sehr witzig!«

»Entschuldige bitte, so schnell kann ich nicht umschalten. Ich bin im Geiste noch bei außenpolitischen Fragen.«

»Und jetzt?«

»Die Stunde der Entscheidung, würde ich sagen.«

»Ich habe mich entschieden, Friedrich alles zu erzählen.«

»Das wurde aber auch Zeit. Wann?«

»Heute Abend, deswegen wollte ich vorher mit dir reden, um mir ein bisschen Doping zu holen.«

»Es wimmelt auf der Welt von Krisen, mal im Öffentlichen, mal im Privaten. Versteh mich nicht falsch, ich respektiere dein Problem, wirklich, es ist eine gravierende Entscheidung, vor der du stehst, aber vielleicht ging es in dem Gespräch, das ich gerade führte, auch um wichtige Krisen und Entscheidungen? Du holst mich einfach aus einer Sitzung raus, und denkst nicht mal darüber nach, ob es vielleicht auch bei mir um Leben und Tod geht?«

»Was glaubst du, worum es bei mir geht?«

»Also, so wie ich dich und Friedrich kenne, der ja in dieser Krise derjenige ist, der den Krieg auslösen könnte, wird es bei euch nicht um Leben und Tod gehen, weil Friedrich nicht angreifen wird, somit fällt dein Problem hinter die Konfliktfelder dieser Welt zurück.«

»Jetzt rede nicht so geschwollen daher und hör mir zu: Ich werde Friedrich heute Abend alles beichten und ihn entscheiden lassen. Wenn er bereit ist, mit mir weiterzuleben, bleibe ich bei ihm, ansonsten gehe ich nach Wien.«

»Was ist das denn für eine Logik? Jetzt komme ich nicht mehr mit.«

»Du hast doch für Offenheit plädiert, jetzt will auch George Clooney Offenheit, der Einzige, der nicht Bescheid weiß, ist Friedrich. Ich habe drei Möglichkeiten: Erstens ich verlasse George Clooney und bleibe bei meiner Familie und suche mir den Nächsten aus, aber auf Dauer ist das öde. Zweitens ich verlasse Friedrich und ziehe zu George Clooney, dann habe ich den einen gegen den anderen ausgetauscht, im Grunde genommen hat sich strukturell nichts an meiner Situation geändert, das ist auch öde. Oder drittens ich erzähle Friedrich alles und dann sehen wir weiter …«

»Und du meinst, das ist weniger öde, weil Friedrich vielleicht das gute Porzellan gegen die Wand wirft?«

»Nein, ich habe keine Lust mehr auf Heimlichkeiten, auf Dauer ist es nicht so romantisch, wie ich es mir vorgestellt habe. Vielleicht habe ich mich auch zu lange bei George Clooney aufgehalten … Nein, nein«, fuhr sie fort, »nicht vielleicht, ganz sicher. Ich habe mich ganz sicher zu lange bei George Clooney aufgehalten, es ist eine Bindung entstanden, mit der ich so nicht gerechnet hatte. Ich führe kein aufregendes Leben mehr, ich führe das gestresste Leben einer Ehefrau mit Liebhaber. Und langweilig ist es dazu. Ich habe praktisch zwei Ehemänner …«

»Du musst aber nicht beiden die schmutzigen Unterhosen waschen, oder?«

»Witzbold! Ich werde die Fronten klären und fange ein neues Leben an, so oder so.«

»Und warum soll Friedrich die Entscheidung treffen?«

»Weil ich ein schlechtes Gewissen habe Friedrich gegenüber, er hat ja all die Jahre die ganzen Pflichtübungen einer Familie mit mir durchgezogen, und jetzt haue ich ab und fange mit einem an, der nur die Sahneschnitten einer Beziehung zu essen bekommt.«

»Und was ist meine Rolle bei diesem Drama, ich meine, warum rufst du mich an und holst mich aus einer wichtigen Sitzung raus?«

»Weil ich Bauchschmerzen habe und weil ich will, dass jemand Bescheid weiß, dem ich vertrauen kann.«

»Gut, jetzt weiß ich Bescheid. Wann steigt die Party?«

»Na, heute Abend, deswegen habe ich dich doch aus der Sitzung geholt! Was sagst du?«

»Ich sage, du machst dir schon wieder was vor. Du willst doch gar nicht wirklich Friedrich entscheiden lassen, das sagst du jetzt, weil du ein schlechtes Gewissen hast. Wenn er sagen würde: ›Schwamm darüber, wir fangen ein neues Leben an‹, wie lange würde das deiner Meinung nach gut gehen? Oder erwartest du, dass sich Friedrich angesichts des Verlustes seiner geliebten Ehefrau auch in George Clooney verwandelt? In einen kölschen George Clooney?«

In der Leitung war Stille.

»Bist du noch dran? Ich wünsche dir jedenfalls viel Glück für heute Abend, möge sich alles zum Besten wenden.«

»Das hört sich so nach Mutti an.«

»Ja, das stimmt. Alles, was ich in dieser Situation sage, hört sich nach irgendwas an. Deswegen sage ich jetzt nichts mehr.«

Wir legten beide auf.

Wie würde die Geschichte heute Abend ausgehen? Ich konnte mir nicht vorstellen, dass Hilals außerehelicher Spaziergang wirklich geheim geblieben sein konnte. Ich hatte zwar – wie versprochen – Diskretion bewahrt, aber irgendjemand musste doch etwas gespürt haben. Wenn nicht Friedrich, dann vielleicht Lukas. Der Junge ging mit offenen Augen durchs Leben. Gut, er war alt genug, dass eine Ehekrise der Eltern ihm keinen seelischen Schaden mehr zufügen würde, aber er musste es sehen. Alle lächelten nur. Und das seit gut einem Jahr.

Die Sitzung, in die ich zurückging, kam mir jetzt gar nicht mehr so aufregend vor wie vorher, ich musste die ganze Zeit an Hilal und an Friedrich denken.

Am nächsten Tag war ich es, die bei Hilal anrief: »Wie lief es gestern Abend?«

»Ich habe Friedrich alles erzählt, nichts ausgelassen, nichts beschönigt, auch dass es schon seit einem Jahr geht.«

»So eine Art Beichte?«

»Wenn du willst, ja. Das Gespräch hat mich richtig befreit, diese Heimlichtuerei war inzwischen nicht mehr aufregend, sondern nur noch belastend.«

»Und ist das gute Porzellan geflogen?«

»Quatsch! So weit solltest du Friedrich kennen.«

»Und hat er sich entschieden?«

»Das ist anders gelaufen, er sagte wortwörtlich: ›Was würde es denn bringen, wenn ich dir jetzt sagen würde, vergessen wir alles, bleib bei mir. Die Frage ist doch nicht, ob *ich* alles vergessen kann, die Frage ist, ob *du* deinen Liebhaber vergessen kannst‹.«

»Hat er echt ›Liebhaber‹ gesagt?«

»Hat er!«

»Ist ja stark! Das heißt, der Ball liegt wieder in deinem Feld. Was machst du jetzt?«

»Ich muss mich erst einmal in dieser Erleichterung zurechtfinden, die ich seit gestern Abend spüre, irgendwann wird sich dann auch die Entscheidung finden.«

»Das denke ich auch.«

»Übrigens«, jetzt gluckste Hilal doch, »es ist soweit, Mama und Alfred heiraten!«

»Endlich mal eine gute Nachricht! Seit wann weißt du das?«

»Sie hat gestern Abend bei uns angerufen – gerade als ich mit Friedrich über die Zukunft unserer Ehe diskutierte. Wie sagst du immer?«

»Es gibt keine Zufälle!«, sagten wir beide aus einem Mund.

Der Sieg der Eitelkeit über die Moral

Mama fand diesen Schritt schon lange überfällig.

»Also weißt du, was ich noch unmöglicher fand als Güls Heirat mit Alfred?«, sagte sie mal im Gespräch.

»Was, Mama?«

»Güls Zusammenleben mit Alfred ohne Trauschein.«

»Warum?«

»Weil ich das Gefühl nicht loswurde, dass sie eine Haushälterin ist, für lau. In unserer Familie hatten es die Frauen nie nötig, einem Mann gegen Kost und Logis den Haushalt zu führen, und deswegen ist es gut, dass sie Alfred heiratet. Aber«, dachte sie laut nach, »sie heiraten doch nicht mir zuliebe – weißt du eigentlich, warum sie sich nach neun Jahren wilder Ehe endlich trauen?«

»Nun ja, ich denke, sie werden älter und wollen ihr Haus in Ordnung bringen. Aber glaubst du im Ernst, dass es eine wilde Ehe war?«

Bei Dilara und Lukas schien der Heiratswunsch der Großmutter nur gute Gefühle hervorzurufen: Bewunderung und Heiterkeit. Bei den Töchtern und Schwiegersöhnen sah die Sache ein klein wenig anders aus: Während Friedrich als Jurist nicht umhin konnte, Alfred für diese späte Eheschließung gewisse Hintergedanken zu unterstellen, fand Ali die Hochzeit geschmacklos und überflüssig.

Nihal und Elmas hatten es geschafft, dass Ali nicht vom Familienbann getroffen war. Nach der familienfreundlichen Intervention seiner Mutter war er wieder im Familienkreis aufgenommen worden, wo er sporadisch auftauchte. Das machte die Ehe von Nihal und Ali nicht besser, aber Nihal glücklicher. Er hatte sich bei Mama entschuldigt, und Mama hatte – ganz Dame – die Entschuldigung angenommen.

»Zivilisation ist der beherrschte Umgang mit seinen eigenen Gefühlen«, hatte Mama gesagt. »Ich zum Beispiel kann Ali nicht leiden, aber ich gebe ihm die Hand und rede mit ihm – wenn auch nur das Notwendigste. Und warum? Weil ich zivilisiert bin und diesem ungehobelten Ali zeigen will, wie sich zivilisierte Menschen benehmen. Und das macht meine Überlegenheit aus.«

So lächelte sie sehr überlegen, wenn sie Ali hie und da begegnete, dem Objekt ihrer zivilisatorischen Überlegenheit. Sie hatte auch Dilara eingebläut, »zivilisiert« mit ihrem Vater umzugehen: »Er ist dein Vater. *Atsan, atılmaz, satsan satılmaz,* wie man im Türkischen sagt. ›Du kannst ihn nicht wegschmeißen, du kannst ihn nicht verkaufen‹, soll heißen, er wird immer dein Vater bleiben.« Und sie fuhr fort: »*Küsmek*, also so böse zu sein, dass du den Kontakt mit ihm abbrichst, ist was für Bauern und Proleten, deswegen wirst du selbstverständlich weiter mit ihm sprechen. Damit hast du auch die Fäden in der Hand und kannst die Spielregeln festlegen, und ihm bleibt nichts anderes übrig, als zu reagieren.«

Ich weiß nicht, ob das Dilara eingeleuchtet hatte, oder ob Mamas Gehirnwäsche erfolgreich war, aber sie war im Umgang mit ihrem Vater ganz junge Dame, was ihn irritierte und sie diebisch freute.

Jedenfalls saß Ali jetzt mit am Tisch seiner Schwägerin und das Thema war die Eheschließung Tante Güls. Für Hilal und Friedrich war es vielleicht auch eine kleine Atempause von ihren eigenen Problemen.

»Wenn meine Tochter heiraten würde«, sagte Ali, »wäre das ein Anlass zur Freude. Aber die Eheschließung meiner Schwiegermutter? In ihrem Alter? Das ist eine solche Geschmacklosigkeit und ein Affront gegen die Familienehre.«

Alle schauten sich an und rollten mit den Augen.

Friedrich räusperte sich: »Bitte, lassen wir doch diesen Unsinn mit der Familienehre. Die Schwiegermutter hat ein ansehnliches Vermögen und wir sollten dafür sorgen, dass sich nicht andere daran bereichern. Es muss ein Ehevertrag her, damit nicht später auf irgendetwas Anspruch erhoben werden kann.«

»Bist du noch klar im Kopf?«, sagte Ali. »Wen interessieren die paar Kröten unserer Schwiegermutter?«

»Wer sollte euch denn euer Erbe streitig machen?«, fragte Ahmet, »Alfred hat keine Kinder. Und außerdem, wer sagt denn überhaupt, dass er sie überlebt?«

»Ihr als Erbengemeinschaft solltet darauf bestehen, dass ein Ehevertrag aufgesetzt wird«, wiederholte Friedrich, »damit Alfred nicht irgendwann irgendwelche Besitzansprüche stellen kann. Es ist nicht unbedingt davon auszugehen, dass

Schwiegermutter Alfred überlebt, und vor allem muss auch mit der Wahrscheinlichkeit gerechnet werden, dass Alfred eine schwache Stunde von Gül ausnutzen und ein Testament zu seinen Gunsten aufstellen lassen könnte.«

»Mensch, das könnte er auch mit Ehevertrag«, sagte Ali, »was soll er sich denn deiner Ansicht nach überhaupt unter den Nagel reißen?«

»Ja, alles!« Friedrich echauffierte sich, jetzt kam er in Fahrt und fing an zu referieren: »Neben ihrem Vermögen in Form von Anlagen und Sparkonten stellt ihr Sommerhaus am Meer durch die ausgezeichnete Lage eine sichere Geldanlage dar, die noch im Wert steigen wird. Dazu kommen die Grundstücke in der Nähe von Istanbul – Istanbul ist eine Boomcity, irgendwann werden sie eine Goldgrube sein. Ja sogar die Grabstelle auf dem Istanbuler Friedhof Zincirlikuyu wird noch an Wert gewinnen, in Istanbul platzen die Friedhöfe aus allen Nähten, die Grabstelle mit noch sechs leeren Plätzen hat Wachstumspotential.«

Bei dem Wort »Wachstumspotential« im Zusammenhang mit sechs leeren Grabstellen hatten alle angefangen zu lachen.

»Ich dachte, ich sei ein gerissener Geschäftsmann«, sagte Ali, »aber gegen dich bin ich ein Nichts. Mit dir kann nur noch die russische Mafia mithalten, eine Grabstelle mit Wachstumspotential ist schon beeindruckend.«

»Du willst, dass die Grabstelle im Ehevertrag aufgeführt wird?« Hilal schaute ihren Ehemann entsetzt an.

»Das ist doch nur zum Schutz deiner Mutter und eures Erbteiles«, entgegnete Friedrich. »Die Grabstelle gehört zur Erbmasse deiner Mutter, und irgendwann werdet ihr mit Nihal euch diese Grabstellen teilen müssen«, sagte er, »und der Wert steigt kontinuierlich.«

»Hört jetzt auf!«, sagte Hilal. »Mama ist nicht entmündigt, sie kann selbst entscheiden, ob sie einen Ehevertrag macht oder nicht, und hört bitte auf von den Grabplätzen zu reden. Wer zuerst stirbt, liegt zuerst, und wenn die Grabplätze weg sind, dann sind sie weg.«

»Ich finde, wir sollten das Thema wechseln«, meinte Mama, die es hasste, über Tod und Beerdigungen zu reden, zumal die Einschläge immer näher kamen. »Semra und ich grübeln schon seit Tagen darüber, was wir dem Brautpaar schenken könnten, habt ihr euch darüber mal Gedanken gemacht?« Alle schauten sich an. »Das dachte ich mir schon«, sagte Mama, »deswegen hier mein Vorschlag: Wir legen zusammen und schenken ihnen eine Studienreise, weil sie sich ja auch auf einer Studienreise kennengelernt haben.«

»Das ist schön!«, sagte Hilal. »Tante Latife, übernimmst du auch die Organisation?«

»Selbstverständlich«, sagte Mama, »ich habe auch schon darüber nachgedacht, wie wir die Kosten aufteilen, und habe entschieden, dass wir nach Einkommen staffeln. Starke Schultern müssen mehr tragen als schwache. Ihr habt doch nichts dagegen, oder?«

Alle nickten.

»Das hört sich ganz schön sozialistisch an«, sagte jetzt Ali, der nach dieser Formel voraussichtlich das meiste würde zahlen müssen, und schaute mich an.

»Ihr braucht gar nicht Lale anzuschauen«, sagte Mama ganz unbekümmert, »diese sozialistische Idee ist von mir, eigentlich von meinem seligen Mann, aber ich fand sie ganz gut. Und ihr könnt euch darauf verlassen, dass ich sehr gerecht vorgehen werde. Also, Finger hoch, wer macht mit?«

Nicht nur ich dachte sofort daran, wie Ali wohl reagieren würde. Wenn er sich an dem Geschenk beteiligte, hätte er gegen seine moralischen Prinzipien gehandelt. Sollte er sich allerdings nicht beteiligen, wäre sein Image als großzügiger Mann angekratzt. Vor allem, würde ihm dann nicht unterstellt werden, er habe sich an dem Geschenk nicht beteiligt, weil er das meiste hätte zahlen müssen? Was für ein Konflikt: der moralische Ali gegen den reichen Ali, der anatolische Bauernsohn gegen den erfolgreichen Manager. Mama, wie lange hast du an diesem teuflischen Plan gesessen?

Alle Anwesenden hoben die Hand. Mama tat so, als würde sie zählen. Dabei hatte sie – wie wir alle – schon längst gesehen, dass auch Ali die Hand gehoben hatte. »Wunderbar, so viele Ja-Stimmen wie anwesende Personen; hiermit ist mein Vorschlag einstimmig angenommen worden«, sagte sie scherzhaft bürokratisch. »Ja, dann gehe ich morgen das Geschenk besorgen. So viel Zeit haben wir nicht mehr.«

Was für ein Tag! Was für eine Entscheidung! Die Eitelkeit hatte die moralischen Prinzipien besiegt. Irgendwie beruhigend.

Tante Gül und Alfred heiraten

Welch heitere Aufregung in Wiesbaden. Tante Gül rief fast stündlich an, um uns über den Stand der Hochzeitsvorbereitungen zu informieren.

»Eigentlich ist es gar keine Hochzeitsfeier«, betonte sie, weil sie sich – glaube ich – ein wenig schämte, dass sie sich ihrem Alter noch so auf ihre Hochzeit freute, »wir wollen einfach mit den liebsten Menschen einen schönen Tag verbringen.«

Auch gut, wenn sie sich um diesen schönen Tag doch ein wenig zu viel Gedanken machte. Sie war schon immer sehr detailverliebt gewesen, aber an »diesem«, »ihrem« Tag wollte sie alles perfekt haben.

Vorgesehen war nach der standesamtlichen Trauung am Nachmittag ein Sektempfang, dem ein größeres Abendessen mit anschließendem Tanz folgen sollte. Unsere »beste« Frau für Ordnung und Organisation war Tante Semra, also weilte sie schon seit einigen Tagen in Wiesbaden, um dort für Gelassenheit zu sorgen. Trotzdem wurden stündlich Telefonkonferenzen geschaltet.

»Soll ich als Hauptgericht Rinderfilet oder Ente nehmen«, fragte Gül atemlos. »Der Koch empfiehlt beides, mit Rinderfilet bin ich auf der sicheren Seite, andererseits wird Ente auch gern gegessen, oder?«

»Nimm doch beides, dann bist du auf der ganz sicheren Seite.«

»Das ist die Idee! Übrigens, wo ich dich in der Leitung habe«, Tante Gül zögerte, »hältst du eine Torte für angebracht oder doch für zu blöd?«

»Was hattest du denn vor? So was mit Tauben und rosa Herzen?«

»Nein, nur mit ›Gül‹ und ›Alfred‹ drauf!«

»...!«

»Hast du gelacht?«

»Aber nein, nur gehustet, dieser Wahlkampf macht mich ganz krank. Außerdem – Torte wird doch immer gern gegessen.«

»Du bist der festen Überzeugung, dass sie nicht peinlich ist?«

»Nur wenn du anfängst, sie selbst backen zu wollen. Nicht, wenn du sie in einer ordentlichen Konditorei bestellst.«

»Ja, dann bestelle ich die Torte!«

Während ich mich mit Hartz IV, Afghanistan, Klimaveränderungen und einem unglaublichen Abwärtstrend meiner Partei herumschlagen musste, machte sich meine neunundsechzigjährige Tante Sorgen um ihre Hochzeitstorte! Mit ›Gül‹ und ›Alfred‹ drauf!

Auch Mama machte sich Sorgen, wenn auch andere: »Ich hoffe doch sehr, dass mir nach der Trauung nicht der türkische Segensspruch *bir yastıkta kocayın,* ›möget ihr auf einem Kopfkissen gemeinsam alt werden‹ rausrutscht«, vertraute sie mir an, »die beiden sind doch schon alt, es wäre sehr unpassend, nicht wahr?«

»Ja, Mama, es wäre sehr unpassend. Also bitte, keine dummen Späße. Ich weiß, dass dir nichts rausrutschen wird, was du nicht willst. Und untersteh dich, Reis mitzubringen. Tante Gül ist diese Heirat sehr ernst!«

Ich konnte nicht bei allen Genossen auf Verständnis hoffen, als ich mitten im Wahlkampf nach Wiesbaden fuhr: »Muss das sein? Gerade jetzt, mitten in der heißen Phase?«

Ja, natürlich musste es sein. Erstens war es meine Tante und zweitens war es ihre letzte Hochzeit und drittens war es ein Familienfest.

Ich hatte mir schon ein wenig Sorgen gemacht nach der Geschichte mit der Torte, Sie wissen schon, mit ›Gül‹ und ›Alfred‹ darauf, ob Tante Gül sich dazu versteigen würde, in einem weißen Ensemble zu erscheinen, was irgendwie – wenn auch entfernt – an ein Brautkleid erinnert hätte, aber es war Gott sei Dank nicht so. Das junge Brautpaar fortgeschrittenen Alters sah sehr süß aus, Tante Gül im puderfarbenen Kostüm, Alfred mit Blumen am Revers, das Bild ergänzt durch die feixenden Enkelkinder.

»Ich verstehe zwar immer noch nicht, warum sich Gül das antut«, sagte Mama zum hundertsten Mal, »aber sie sieht aus wie eine Siebzehnjährige vor ihrem ersten Rendezvous, also geht es ihr gut.«

Der Standesbeamte fand die richtigen Worte – wahrscheinlich hatte er in letzter Zeit vermehrt Kundschaft fortgeschrittenen Alters –, und auch Mama rutschte nichts raus, was nicht sollte.

Beim Sektempfang kamen dann die beiden Familien zusammen, dazu die Freunde von Tante Gül und Alfred, Alfreds ehemalige Kollegen, um die 70 Personen, für türkische Verhältnisse eine sehr intime Hochzeitsfeier. (Das ist auch meiner Meinung nach der größte Unterschied zwischen einer türkischen und einer deutschen Hochzeit. Ganz gleich, wie alt das Brautpaar, wie reich oder arm, aus welchen gesellschaftlichen Verhältnissen, auf einer türkischen Hochzeit zählt man selten weniger als 300 Gäste, und wenn es sich bei dem Hochzeitspaar um zwei Findelkinder handeln sollte, die man vor 30 Jahren vor einer Moschee ausgesetzt gefunden hätte.) Die deutsch-türkische Hochzeitsfeier mit 70 Gästen war ein gangbarer Kompromiss, der trotzdem die deutschen Gäste zahlenmäßig schwer beeindruckte.

In der Kölner Delegation stachen zwei Personen hervor, mit denen niemand ernsthaft gerechnet hätte: Ali und Bambi!

»Erst reißt der Kerl das Maul auf über seine Schwiegermutter und die Familienehre, und dann erscheint er bei der Hochzeitsfeier. Aber, natürlich, wie konnte ich es vergessen? Es ist eine gediegene Feier mit interessanten Gästen aus der Mitte der Gesellschaft, die lässt sich unser hoch geschätzter Schwager nicht entgehen«, zischte mir Ahmet wütend zu und schüttelte den Kopf. »Wir wollen doch ankommen in der Gesellschaft, nicht wahr? Und die besudelte Familienehre haben wir einfach zu Hause zurückgelassen. Darüber können wir uns morgen wieder aufregen, wenn niemand Wichtiges dabei ist!«

»Jetzt hör aber auf, darf ich um den nächsten Tanz bitten?«

Ahmet kam meiner Aufforderung nach, aber er war nicht bei der Sache. Permanent stierte er auf Ali. »Der amüsiert sich wie Bolle!« Ahmet war ganz rot im Gesicht. »Überall schüttelt er Hände und macht sich bekannt, unser international agierender Manager in Brioni. Ich gehe mit dir jede Wette ein, morgen erzählen sie sich in Wiesbaden, Gül habe zwei Schwiegersöhne – einen schwerfälligen dicken Juristen und einen weltgewandten charmanten Manager. Dieser Typ ist so aalglatt! Und keiner von uns steht auf und konfrontiert ihn mit seiner Doppelmoral. Warum nicht? Weil wir zu wohlerzogen sind und weil wir Tante Gül und Alfred den Tag nicht verderben möchten!«

»Genauso ist es, Ahmet«, lächelte ich. »Nimm ihn einfach hin, er ist unser Ali mit dem Brioni-Anzug, der Doppelmoral und dem Aufsteigerbenehmen. Du wirst ihn nicht ändern und Nihal wird ihn nicht verlassen, also müssen wir uns mit ihm abfinden. Seid wie die Nacht, die sich über die Schwächen eurer Mitmenschen legt, sagt Mevlana.«

»Ich bin aber nicht Mevlana«, antwortete Ahmet.

»Das kommt schon, mit zunehmendem Alter.«

Der andere special guest aus Köln, ebenfalls in auffälligen Designerklamotten, war unsere Bambi.

»Wie hat die es denn geschafft, eingeladen zu werden?« fragte Mama mit großen Augen.

Bambi hatte alle Menschen, die bei uns ein- und ausgingen, kennengelernt – was nicht zu vermeiden war, da sie »um die Ecke wohnte« – und natürlich waren auch alle unsere Familienmitglieder mehrfach bei ihr zum Grillen eingeladen gewesen. Auch Tante Gül und Alfred hatten ihre Gastfreundschaft ausgiebig genossen, so dass sie diese Gegeneinladung hatte herauskitzeln können.

»Wir sind doch praktisch eine Familie«, pflegte Bambi zu sagen, was Ahmet furchtbar aufregte. Jetzt saß er ausgerechnet am Tisch von Bambi und Memo. Nein, Ahmet konnte dieses Fest nicht wirklich genießen.

Später machte mir Hilal vom anderen Tisch ein Zeichen. Wir standen auf. »Was ist, schmeckt dir die Torte nicht?« fragte ich.

»Kannst du mich auf die Toilette begleiten?«

»Doch nicht wegen der Torte?«

»Nein, wegen Friedrich.«

»Wo ist er? Hat er zu viel gesoffen?«

»Nein, er tanzt gerade mit Tante Semra.«

»Er ist so süß!«

»Mag sein; nein, er ist wirklich ein lieber Mensch, aber ich habe mich trotzdem gegen ihn entschieden, ich werde ihn verlassen und fahre von hier aus nach Wien weiter.«

»Also doch!« Wir gingen zusammen auf die Toilette. »Weiß er von deiner Entscheidung?«

»Im Prinzip ja. Dass ich von hier aus weiterfahre, sage ich ihm nach dem Essen.«

»Hast du ein gutes Gefühl?«

»Was die Entscheidung angeht, ja. Aber ich habe ein furchtbar schlechtes Gewissen gegenüber Friedrich und Lukas.«

Einige Wochen später …

»Irgendwie ist das Leben ungerecht«, sinnierte Mama, »der arme Friedrich ist jetzt abserviert, während wir Ali immer noch am Hals haben und wahrscheinlich bis zum jüngsten Tag haben werden.«

»So wird es kommen«, bestätigte Tante Semra. »Ich lebe ja gerne, aber es gibt ein paar Dinge, da freue ich mich schon jetzt, dass ich sie nicht mehr machen muss, wenn ich tot bin. Und es gibt ein paar Leute, da freue ich mich, dass ich sie dann nicht mehr sehen muss.«

»Was zum Beispiel?«

»Zum Beispiel, dass ich nicht mehr Fahrstuhl fahren muss, weil mir das eine Heidenangst macht.«

»Und bei den Leuten?«

»Dass ich Ali nicht mehr sehen muss!«

»Freust du dich auch, dass du mich nicht mehr sehen musst?«, fragte Mama misstrauisch.

»Aber nein, die Zeiten sind vorbei. Jetzt gehören wir zusammen. Wen haben wir denn sonst noch?«

»Also gab es Zeiten, als du dich gefreut hättest, mich nicht mehr zu sehen«, stellte Mama fest.

»Hör auf, in alten Rechnungen herumzukramen. Wir haben andere Sorgen. Wir müssen uns um Dilara kümmern, wir müssen uns um Friedrich kümmern und wir müssen uns um Lukas kümmern.«

»Lukas geht es gut, aber Friedrich braucht eine neue Frau«, sagte Mama. »Und er hätte es auch verdient, eine gute Frau zu bekommen.«

»Hilal ist eine gute Frau«, widersprach Tantchen, »Friedrich und Hilal sind zwei prächtige Menschen, sie passen halt nicht zusammen. Das hast du ja auch all die Jahre gesagt, Latife.«

»Das stimmt«, sagte Mama, »ich habe nie verstanden, was sie aneinander gefunden haben, aber«, und das war die entscheidende Feststellung, »Friedrich gehört zur Familie, und wir müssen unbedingt dafür sorgen, dass er wieder Lebensfreude empfindet. Das wäre auch im Sinne von Hilal«, fuhr sie fort, »dann hätte sie nicht mehr so ein schlechtes Gewissen.«

In der Tat ließen die Anrufe aus Wien den Verdacht aufkommen, Hilal habe ein wenig Angst vor ihrer eigenen Courage bekommen.

»Fällt dir eine nette Frau ein?«. fragte Mama Tante Semra, »Ich meine, so auf die Schnelle?«

»Mama!« Ich mischte mich ins Gespräch. »Muss ich dich daran erinnern, dass deine Erfolge als Ehevermittlerin eher mager sind? Du redest zwar immer davon, dass du für irgendwelche alte Jungfern und als Hagestolz getarnte schwule Männer deiner Altersklasse die passende Partie finden willst, aber so richtig hast du noch nie jemanden verkuppelt, oder?«

»Ich mache nur Vorschläge«, sagte Mama kleinlaut, »wenn die Leute nicht wollen, dann eben nicht.«

»Schon komisch, dass sie meistens nicht wollen. Jetzt haltet bloß eure Nasen aus Friedrichs Privatsphäre raus, o. k.?«

»Was heißt Privatsphäre«, entgegnete Mama, »wir sind doch keine Fremden! Hilal kann sich zehnmal von ihm trennen, er ist und bleibt unser Schwiegersohn.«

»Hat euch Friedrich denn um Hilfe gebeten?«

»Ja, wo denkst du hin?«, sagte Mama. »Dazu ist er viel zu stolz. Aber ich sag dir mal was: wer dreimal die Woche abends bei uns vorbeischaut und zum Essen bleibt, dem kann es nicht gut gehen. Deine Tante und ich haben das als Hilfeschrei interpretiert.«

»So, habt ihr?«

»Du brauchst gar nicht so arrogant daherzukommen, Friedrich braucht unsere Unterstützung in diesen schweren Zeiten«, Tante Semra sprang Mama zur Seite. »Er muss ja nicht gleich heiraten, aber er kann mal ausgehen, was Nettes erleben. Latife, da fällt mir tatsächlich eine sehr passende Frau ein, ich sag dir den Namen später, wenn Lale weg ist.« Sie lächelte unmerklich.

»Tante Semra!«

»Kümmere du dich um deine Sachen. Was macht überhaupt der Wahlkampf? Warum sitzt du hier bei uns alten Frauen herum? Geh Kugelschreiber verteilen oder Blöckchen oder was du mit meinem Geld auch gekauft hast. Ihr müsst euch anstrengen, es sieht nicht gut aus für deine Partei!«

»Ja«, sagte Mama, »wir haben das im Fernsehen gesehen, die SPD hat es schwer. Du kümmerst dich um deine Wahl, und wir kümmern uns um Friedrichs Wahl. Mal sehen, wer erfolgreicher sein wird«, fügte sie hinzu.

Meine Familie ist reizend. Einfach nur reizend. Sie weiß genau, wie sie mich mundtot machen kann. Aber es sah wirklich nicht gut aus für mich in meinem Wahlkreis. Und die beiden Oldies saßen da und spielten diese Tatsache knallhart gegen mich aus, damit sie in Ruhe Friedrich verkuppeln konnten.

»Ist es euch so egal, ob ich, euer Fleisch und Blut, die Wahl verliere oder gewinne?«

»Aber nein«, sagte Mama, »natürlich freuen wir uns, wenn du gewinnst, sonst hätten wir dir ja die Blöckchen und die Kugelschreiber nicht bezahlt, oder? Und deine Tante hat ja noch viel mehr springen lassen als ich.«

»Und ich habe das gerne gemacht,« sagte Tantchen, »weil es dich freut, wenn du gewinnst.«

»Ja«, sagte Mama, »und wir freuen uns, wenn du dich freust.«

»Nicht mehr?«

Die beiden schauten sich an.

»Das reicht doch, oder?«, sagte Mama, und Tantchen nickte dazu.

Ich fasste es nicht: Hatten sie das Interesse an meiner politischen Karriere verloren? Oder hatten sie nie Interesse daran gehabt, sondern nur an meinem Wohlergehen? Oder waren sie einfach so alt und weise, dass sie ihre Prioritäten woanders setzten? Ich verabschiedete mich von den beiden und ging wieder auf die Straße, Wahlkampf machen gegen den bundespolitischen Trend. Eine unglaubliche Sisyphusarbeit.

Aber was, wenn doch?

Gezählte Tage! Auch der anstrengendste Wahlkampf geht einmal zu Ende! Am Wahltag stand ich schon mit einem mulmigen Gefühl auf. Die Prognosen der letzten Wochen waren schlecht gewesen. Schlecht für mich. Die Leute waren sauer auf die SPD, mein Wahlkreis war strukturell schwarz (so nennt man im Jargon die eher konservativ eingestellten Bezirke), und ich hatte starke Gegner aus den eher kleineren Parteien.

Noch zehn Stunden bis zur Schließung der Wahllokale.

Die Zentrale rief an: »Wir fliegen Weihnachten auf die Kanaren«, sagte eine unerträglich gut gelaunte Tante Semra, »wollt ihr nicht mitkommen? Wir könnten dann ein Haus mieten, ich koche auch … obwohl, ihr esst ja alle nichts … apropos essen, kannst du nicht mal mit Dilara reden? Ihre ewigen Diäten ruinieren ihre Gesundheit … und … und … und …« Typisch Tante Semra, sie tat alles, um das leidige Thema »Wahltag« zu umgehen.

»Tantchen, ich habe im Moment etwas anderes im Kopf. Kannst du dir vorstellen, was?«

»Ach so, ja ja.« Die alte Heuchlerin. Sie tat so, als würde sie überlegen müssen, was es sein könnte.

»Heute sind Bundestagswahlen. *Die* Bundestagswahlen!«

»Stimmt! Natürlich! Ach, das ist nicht so wichtig, deswegen ist es mir auch nicht sofort eingefallen.« Wieder geheuchelt! Wahrscheinlich war sie schon um sieben Uhr morgens mit Mama alle Möglichkeiten durchgegangen und zu dem

Schluss gekommen, dass es am besten sei, mich auf andere Gedanken zu bringen.

»Wir sehen uns heute Abend, oder?«

»Aber natürlich, wir sind dann da.«

»Ich dachte eben, du hast vergessen, dass heute gewählt wird!«

»Ach Schätzchen«, schnurrte sie, »ich liebe dich. Zieh dir heute Abend was Hübsches an.«

Noch acht Stunden bis zur Schließung der Wahllokale.

Wien meldete sich: »Wie geht's dir, altes Haus?«, fragte Hilal.

»Den Umständen entsprechend. Wie geht es dir?«

»Phantastisch, bombastisch. Ich sage dir jetzt mal was: Das Leben ist schön, wenn wir den Mut haben, es zuzulassen. Wann kommst du nach Wien? Du musst endlich Hashem kennenlernen.«

Hatte ich erwähnt, dass George Clooney sich als ein kultivierter Araber entpuppt hatte? Ein Libanese, um genau zu sein! Er ist der erste Araber in der Familie.

»Mal sehen, wie die Wahl ausgeht!«

»Baby, deswegen rufe ich ja an, ich wollte dir alles Gute wünschen, aber langsam weiß ich gar nicht mehr, was das Gute für dich ist. Du mutierst langsam zu einem hypnotisierten Kaninchen. Komm raus aus deiner kleinbürgerlichen Politecke.«

»Hilal! Ich habe gerade zwölf Wochen Lebenszeit und viel Geld meiner Familie in diesen Wahlkampf gesteckt. Da wirst du mir nicht wünschen, dass ich verliere!«

»Ich wünsche dir, dass sich alles in deinem Sinne gestaltet.« Hilal war auch mutiert, zu einer Sphinx.

Noch vier Stunden bis zur Schließung der Wahllokale.

New York meldete sich: »Mama? Mamilein? Ich habe extra den Wecker gestellt, damit ich dich noch zu Hause erwische, um dir alles Gute zu wünschen!«

»Danke, meine Maus. Wie geht es dir?«

»Ja super. Wann kommst du?«

Noch zwei Stunden bis zur Schließung der Wahllokale.

Wiesbaden meldete sich: »Wir fahren jetzt los«, sagte Tante Gül, »wo finden wir dich?«

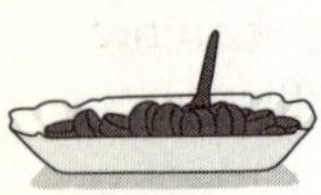

Noch eine Stunde bis zur Schließung der Wahllokale.

Ankara meldete sich: »Und?«, fragte einer meiner 17 Vettern. »Hast du es geschafft?«

»Du hast die Zeitverschiebung nicht bedacht, wir haben erst fünf Uhr hier.«

»Ach so, richtig, dann rufe ich in einer Stunde wieder an!«

Als die Wahllokale um 18 Uhr schlossen und die ersten Hochrechnungen kamen, war klar, dass ich die Wahl kaum gewonnen haben konnte. So war es auch. Gegen 21 Uhr musste auch der letzte Optimist (das war Jürgen) akzeptieren, dass ich den Wahlkreis an den politischen Gegner verloren hatte. Die gute Seele! Er umarmte mich und versuchte – so gut es ging – zu trösten.

Dabei war er selber tief enttäuscht. Danach kamen die Familienmitglieder bei uns zusammen. Ich hatte auch Jürgen eingeladen, wir waren die letzten Wochen durch dick und dünn gegangen. Für unsere Verhältnisse war es ungewöhnlich still.

»Ich finde, wir sollten erst mal was essen«, sagte Nihal, »ich habe auch was mitgebracht.« Zustimmung allerseits.

Niemand wagte, so richtig den Anfang zu machen, bis es aus Dilara herausbrach: »Ich weiß, dass es unpolitisch klingt, aber ich finde es gut, dass du die Wahl verloren hast!« Fünfzehn Augenpaare richteten sich auf sie. »Sei doch mal ehrlich«, sprach sie weiter. »Du hättest die nächsten vier Jahre dasselbe erzählt, was du die letzten sieben Jahre erzählt hast, es ist doch keine persönliche Entwicklung mehr drin in diesem Politikkram, und schon gar nicht in der Opposition.«

»Hör mal zu, mein Kind«, antwortete ich, »das ist eine herbe Niederlage. Ich bin noch nie in meinem Leben sitzengeblieben, hab noch nie ein Examen verhauen, hab nie eine Absage bekommen. Das ist mein erstes Waterloo heute Abend!«

»Und jedem Anfang wohnt ein Zauber inne, der uns beschützt und der uns hilft zu leben«, zitierte Lukas Hermann Hesse.

»Das kennt man auch im Islam«, warf Tante Semra ein, »es heißt: ›Wenn der Herr die eine Tür zuschlägt, dann macht er die nächste wieder auf‹.«

»Jetzt bin ich echt gespannt«, erwiderte ich trocken, »welche Tür mir der Herr aufschließen wird!«

»Ich verstehe eins nicht«, sagte Tante Gül, »du bist doch in Istanbul geboren, eine richtige Istanbulerin, eine Byzantinerin, du müsstest doch Meisterin in byzantinischen Intrigen sein, warum hast du keinen besseren Listenplatz bekommen?«

Alfred grinste: »Ach, Gül«, sagte er, »du bist manchmal so charmant naiv. Byzanz ist überall, die Kunst der Intrige hat sich in den letzten zweitausend Jahren unaufhörlich in den Westen vorgearbeitet und sich auch hier ein lauschiges Plätzchen gesucht, vorwiegend in den politischen Parteien.« Er schaute Jürgen an, den »Gegenveteranen«. »Sagen Sie mal was; habe ich unrecht?«

»Nein«, sagte Jürgen, »leider nicht. Wenn du so überlegst«, fuhr er fort, »war es ja ein Wunder, dass wir diesen Wahlkreis überhaupt zweimal gekriegt haben. Aber ich habe es allen in der Partei gesagt, man kann nicht jedes Mal mit einem Wunder rechnen. Dieses Mal halt nicht. Das Ergebnis war eigentlich auch nicht anders zu erwarten.« Jürgen seufzte traurig.

»Vergiss diesen Job einfach«, sagte Lukas, »wie jemand, dem gekündigt worden ist. Stell dir vor, dein Wahlkreis hätte dir gekündigt.« Er kam auf mich zu, legte seine großen Arme um mich und küsste mich. »Wir lieben dich auch so.«

»Ich bitte darum, wozu habe ich sonst eine Familie!«

Der Ausgang der Wahlen war in den letzten Tagen vor allem für Alfred ziemlich oft Thema gewesen. Auch jetzt konnte er noch nicht loslassen: »Politik verlangt den Einsatz aller Energien, und wenn man raus ist, und das kann von heute auf morgen passieren, wie in deinem Fall, dann fragt man sich doch, wofür das alles?«, sinnierte er. »Sogar ich habe mich das bei meinem bescheidenen Engagement als Lokalpolitiker gefragt, dabei war das ja nur ein Ehrenamt und hat meine Lebensplanung lediglich am Rande berührt. Ich frage mich, wie es dir so geht.«

Diese kurze Reflexion von Alfred hätte sehr getragen daherkommen können, wenn ich nicht Tante Gül bei pantomimischen Kunststücken erwischt hätte, mit denen sie versuchte, hinter meinem Rücken Alfred nonverbal klarzumachen, dass ich ihrer Meinung nach noch in der Rekonvaleszenz sei.

»Was ist, Gül?«, fragte Alfred, irritiert durch ihre Tics.

»Sie will dir andeuten, dass du das Thema nicht anschneiden sollst, weil es mir weh tun könnte«, übersetzte ich lachend, »aber Tante Gül irrt sich. *Üstüne bir bardak soğuk su iç* sagt man im Türkischen, wenn man mit einer Sache abschließen möchte. ›Trink ein Glas kaltes Wasser darauf, und vorbei.‹«

»Und hast du?«, fragte Alfred neugierig.

»Ja, habe ich, ich habe auf die sieben Jahre im Bundestag ein Glas kaltes Wasser getrunken, und vorbei.«

»Und was bleibt dir von den sieben Jahren?«

»Eine Erkenntnis, die nicht unwichtig sein wird für den Rest meines Lebens: Macht hat nichts mit menschlichen Eigenschaften wie Intelligenz, Reife oder gar Weisheit zu tun. Wer zum richtigen Zeitpunkt am richtigen Ort ist, und ehrgeizig genug, sich hochzudienen, wird es irgendwann zu irgendeinem Pöstchen bringen. Des Weiteren habe ich jeden Respekt vor jeglicher Autorität verloren, es wird auch bei denen ›da oben‹ – wie es im Volksmund heißt – mit Wasser gekocht, und zwar mit Leitungswasser, nicht mit Gletscherwasser.«

»Hast du denn vor niemandem mehr Respekt?«, fragte Dilara neugierig.

»Doch, vor alleinerziehenden Müttern zum Beispiel, oder vor Fünfundsiebzigjährigen, die an ihrer Doktorarbeit schreiben, aber bestimmt nicht mehr vor Herrn und Frau Wichtig.«

»Dafür hast du sieben Jahre deines Lebens investiert«, sagte Mama und schüttelte den Kopf.

»Ich bitte Sie, Mama«, widersprach Ahmet mit leicht tadelnder Stimme, »sie hat auch eine Menge gearbeitet.«

»Ja, für die anderen!«, echauffierte sich Mama.

»Ja, das stimmt«, sagte ich, »die politische Arbeit war gesellschaftliches Engagement für die anderen, ich habe es gerne gemacht, und für mich nehme ich diese eine Erkenntnis mit.«

»Das ist nicht viel«, sagte Mama.

»Doch«, widersprach ich sehr energisch, »das ist sehr viel, und ich bin dankbar dafür!«

Es trat eine Stille ein, in die Alfreds Stimme erklang: »Nun, es gibt aus diesem Wahlausgang mehr als nur diese eine Erkenntnis mitzunehmen. Ab jetzt gibt es für alle mehr Netto vom Brutto, auch für dich, Lale!«

Mehr »Netto vom Brutto« war der gängige Slogan der Liberalen gewesen, sie hatten im Wahlkampf versprochen, dass die Steuern gesenkt würden, und hatten damit beachtliche Erfolge erzielt. Alle lachten.

»Alfred«, sagte ich, »ich fürchte, nicht einmal diesen Trostpreis wird es geben. Ich habe in den letzten Wochen ja wie ein Rufer in der Wüste immerzu wiederholt, dass es nach menschlichem Ermessen keine Steuererleichterungen geben kann. Und ich bleibe dabei. Leider haben die Leute nicht mir geglaubt, sondern den anderen.«

»Dass die Menschen darauf hereingefallen sind, kann ich immer noch nicht glauben«, sagte Ahmet, »sie müssen doch wissen, dass es unter den gegebenen Bedingungen nicht mehr Netto vom Brutto geben kann.«

»Ahmet«, sagte Mama, »die Menschen spielen auch Lotto, wohl wissend, dass die Wahrscheinlichkeit, sechs Richtige plus Superzahl zu landen, eins zu 140 Millionen steht. Kein vernünftiger Mensch sollte Lotto spielen, die Chancen sind einfach zu gering, aber trotzdem spielen sie alle und alle hoffen sie Samstagabend auf den Hauptgewinn.«

»Politik als Lottospiel!« Ahmets Stimme klang verzweifelt.

»Nein«, widersprach Alfred, »Politik als Hoffnung auf ein paar Euro mehr!«

»Nasreddin Hodscha kniete mit einem Eimer Joghurt an einem See«, hob Tante Semra an, »und löffelte den Joghurt in das Wasser. Bauern, die zufällig vorbeikamen, blieben stehen und fragten ihn: ›Was machst du da, Hodscha?‹ ›Ich setze Joghurt an‹, erwiderte er, ›damit sich der ganze See in Joghurt verwandelt.‹ ›Aber Hodscha‹, riefen die Bauern aus, ›das Wasser des Sees verwandelt sich doch nicht in Joghurt, nur weil du ein paar Löffel davon reingibst!‹ ›Das weiß ich auch‹, sagte Nasreddin Hodscha, ›aber was ist, wenn doch?‹«

Epilog

Weihnachten 2009: Die Menschen da draußen warten sehnsüchtig auf mehr Netto vom Brutto.

Sommer 2010: Die Menschen da draußen warten immer noch sehnsüchtig auf mehr Netto vom Brutto, die Regierungsmitglieder in Berlin streiten sich wie die Kesselflicker.

Herbst 2010: Ups! Hatten wir Menschen da draußen etwas missverstanden? War vielleicht weniger Netto vom Brutto gemeint?

Weihnachten 2010: Die Menschen da draußen warten – worauf eigentlich? Ach so – auf die Weihnachtsgeschenke! Ohne mehr Netto vom Brutto!

1. Januar 2011 (oder 2012?): Hurra! Das Warten hat ein Ende. Es gibt mehr Netto vom Brutto. Aber – was ist das? Dieses mehr Netto vom Brutto ist nicht für die Haushaltskasse der Menschen da draußen bestimmt, sondern für die Haushaltskasse des Finanzministers! Überhaupt – wie sagte einst der US-Präsident Kennedy? »Frag nicht, was der Staat für dich tun kann, sondern was du für den Staat tun kannst.«

Weihnachten 2012: Die Menschen da draußen warten auf die nächsten Wahlen.

Hier mein Beitrag zum nächsten Wahlkampf:

Viel Glück und viel Segen
Auf all deinen Wegen
Mehr Netto vom Brutto
Sei auch mit dabei!

Lale Akgün

Tante Semra im Leberkäseland

Geschichten aus meiner türkisch-deutschen Familie

Band 18123

Bei Familie Akgün war es nie langweilig. Dafür sorgten schon die unterschiedlichen Familienangehörigen: der politisch sehr begeisterungsfähige Vater, ein Zahnarzt, und die schlanke, vornehme Mutter, überzeugte Kemalistin und begeisterte Mathematikerin, einen Kopf größer als ihr Mann und völlig humorlos. Tante Semra, die erst nach Mekka pilgert, um eine echte Hadschi zu werden, und dann alles dafür tut, den Ramadan zu umgehen und sich Leberkäsebrötchen zu gestatten. Die Schwester, die den deutschen Adel für sich entdeckte und ihre Liebe zum Klatschblätterwald – von den deutschen Nachbarn und ihrer türkischen Gastfreundschaft ganz zu schweigen. Herrlich komische Geschichten von Türken und Deutschen, die so unterschiedlich und doch auch wieder so gleich sind.

Fischer Taschenbuch Verlag

fi 18123 / 1